**SONHOS**

Dados Internacionais de Catalogação na Publicação (CIP)
(Câmara Brasileira do Livro, SP, Brasil)

Macedo, Vera
   Sonhos : conexões com seu oráculo interior / Vera Macedo. –
Petrópolis, RJ : Vozes, 2024. – (Coleção Reflexões Junguianas)

   Bibliografia
   ISBN 978-85-326-6744-1

   1. Jung, C. G. (Carl Gustav), 1875-1961 2. Psicologia analítica
3. Psicologia junguiana 4. Sonhos – Intepretação I. Título. II. Série.

24-192579   CDD-155.6

Índices para catálogo sistemático:

1. Jung, Carl Gustav : Psicologia analítica   150.1954

Tábata Alves da Silva – Bibliotecária – CRB-8/9253

Vera Macedo

SONHOS

Conexões com seu oráculo interior

Petrópolis

© 2024, Editora Vozes Ltda.
Rua Frei Luís, 100
25689-900 Petrópolis, RJ, Brasil
www.vozes.com.br

Todos os direitos reservados. Nenhuma parte desta obra poderá ser reproduzida ou transmitida por qualquer forma e/ou quaisquer meios (eletrônico ou mecânico, incluindo fotocópia e gravação) ou arquivada em qualquer sistema ou banco de dados sem permissão escrita da editora.

CONSELHO EDITORIAL

Diretor
Volney J. Berkenbrock

Editores
Aline dos Santos Carneiro
Edrian Josué Pasini
Marilac Loraine Oleniki
Welder Lancieri Marchini

Conselheiros
Elói Dionísio Piva
Francisco Morás
Gilberto Gonçalves Garcia
Ludovico Garmus
Teobaldo Heidemann

Secretário executivo
Leonardo A.R.T. dos Santos

PRODUÇÃO EDITORIAL

Aline L.R. de Barros
Marcelo Telles
Mirela de Oliveira
Otaviano M. Cunha
Rafael de Oliveira
Samuel Rezende
Vanessa Luz
Verônica M. Guedes

Conselho de projetos editoriais
Isabelle Theodora R.S. Martins
Luísa Ramos M. Lorenzi
Natália França
Priscilla A.F. Alves

Editoração: Piero Kanaan
Diagramação: Editora Vozes
Revisão gráfica: Heloísa Brown
Capa: Editora Vozes
Ilustração de capa: Mandala produzida por uma paciente de Jung e reproduzida por ele em *Os arquétipos e o inconsciente*, vol. 9/1 da Obra Completa. 5. ed. Petrópolis: Vozes, 2007, p. 341, nota 182.

ISBN 978-85-326-6744-1

Este livro foi composto e impresso pela Editora Vozes Ltda.

À mestra de vida, Nise Magalhães da Silveira (in memoriam), *mãe arquetípica, fonte de constantes inspirações e sabedoria, que nos deixou um legado inestimável de sua obra, na compreensão do mundo dos inumeráveis estados de ser e do aprofundamento dos estudos das concepções de Carl Gustav Jung, que estão esculpidos em meu coração.*

Ave Nise!

A Deus, ser supremo que, invocado ou não, está sempre presente!
Dedico este livro aos meus pais George e Dalva (in memoriam),
os primeiros a me iniciarem no mundo imaginário, contando as
primeiras histórias e sonhos, despertando em mim toda a riqueza
simbólica desses mundos fantásticos.
Aos inesquecíveis Macedo e Marcos (in memoriam), amores infinitos.
Ao amado filho Marcelo, que acrescenta substancialmente o meu
viver como grande incentivador da vida!
À queridíssima norinha Maria Paula, que me presenteou com dois
lindos netinhos, Pedro e Rafael, fontes vivas de alegrias!
À Professora Nelma Feres (in memoriam), pelo grande apoio e
estímulo deste trabalho.
À Lívia Diniz, que generosamente me enviou um arquivo dos so-
nhos pandêmicos de pessoas de diversos países, contribuindo para
a finalização do último capítulo deste livro.
Gratidão aos meus analisandos, com os quais tive a oportunidade
de ampliar minha visão de mundo ao compartilharem seus valio-
sos sonhos, fantasias e vivências de seus processos de individua-
ção, além de permitirem a publicação de seus relatos.
Por fim, agradeço a contribuição de Walter Boechat, que nos instiga
fornecendo ideias criativas na construção de seus trabalhos clínicos
e livros, e pela elaboração do prefácio, motivo de grande satisfação.

# Sumário

Prefácio, 11

Introdução, 15

1 – Sonhos e suas mensagens, 21

2 – Jung, Freud e o movimento psicanalítico, 59

3 – Os sonhos na vida e na obra de Carl G. Jung, 157

4 – Sonhos na concepção da psicologia analítica, 247

5 – Análise e interpretação junguiana dos sonhos, 265

6 – Sonhos na clínica junguiana contemporânea: conexões com o oráculo interior, 277

7 – Temas arquetípicos dos sonhos na pandemia, 341

Conclusão, 371

Referências, 377

Prefácio
Sonhos: Um caminho oracular para o inconsciente

É com entusiasmo que acolhemos o livro de Vera Macedo sobre o mundo dos sonhos. Oniro, o portador oracular das mensagens do inconsciente, sempre visita o mundo dos homens, disfarçado de novas roupagens. Esses disfarces variam de acordo com os novos tempos, com as constantes mudanças culturais, exigindo sempre novas abordagens, novas contribuições. Temos aqui, portanto, nesta publicação, uma nova contribuição para essa contínua releitura do mundo proteiforme dos sonhos.

Artemidoro de Daldis, já no século II d.C., procurou escrever sua *Oneirocritica*, o primeiro tratado de interpretação de sonhos conhecido. Mas, essas primeiras tentativas de sistematização das imagens oníricas emergiram, é claro, numa época dada com toda uma influência cultural de então. O sonho, como portador de mensagens e de significados, está presente em toda forma de cultura e de civilização em todos os tempos. Nas sociedades tribais, o xamã é o guardião dos mitos e das tradições de seu povo, sendo o grande intérprete dos sonhos. Entre os Yanomami, o xamã Davi Kopenawa nos revela que sua vocação se manifestou pelo sono irrequieto e pela habilidade de sonhar. Em outras etnias indígenas brasileiras, o sonho também aparece como um elemento essencial na cura e na espiritualidade. Na Bíblia judaico-cristã, os sonhos aparecem em momentos-chave, mudando o destino e orientando profetas, sejam os sonhos do faraó interpretados por José do Egito, seja a visita de um anjo que anuncia a Maria a sua missão como mãe do Salvador.

Mas, na maioria dessas manifestações oníricas nas sociedades tradicionais e nas religiões, observa-se uma constante: o sonho tem sentido fixo, profético e orientado para uma realidade dada. Somente com a descoberta do inconsciente, a imagem onírica passa a ter sentido simbólico, com múltiplos sentidos, de acordo com a realidade específica do sonhador naquele momento determinado.

Como diria Freud, o sonho passa a ser a via régia para o acesso ao inconsciente. Mas, mesmo nos sonhos no período da Antiguidade Clássica, encontramos exceções, exemplos notáveis de sonhos simbólicos interpretados em certos momentos. Por exemplo, na admirável tragédia *Coéforas*, de Ésquilo (1999b) (século IV a.C.), no momento crucial do drama, um sonho desempenha um papel significativo: Orestes se prepara para assassinar a própria mãe, Clitemnestra, numa vingança pelo assassinato do pai Agamenon, por ela perpetrado e auxiliado por seu amante Egisto.

Clitemnestra tivera um sonho no qual uma serpente se aproximava para picá-la e inocular o veneno mortal em seu seio desnudo. Perante Orestes, que já portava o punhal para o gesto derradeiro, ela exclama ser ele aquela mesma serpente que ela nutriu com o próprio seio. O genial Ésquilo lança mão aqui da interpretação psicológica de uma imagem onírica, a identidade Orestes-serpente para descrever toda a ambivalência que envolve o desenlace fatal.

Mas, neste volume, Vera Macedo tecerá novas abordagens ao universo onírico. Partindo de um capítulo inicial que considera os aspectos oraculares do sonho no mundo antigo, a autora tece considerações sobre a importância dos sonhos na vida de Jung e no movimento psicanalítico de uma forma geral. A sua obra *A interpretação dos sonhos*, escrita em um ano carregado de simbolismo, o ano de 1900, tempo de virada do século e de mudanças culturais intensas, é marco de sua produção teórica e referência para seus conceitos que viriam depois. Revisões conceituais da obra freudiana tiveram nessa publicação uma referência básica. Quanto a Jung, momentos cruciais de sua vida são ornamentados por sonhos riquíssimos em imagens simbólicas que orientam suas decisões fundamentais, por exemplo, quando está no momento da escolha do caminho profissional a ser seguido, Jung tem um sonho no qual desenterra um esqueleto de um animal em um monte de terra, sonho que o orienta emocionalmente para o estudo de ciências naturais, posteriormente levando-o a estudar medicina. Esses sonhos trazem a marca orientadora de uma produção teórica, como aquele marcante sonho que tem durante a sua viagem com Freud e Ferenczi aos Estados Unidos, no qual aparece a imagem de uma casa com vários pisos, sugestiva da estrutura do inconsciente em suas diversas camadas.

A vitalidade dos sonhos na contemporaneidade surge com ênfase nos capítulos finais, quando é abordada a sua emergência na clínica psicológica dos dias de hoje e também na pandemia da covid-19. Esses sonhos mostram toda a infinita possibilidade de manifestação de imagens do inconsciente pelos sonhos, no momento individual de cada paciente em análise ou em grandes situações coletivas, como no pesadelo da terrível pandemia que recentemente se abateu sobre a humanidade.

O capítulo final trata de uma série de sonhos recolhidos durante a pandemia. Uma demonstração instrutiva de que o inconsciente também reage fortemente a situações coletivas que a humanidade atravessa, sejam pandemias, guerras, ameaças políticas, entre outras. Essa rica coletânea de sonhos durante a pandemia da covid-19 é uma pungente demonstração da presença viva de um inconsciente cultural que reage, atua e se manifesta em situações de crises coletivas agudas.

Rio de Janeiro, 11 de setembro de 2023.

Walter Boechat

Introdução

A vontade de escrever este livro emergiu dos meus mais de 30 anos de trabalho clínico, após ter identificado, de modo surpreendente, que muitas pessoas, nos dias de hoje, estão assustadoramente desconectadas de si mesmas e, particularmente, de seus oráculos interiores. Tal condição leva consequentemente esses indivíduos a inúmeros distúrbios psicológicos, além da somatização de graves patologias.

Uma importante manifestação dessa condição de desconexão interna, no momento presente, é observada particularmente em relação aos sonhos que, recorrentemente, são subestimados, caindo no esquecimento por parte dos sonhadores, perdendo seu importante papel, valor e significado.

Ao adormecer, a mente humana mergulha nas camadas mais profundas da psique, no mundo dos sonhos, onde predomina uma lógica completamente diferente daquela de quando se está em estado de consciência, isto é, acordado. Segundo o grande estudioso de mitologias Joseph Campbell, em um trabalho que contou com a participação de Bill Moyers (1993), os sonhos e mitos se complementam de forma intrínseca, pois os mitos só têm existência a partir dos sonhos.

A história dos sonhos começa no *in illo tempore*, no *once upon a time*; no tempo do era uma vez. Assim como os mitos, os sonhos consistem numa temática universal que sempre esteve presente em todas as culturas e épocas, independentemente do tempo e do lugar. Dessa forma, mitos e sonhos não só ativam a mente, como instigam os seres humanos a se orientarem para uma conexão com seu oráculo interior, promovendo uma relação com as profundezas da alma na busca de entendimento sobre a simbologia contida em suas mensagens.

As diversas pesquisas científicas revelaram que tanto os sonhos quanto os mitos têm as mesmas origens: o inconsciente, cuja linguagem se faz via imagens pictóricas. Portanto, ambos são expressões simbólicas que se conectam com a consciência, demandando interpretações para uma compreensão mais aprofundada de sua simbologia.

Segundo Campbell (1993), há uma poderosa correlação entre mitos e sonhos. Nesse contexto, Campbell afirmou que o mito é uma espécie de sonho público, enquanto o sonho seria o mito particular. Partindo dessa premissa, acredita-se, portanto, que o desenvolvimento da psique pode ser, de certa forma, revisitado em suas camadas mais arcaicas e profundas.

Sem dúvidas, que a abordagem sobre o tema sonhos consiste numa tarefa complexa que, necessariamente, exige que se faça uma breve introdução sobre o desenvolvimento da psique por meio da abordagem dos sonhos e mitos, que será apresentada no Capítulo 1, "Sonhos e suas mensagens".

Observaremos que já na Antiguidade Clássica, os gregos, de maneira intuitiva, mantinham a convicção de que as manifestações psíquicas, como os sonhos, expressavam a interferência e a bondade divinas. Por exemplo, o mito de Prometeu, o salvador da humanidade, fornece a base para antiga crença de que os sonhos são dádivas divinas. O mesmo ocorre na cultura judaico-cristã por meio dos escritos do Antigo e do Novo Testamento, que professam o dogma de que os sonhos vêm de um único e bondoso Deus. Nesse sentido, a crença atribuída à intercessão divina manifestada nos sonhos foi instituída e disseminada amplamente aos seus adeptos. Decerto que várias fontes mitológicas e, em especial, a grega e a judaico-cristã influenciaram substancialmente o pensamento da civilização ocidental.

Portanto, a necessidade vital para se desvendar a simbologia dos fenômenos oníricos repete-se de tempos em tempos, sob múltiplas formas. Por exemplo, a partir da metade do século XIX, ocorreu mais uma vez um grande interesse por parte dos cientistas pelos estudos psicológicos dos sonhos, voltando a despertar a atenção dos homens. Foi como se a esfinge retornasse para atordoar a mente humana, propondo-lhe novamente o misterioso enigma: decifra-me ou devoro-te!

O Capítulo 2, "Jung, Freud e o movimento psicanalítico", aborda a história do início do movimento psicanalítico e o papel de seu fundador Sigmund Freud. Examinaremos de forma breve o encontro fecundo e dramático entre Freud e Jung, fundador da psicologia analítica e eleito por Freud como seu sucessor (McGuire, 1993). A despeito das discordâncias que os levaram à inevitável ruptura, ambos mantiveram uma especial colaboração a respeito da importância dos significados dos sonhos e de suas funções, não obstante tão dessemelhantes.

Observaremos que a história dos encontros pessoais entre Freud e Jung inicialmente foi de grande interesse mútuo e de um profundo compromisso com a ciência. Embora a duração dessa colaboração tenha sido relativamente curta certamente foi muito criativa, intensa e significativa. Posteriormente, surgiram diversos questionamentos, conflitos, discórdias, desencontros, transgressões e distanciamentos recíprocos. Com efeito, pode-se argumentar que esse afastamento já era previsível, tendo em vista a relação de dois gênios com opiniões filosóficas e científicas distintas sobre a cosmovisão (*Weltanschauung*) e cônscios da importante base empírica de seus constructos teóricos.

Mesmo antes de seu primeiro encontro com Freud, o mestre Jung já contestava a prioridade dada por aquele à teoria da sexualidade. Veremos, assim, que as concepções de Jung foram muito além das teorias redutivas de causa e efeito concebidas por Freud. A construção de um conjunto de novos princípios fundamentais fez com que Jung quebrasse paradigmas conservadores por meio de suas teorias, gestando e gerando uma psicologia profunda e complexa: a psicologia analítica.

Entre as diversas discordâncias entre Freud e Jung, destacam-se especialmente o papel e as funções que os sonhos desempenham; a análise e a interpretação dos conteúdos simbólicos; o conceito de inconsciente coletivo; a teoria da libido e suas múltiplas funções, entre outros temas.

Vale ressaltar que este livro é dirigido tanto para profissionais e leigos quanto para um público mais interessado no relevante tema sobre os sonhos. Desse modo, faremos um recorte sobre o fascinante mundo onírico, na vida e na obra de Jung, com a compilação de alguns dos seus sonhos significativos, em especial, aqueles que foram interpretados por Freud e que serão apresentados no Capítulo 3, "Os sonhos na vida e na obra de Carl Gustav Jung".

No Capítulo 4, "Sonhos na concepção da psicologia analítica" e no Capítulo 5, "Análise e interpretação junguiana dos sonhos", apresentamos uma narrativa sobre como os sonhos são compreendidos na psicologia analítica de Carl Jung e como se efetiva o trabalho de análise e interpretação onírica.

No Capítulo 6, "Sonhos na clínica junguiana contemporânea: conexões com o oráculo interior", ilustraremos a riqueza dos símbolos oníricos presentes nos sonhos de alguns analisandos que autorizaram previamente a publicação dos relatos e que se apresentaram espontaneamente durante o processo de transformação na clínica contemporânea. Tal dinâmica permite o alcance de inúmeras possibilidades ao sonhador de acessar e se conectar com o seu oráculo interior, além de permitir maior aprofundamento, assimilação e reflexão sobre seus conteúdos simbólicos e seus significados. Não temos a pretensão de esgotar esse tema tão rico e complexo, tendo em vista a existência de múltiplas outras formas de análises e interpretações que são também muito eficazes.

O Capítulo 7, "Temas arquetípicos dos sonhos na pandemia", usa como base sonhos registrados no período da pandemia para ilustrar como múltiplos temas arquetípicos recorrentes se manifestam em sincronicidade em vários lugares do mundo. São exemplos que demonstram como os sonhos premonitórios já indicavam o surgimento de um período de trevas, de grandes sofrimentos, mas, também, de luz e de um renascer para toda natureza viva. Breves considerações foram empreendidas a respeito da trajetória dos sonhos ao longo da história da humanidade, sua importância vital e a necessidade do homem contemporâneo voltar-se novamente para seu mundo interior, conectando-se com seu oráculo, a fim de acessar o centro sélfico na busca de significados desse rico material simbólico e onírico, que emerge do inconsciente – substrato mais arcaico –, revelando aquilo que a psique quer comunicar ao sonhador.

1 Sonhos e suas mensagens

Mito não é o mesmo que história. [...] O mito é o que transcende na relação com o presente (Campbell).

Desenvolvimento da psique segundo sonhos e mitos

O ser humano, desde que atingiu o limiar da consciência, tem a necessidade vital de dar respostas aos seus questionamentos sobre os enigmas do mundo e da própria condição humana. Ao sentir-se impotente diante da grandeza do universo, construiu a própria versão mitológica da origem do mundo, a própria visão da cosmogonia. Passou, assim, a expressar, de forma simbólica, essas indagações por meio dos mitos, das visões, dos sonhos e de outros fenômenos que ocorrem na psique. Todo esse material simbólico se manifestou no mundo externo, como deidades, demônios, heróis, feiticeiras, bruxas e em outras entidades transpessoais, trazendo significação profunda à sua vida.

Desse modo, os mitos, considerados como fontes de sabedoria, traduzem as manifestações mais arcaicas do pensamento, dos ideais, das normas morais, éticas e sociais, além da religião e da filosofia da vida de um povo.

O estudo aprofundado da mitologia em geral, certamente, possibilita a elaboração de correlações simbólicas com a história da evolução da mente humana. Por meio das projeções mitológicas, pode-se esboçar o processo de desenvolvimento da consciência.

Intuitivamente, na busca pelo conhecimento das próprias origens e do mundo, o ser humano passou a criar mitos como forma de expressão da psique coletiva, na tentativa de explicar o processo de criação do mundo e do homem nos tempos primordiais. E, na medida em que pretendia dar conta dessa complexidade da percepção do real, usou os recursos de uma linguagem simbólica, metafórica, ambígua e irracional, pois, ambos: sonhos e mitos são manifestações arcaicas que se opõem ao *logos*, ou seja, à razão. Assim, temos a lógica do inconsciente que é regida por leis diferentes da lógica da consciência. Por exemplo, a dimensão do tempo, que no sistema inconsciente não se apresenta de modo linear, cronológico, tal como ocorre no funcionamento do tempo da consciência. Uma das características fundamentais do sistema inconsciente é a atemporalidade, isto é, seus conteúdos psíquicos não estão ordenados no tempo e não sofrem o desgaste do tempo cronológico. Sendo assim, suas imagens configuram uma significação que aponta para o tempo mítico, eterno. Neumann (1995) observa que a questão relacionada ao princípio do mundo remete às origens da humanidade: De onde vim? Para onde vou? Sobretudo a cosmologia e os mitos de criação tentaram dar respostas aos questionamentos existenciais que tanto atormentam os humanos acerca das origens dos fenômenos naturais do mundo e do homem, de formas intuitivas e criativas. Pode-se dizer que essas indagações fazem referências, simultaneamente, para busca de compreensão das origens do ser humano, da consciência e do ego. Mais uma vez, vale assinalar que essas respostas simbólicas eram alheias à consciência humana, não devendo ser compreendidas de forma literal, uma vez que seriam confundidas com a resposta lógica da consciência. O ser humano, ao projetar, narrar, contar e recontar os sonhos, os mitos e toda a multiplicidade de fenômenos internos, possibilitou a manifestação do psiquismo. Isto é, tornou-se capaz de perceber, assimilar, integrar e elaborar essas imagens primordiais que foram e continuam, eternamente, metamorfoseando-se ao longo do processo de desenvolvimento da psique humana.

Deve-se observar que a consciência, para se diferenciar do inconsciente do qual emergiu, empreendeu esforços criativos na manutenção dessa separação. Alvarenga (1998) assinala que considerar o mito como uma grande metáfora possibilita o encontro das relações entre a fala de um povo detentor de uma cultura milenar e de suas expressões coletivas, uma vez que essas manifestações revelariam as camadas mais profundas do inconsciente coletivo, especialmente no fenômeno processual pelo estabelecimento da consciência.

Em última análise, nesse processo de desenvolvimento da psique, sempre esteve presente a tríade: mitos, sonhos e símbolos, quer indicando a trilha para o processo de desenvolvimento da consciência, quer assinalando indagações a serem respondidas. Deve-se enfatizar, contudo, que o substrato da consciência é o inconsciente e é dele que provêm os mitos e os sonhos numa linguagem tipicamente imagética e simbólica.

A mitologia grega contém uma vasta literatura sobre mitos que tratam dos sonhos, ora assinalando sua origem, ora descrevendo o lugar de onde eles procederiam. Verifica-se, portanto, que já está presente, na história da Antiguidade Clássica, a relevância dos sonhos como fenômenos de evidenciação das profundezas da alma, portadores de grande sabedoria e criatividade.

Um belo exemplo da relação do mito com o processo de desenvolvimento da psique está muito bem caracterizado na jornada do herói Prometeu. Conta o mito que Zeus, com a ajuda de Prometeu, derrotou os titãs e tornou-se o novo soberano dos deuses. Para consolidar seu poder, Zeus resolveu destruir a humanidade e criar uma raça mais viçosa. Para tanto, escondeu o fogo celeste e os grãos da terra que serviam de alimento e que eram disponíveis aos vulneráveis seres humanos. Por compaixão a esses seres, Prometeu ousou opor-se ao projeto de Zeus, livrando a humanidade da destruição e da morte.

O ato prometeico de roubar os dons divinos, com intuito de doá-los à humanidade primitiva, levou o titã a ser removido da esfera celeste para a tenebrosa região desértica do Cáucaso. Vítima da ira de Zeus, Prometeu recebeu como severa punição o castigo de permanecer acorrentado num rochedo onde, dia após dia, uma águia lhe devoraria o fígado, que se regeneraria diariamente. Certo dia, o herói Héracles (Hércules para a mitologia romana), ao passar pela região, deparou-se com o sofrimento de Prometeu e, com o consentimento de Zeus, matou a águia com uma flechada, dando fim à agonia e ao cativeiro do herói. Diante de seu doloroso castigo, o benfeitor da humanidade proclamou sua indignação perante o terrível destino que lhe fora imposto por Zeus.

Por ter feito uma dádiva aos mortais, estou jungido a esta fatalidade, pobre de mim! Sou eu quem roubou, caçada no oco de uma cana, a fonte do fogo, que se revelou para a humanidade mestra de todas as artes e tesouro inestimável: esse é o pecado que resgato pregado nestas cadeias, ao relento (Ésquilo, 1989, p. 22).

Nos primórdios, o herói relembrou que os mortais viviam desnudos e desprotegidos, eram como crianças, não faziam uso da razão, não distinguiam o que viam e o que escutavam. Ao legar à humanidade o fogo sagrado, símbolo da consciência, possibilitou às criaturas humanas tornarem-se lúcidas, dotadas de razão. Desse modo, foi o ato prometeico que simbolicamente instaurou o advento de uma atitude mental racional, por meio da qual a humanidade viveu um profundo processo de transformação. Despertando de uma passividade visceral da inconsciência de não perceber o que viam e o que escutavam, as criaturas humanas passaram a discriminar os acontecimentos, como o dia da noite, as diferentes estações do ano, entre outras coisas. Além disso, aprenderam técnicas, convertendo-se em agentes civilizadores, conforme assinalou Prometeu:

Em seus primórdios, os humanos tinham olhos, mas não viam, tinham seus ouvidos, mas não escutavam e, como imagens dessas que vemos em sonhos, viviam ao acaso em plena confusão; não usavam a razão em circunstância alguma até há pouco tempo, quando lhes ensinei a básica ciência da elevação, dos números, das letras, da matemática, da agricultura e da medicina (Ésquilo, 1989, p. 35).

Vê-se, nessa bela composição dos tempos clássicos, que os fenômenos oníricos já foram postulados como elementos essencialmente terapêuticos, bem como a indicação da existência de uma conexão estabelecida entre sonhos e a medicina primitiva. Prometeu ressaltou como ensinou aos mortais a usar essas substâncias terapêuticas:

> Não existiam remédio para os doentes, nem alimentos adequados, nem bálsamos, nem as poções para ingerir e, finalmente, por falta de medicamentos, vinha a morte, até o dia em que mostrei às criaturas maneiras de fazer misturas salutares capazes de afastar inúmeras doenças (Ésquilo, 1989, p. 36).

O titã prosseguiu relatando que transmitiu as múltiplas formas de artes mânticas e adivinhação para que as criaturas humanas interpretassem o sentido de seus sonhos, além dos presságios contidos nas manifestações da arte divinatória. Considerou que foi ele o primeiro intérprete competente capaz de decifrar o misterioso significado dos sonhos e a ensinar aos mortais a arte dos métodos divinatórios. Mas, ao transpor para a linguagem dos homens o que pertencia ao domínio dos deuses, a linguagem dos sonhos tornou-se bizarra, incoerente e inexplicável para a percepção do sonhador. Ainda assim, Prometeu advertiu enfaticamente que a importância da análise da interpretação dos sonhos estava em não ignorar os conteúdos e as imagens oníricas repletas de sentidos. Salientou mais uma vez que, caso o sonhador observasse seus sonhos com frequência e de modo cuidadoso, ele certamente teria a capacidade de interpretar as próprias mensagens internas. Contudo, enfatizou que essas mensagens dos sonhos deveriam ser confiadas aos sábios intérpretes, cuja capacidade de decifração teria sido conferida pelos deuses. Esses intérpretes, inspirados pelas divindades, teriam o dom de ver o invisível, estando capacitados para elucidar os bons e os maus presságios das mensagens dos sonhos, bem como prever e profetizar os acontecimentos futuros. Assim, concluiu Prometeu:

> Também lhe apresentei as diversas formas da arte hoje chamada de divinatória. Fui ainda o primeiro a distinguir os sonhos que, depois de passada a noite e vindo o dia, se realizam e lhes expliquei os sons repletos de presságios envoltos em trevas e a significação dos caminhos cruzados. Esclareci as muitas mensagens contidas nos voos das aves de rapinas – as favoráveis e as agourentas; interpretei também os aspectos das entranhas. Para ser breve, digo-vos em conclusão: os homens devem-me todas as suas artes (Ésquilo 1989, p. 36).

A leitura simbólica de Prometeu (aquele que tem clarividência) como figura heroica retrata o surgimento da intelectualidade, do *logos*, o que representa a criação da atividade mental racional, que ilumina o sujeito no sentido de os tornar conscientes de suas singularidades e se diferenciar do sujeito coletivo. É o sujeito que enuncia a si mesmo na primeira pessoa, quando diz eu, para comunicar aos outros os aspectos de suas particularidades e de suas diferenças que o distinguem dos outros. Observa-se que esse ato prometeico exemplifica a estruturação e a dinâmica do processo de desenvolvimento evolutivo da atividade psíquica. À vista disso, o mito de Prometeu, ao saquear e apropriar-se do fogo sagrado das divindades, símbolo da consciência, assinala o exato momento em que as criaturas humanas se apropriam do conhecimento. Ao cumprir sua árdua tarefa para a qual estava predestinado, o titã contribuiu para o estabelecimento de uma nova identidade psíquica.

Numa época em que as criaturas humanas se encontravam ainda num estágio inicial de sua civilização, a mítica de Prometeu reflete simbolicamente o processo de desenvolvimento da consciência humana dos nossos ancestrais. E essa expressão simbólica aponta para uma segunda etapa do processo de desenvolvimento da consciência, do processo psicológico de estruturação de um ego singular.

A figura do herói define a fronteira que se estabeleceu entre deuses e seres humanos, uma vez que foram rompidos os vínculos existentes entre criador e criatura, entre o todo e a parte. Em última análise, os humanos perderam para sempre o estado paradisíaco em que viviam nos primórdios. Ao assumir o ato heroico de roubar as artes divinatórias, de querer ser mais astuto que Zeus, Prometeu lançou o homem no mundo do sacrifício, da dor, onde tudo na vida comportará o seu oposto: não existirá mais luz sem trevas, alegria sem tristeza, bem sem mal, vida sem morte. Daí em diante, a comunicação com o divino se estabelecerá por meio dos rituais de honras e de sacrifícios, das buscas de visões oníricas e de outras múltiplas formas de expressões. Tornaram-se claras as consequências que sofrerão todas as criaturas que ousarem não reconhecer ou ultrapassar o *métron*, limite estabelecido, ou impedir os desígnios de Zeus. Vale dizer que a busca insaciável para alcançar a justa medida, a *nêmese*, será o grande desafio que Zeus destinará à humanidade, a fim de evitar a desmedida e a própria destruição.

Sonhos prenunciadores e como dádivas divinas

A concepção dos sonhos na cultura helênica diferenciava-se em função da época, dos meios socioculturais e dos lugares. Nos primórdios, os sonhos eram concebidos como atributos das divindades, que presenteavam seus heróis e escolhidos.

Na Antiguidade Clássica, os gregos acreditavam na veracidade dos sonhos que correspondiam às mensagens divinas. Era de entendimento de todos que a alma, considerada como uma entidade transcendente, produzia os sonhos e representava o veículo de comunicação entre os homens e a revelação divina. Merece destaque que, na *Ilíada*, Homero declarou ser os sonhos mensagens de Zeus, podendo ser concebidas como divinas (*Theos*) ou funestas (*Oulos*). Ao passo que, na *Odisseia*, segunda criação épica de Homero, os sonhos passam a ser questionados quanto à veracidade. Assim, há sonhos considerados como falaciosos, que não se realizam, e há os que anunciam a verdade, que se tornam realidade. O segundo tipo representa os dramas clássicos, considerados como prenunciadores de algo desconhecido. A vasta literatura grega oferece dois belos exemplos desses tipos de sonhos que ilustram a natureza desses símbolos, como o sonho de Penélope e o sonho de Clitemnestra.

Na *Odisseia* (2001), no canto XIX, Homero apresenta o sonho mítico de Penélope, lançando luz sobre a questão dos sonhos como prenunciadores de coisas futuras. Nesse texto, Penélope, esposa do herói Odysseus, narra sua visão noturna ao esposo, disfarçado de mendigo, e ainda incógnito. Odysseus escuta atentamente o sonho de angústia de sua amada que lhe pede insistentemente que o traduza.

Penélope, apreensiva e muito angustiada, relatou a Odysseus que viu em sonho a imagem de 20 gansos de sua criação que estavam na água e que se alimentavam de trigo. Essa imagem transmitia, para ela, imensa alegria e prazer. Em seguida, via a figura terrível de uma águia, de bico recurvo, que atacava agressivamente cada um dos gansos, quebrando-lhes o pescoço. Após matá-los, a pavorosa águia voava para o alto dos montes.

A profusão de mitos que apresentam animais nos sonhos indica o quanto é vital para o humano integrar esses símbolos inconscientes. Nas religiões gregas, os símbolos de animais estão associados aos deuses superiores, que se metamorfoseavam em múltiplas formas de animais. Por exemplo, Zeus, que se manifestava ora como uma grande águia, ora como outros animais. Entre os inúmeros símbolos que representam a águia, destacam-se os da ave solar, que mergulha nas profundezas obscuras; e os da ave da luz, que atua sobre as forças sombrias.

O autor sublinhou como essas figuras oníricas, com fortes cargas emocionais, mobilizaram e apoderaram-se de Penélope ao relatar o próprio sonho de angústia. Nesse cenário dramático, ela se apresentou chorosa e aflita, contando que, ao contemplar a cena dos gansos mortos, um grande mal-estar apoderou-se dela. Contudo, recordou que sentiu que a sábia águia tinha como propósito acalmá-la e esclarecer o significado das imagens oníricas. A cena comovente da morte dos gansos, afirmou-lhe a sábia águia, não era ilusória, tratava-se de algo muito verdadeiro. Além disso, a ave assegurou-lhe a veracidade do sonho e decodificou a mensagem, confirmando que este se realizaria. Ainda no sonho, a águia teria interpretado que os gansos representavam os seus pretendentes rejeitados, ao passo que ela personificava seu amado esposo, Odysseus, que retornaria ao lar, a fim de infringir o merecido castigo aos pretendentes opressores que viviam no palácio, às custas da rainha, aproveitando-se da ausência do guerreiro em exílio.

Não é de se estranhar que esse sonho parece manifestar exatamente uma atitude unilateral da consciência de Penélope ao desconfiar e não valorizar a sábia e translúcida interpretação que a águia lhe propôs. De modo contrário, Odysseus, ao escutar o relato da visão noturna de sua amada, não compartilhou das conjecturas feitas por ela, advertindo-a e afirmando a importância inequívoca da linguagem dos sonhos. Além do mais, Odysseus enfatizou com veemência que a mensagem em questão se realizaria e que a destruição dos pretendentes ocorreria sem que nenhum deles conseguisse fugir ao destino.

Um outro aspecto relevante que se pode aludir, diz respeito à ambiguidade dos sonhos, isto é, da coexistência de duas oposições quanto ao seu conteúdo. Quando Penélope pede a Odysseus para que observe atentamente seu sonho, pois nem todos são verídicos, ela chama atenção para a existência de mensagens oníricas que predizem acontecimentos que se realizam e outras que parecem falaciosas e que não se cumprem. Desse modo, pode-se supor que essa criação épica de Homero seria um dos primeiros esboços de uma das teorias dos fenômenos oníricos apresentadas. Nessa obra, Homero caracteriza de forma objetiva a multiplicidade de significações que as interpretações dos sonhos contêm ao classificar os tipos de sonhos e ao expor uma metodologia de como proceder à interpretação.

No entanto, Penélope demonstra estar, ainda, muito descrente da interpretação que a águia lhe fez em sonhos e da que Odysseus, disfarçado de mendigo, lhe propôs. Em seguida, o guerreiro apresentou a própria teoria dos sonhos, argumentando que há dois tipos de portais pelos quais os sonhos surgem. No primeiro portal, de marfim trabalhado, os sonhos que o atravessam são de aparência enganosa, tratam de coisas vazias; mas, os que transpõem o portal de chifre polido anunciam coisas verdadeiras e futuras. Ainda, com uma atitude de muita desconfiança e demonstrando estar desconectada do próprio oráculo interior, Penélope presume que seu sonho de angústia tenha surgido do portal de marfim, ou seja, que seriam conteúdos vazios, falaciosos.

Sem dúvida, são múltiplas as possibilidades de correlações simbólicas que se pode aludir a respeito do sonho de Penélope. Mas, deveria causar admiração o fato de, já nesse antigo texto, constatar-se a existência de um esboço da classificação dos tipos de sonhos. Assim, a mensagem do sonho de Penélope é do tipo premonitório, revelando coisas futuras, como o retorno de seu amado Odysseus à Ilha de *Ítaca*, bem como a morte de seus pretendentes que comiam, bebiam e se divertiam, arruinando a sua fortuna. A mensagem onírica de Penélope revela igualmente que os sonhos se originam de uma outra dimensão, surgindo de um lugar que é separado por divisórias, portais que mediariam os dois mundos: o mundo real, da vigília; e o mundo das almas, dos sonhos. Em geral, estes últimos, à medida que se distanciam do mundo organizado das sociedades, aproximam-se cada vez mais do mundo da desordem. Mundo esse que se correlaciona com o dos tempos em que os humanos ainda viviam em cavernas e às épocas mais remotas, em que se chegava ao caos espacial, lugar onde habitavam as criaturas monstruosas – é o mundo imaginário da Ilha dos Bem-Aventurados e o mundo dos mortos. Assim, os sonhos habitariam nessa dimensão das sombras, do mundo dos ínferos, do Hades, lugar onde viveriam as criaturas mais terríveis e bizarras, como a Hidra, os ciclopes, as *górgonas,* as harpias e outros seres estranhos engendrados pelos sonhos.

No canto XXIV, por exemplo, Homero refere-se, claramente, a esse mundo dos ínferos e o denomina de Segunda Nekyia, mundo onde havia o culto de invocação aos espíritos dos mortos que habitam o Hades.

Ele fez alusão ao Portal do Sol e aos domínios dos sonhos, afirmando que esse mundo pertence à morada das almas, revelando, também, que os territórios dos sonhos pertencem ao mundo do Hades:

> [...] pela corrente do oceano perpassam pedras leucas (brancas) e as claras portas do Sol, assim como os Domínios do Sonho que, afinal, alcançaram o prado coberto de asfódelos, onde se achavam reunidas as almas, imagens dos mortos (Homero, 2001, p. 394).

A *Teogonia*, de Hesíodo (2013), escrita no século VIII a.C., trata da genealogia dos sonhos e descreve que, no princípio, o Caos gerou Nix (deusa da noite), que gerou os filhos Onyros (deus dos sonhos); Hypnos (deus do sono); Thanatos (deus da morte) e tantos outros. Por conseguinte, a tríade Onyros, Hypnos e Thanatos, irmãos e filhos da mesma deusa, são representantes das trevas nos confins do cosmos. É desse modo que Hesíodo descreveu a genealogia dos sonhos de uma forma poética: "Noite pariu hediondo Lote, Sorte Negra e Morte, pariu Sono e pariu a grei de Sonhos. A seguir Escárnio e Miséria cheia de dor. Com nenhum conúbio, divina pariu-os Noite trevosa" (Hesíodo, 2013, p. 211).

É bom destacar que há diversas variantes para uma mesma ideia de que os sonhos teriam ligações com potências primordiais, sombrias e ctônicas, anteriores às gerações dos deuses olímpicos. Segundo Brelich (1978, p.221), para os gregos da Antiguidade Clássica, os sonhos surgiam de um lugar longínquo do cosmos para além do tempo e de espaço reais.

A trilogia das peças teatrais da mítica *Oréstia*, representada em 458 a.C., de autoria do dramaturgo *Ésquilo*, sublinha o grande valor dos sonhos para os gregos da Antiguidade da Clássica. Nessa obra-prima da literatura grega, *Ésquilo* apresentou na tragédia clássica, intitulada de *Oréstia*, outro belo exemplo de sonho, no caso, da Rainha Clitemnestra, ressaltando o importante papel que os sonhos desempenhavam para a cultura grega.

O sonho da rainha é também classificado como sendo do tipo premonitório. A primeira peça dessa tragédia descreve a genealogia da Rainha Clitemnestra que seria filha de Tíndaro e de Leda e teria como irmã, Helena. Seu primeiro esposo foi Tântalo, com quem teve dois filhos. O perverso Agamenon, rei de Micenas, que assassinou o marido e os filhos da rainha, foi perseguido e obrigado a desposá-la e com ela gerou quatro filhos: Crisótemis, Electra, Ifigênia e Orestes.

Para que os deuses permitissem a partida das tropas dos aqueus para a Guerra de Troia, o adivinho Calcas previu que, para obterem êxito em sua jornada, eles teriam que fazer um sacrifício à deusa Ártemis. O cruel Agamenon deveria imolar Ifigênia, uma de suas filhas com Clitemnestra. Assim, sob o pretexto de que celebraria o noivado de Ifigênia, Agamenon chamou a esposa e a filha sem deixar que ambas percebessem as más intenções por parte dele. Por ter sido forçado a imolar a própria filha Ifigênia às escondidas de sua esposa, Clitemnestra guardou profundo rancor e cólera pelo esposo, e cheia de fúria lhe tramou a morte. Para executar o plano de vingança, a rainha pediu ajuda a seu amante Egisto, que aceitou de bom grado participar da trágica trama.

No regresso de Agamenon a Argos, a Rainha Clitemnestra o recebeu no palácio com grandes honrarias para camuflar suas verdadeiras intenções. Em seguida, com auxílio de Egisto, executou o plano mortal, lançando sobre o marido uma rede, que o imobilizou, desferindo-lhe o golpe mortal. Mas, esse assassinato do rei, segundo os deuses, deveria ser vingado.

Ésquilo, na segunda peça, *Coéforas* (portadora de oferendas), narra o retorno de Orestes, filho de Agamenon, a Argos. Ele fora afastado, ainda criança, antes do assassinato do pai, e fora criado por um tio. Já adulto, decorridos sete anos do assassinato do pai, Orestes volta a Argos para requisitar seus direitos.

Instigado por Apolo a vingar a morte do pai, sob pena de ser perseguido pelas Fúrias, Orestes dirigiu-se à tumba de Agamenon, onde depositou mechas de seus cabelos como oferenda fúnebre. Ainda no túmulo do pai, Orestes foi reconhecido por sua irmã Electra. Orestes disse ser o justiceiro que veio à cidade de Argos castigar os assassinos de seu pai e revelou seu plano de vingança à irmã, obtendo a cumplicidade fraternal. Electra o leva até o palácio da rainha, que se encontra ao lado de seu amante Egisto. Na presença dos dois, Orestes mostra o manto ensanguentado do pai assassinado e, indiferente às súplicas dos amantes, mata-os friamente, cumprindo a decisão dos oráculos.

Vale destacar que, tempos depois, após ter sido assassinado, a alma desassossegada de Agamenon enviou um sonho premonitório à Clitemnestra, revelando quem havia lhe tirado a vida, o que lhe causou grande pavor e ameaça. O conteúdo desse sonho, que tanto atordoou a rainha, trazia uma mensagem terrível de matricídio. Em sua visão noturna, a rainha concebia uma víbora que ela amamentava como se fosse um recém-nascido. Ao sugar o alimento, a víbora lhe feria o seio e o sangue se misturava ao leite. Clitemnestra, aterrorizada, acordou dando gritos de temor ao se lembrar das fortes e bizarras imagens de seu sonho. Ao consultar um adivinho do palácio para que a ajudasse a decifrá-lo, ouviu dele que a mensagem seria sinal de ressentimentos por parte das divindades dos ínferos. E, para aquietá-las, a rainha deveria enviar oferendas ao túmulo de Agamenon, na tentativa de expiar seus males e apaziguar a alma. Temerosa, a Rainha Clitemnestra decidiu enviar sua filha Electra, tratada como escrava, para levar libações à tumba de Agamenon e foi nesse lugar que se deu o encontro com o irmão Orestes.

Verifica-se como a Rainha Clitemnestra havia sido advertida, em sua visão noturna, da tragédia do matricídio. No entanto, ela permaneceu cética em relação à mensagem de seu sonho. Considerando o conteúdo onírico como quimeras de uma mente adormecida em que não se deveria acreditar, distanciou-se daquilo que é vital para o homem, isto é, conectar-se com suas bases mais instintivas de seu oráculo interior. Agindo de forma prepotente no que concerne à mensagem de seu sonho, Clitemnestra ficou à mercê das forças mais impulsivas e desenfreadas que ameaçaram sua vida. Ao denegar a revelação das profundezas da alma, que lhe antecipava algo de aterrador, mas que ao mesmo tempo propusera-lhe um sentido, uma advertência, a rainha subestimou a veracidade das mensagens de seus sonhos que anunciavam ao seu espírito algo desconhecido e, assim, caiu na armadilha de um destino infausto.

A imagem da víbora que se manifestou na visão onírica de Clitemnestra contém inúmeras implicações simbólicas, como todo símbolo que não se esgota nem se reduz ao que é associado ou descrito. Entretanto, algumas alusões podem ser feitas, como: nas culturas mais arcaicas, em que o símbolo da víbora representa o mundo dos ínferos, estando correlacionado, simultaneamente, às ideias de vida e de morte.

Na mitologia grega, Equidna, filha de Gaia e Tártaro, é considerada uma horripilante víbora, descrita com aspectos de um monstro, com tronco de mulher e cauda de serpente, e que viveria nas profundezas das regiões da terra. Para Jung (1995), esse ser duplo estaria relacionado à imagem da mãe sedutora e amorosa na parte superior e à figura de animal, aterradora, na parte inferior. Segundo Jung, (1995, p. 166) pela proibição *do incesto*, ela foi transformada em bicho assustador, a víbora que habitava cavernas tinha por hábito devorar animais e pessoas. Nesse contexto, a víbora se transformou em símbolo de morte quando Orestes, possuído pelos instintos, apoderou-se do sonho de sua mãe, interpretando-o e identificando-se com o ser animal ao dizer ao corifeu: A serpente sou eu. Faz-se importante transcrever as palavras de Orestes:

> [...] cumpre-me interpretá-lo então literalmente: se nascida do mesmo ventre de onde vim, a víbora, como se fosse uma criança, depois de ser vestida em fraldas, pôs a boca no mesmo seio em que me alimentei na infância e misturou sangue com leite enquanto a mãe gritava perturbada pela dor intensa, indiscutivelmente ela, que nutriu o monstro pavoroso, terá de ofertar-me seu próprio sangue, e eu, transformado por ela numa terrível víbora, matá-la-ei, como posso inferir do sonho inspirador (Ésquilo, 1999b, p. 35).

No exemplo acima citado, constata-se ser imperativo que os símbolos oníricos sejam integrados pelo sonhador, mesmo que, às vezes, se apresentem como mensagens misteriosas, inexplicáveis e sem sentido. Ressalta-se que os conteúdos dos sonhos guardam fortes correlações com a vida do sonhador. E, quanto mais atípico ou bizarro se manifestar o comportamento de animais nos sonhos, mais ainda refletirá que a alma primitiva do sonhador estará num nível muito inconsciente.

Sonhos como processos de curas

Como já foi examinado, os gregos da Antiguidade Clássica encontravam nos sonhos a fonte de sua vida espiritual, que estava diretamente conectada com sua vida cotidiana. Os sonhos, para eles, correspondiam às mensagens enviadas pelas divindades. E, como essas deidades não podiam se apresentar aos mortais em seu verdadeiro esplendor, isto é, como realmente eram em sua forma epifânica, em virtude de seu caráter numinoso, então, enviavam seus intermediários Hermes e Oníros, mensageiros alados, considerados daimones que se personificavam de diversas formas hierofânicas, com intuito de conceder as mensagens dos céus.

Essas manifestações psíquicas, de inestimável valor, eram entendidas pelo povo grego como visões ou aparições de emissários dos deuses que os visitavam quando adormecidos. Assim, ao dormir, a alma (*eidolon*), que seria de natureza divina, se libertaria do corpo (*soma*) do sonhador, tornando-se sensível e apta para ver e comunicar-se com seres superiores; daí a importância, para eles, em observar cuidadosamente os sonhos e interpretá-los.

Prometeu, o grande beneficiador da humanidade, além da dádiva do fogo, propiciou aos seres humanos em seus primórdios, entre outras habilidades, a medicina e a interpretação dos sonhos. Na vida cotidiana grega, os enfermos que necessitavam de atendimento médico procuravam os sacerdotes do templo do deus Asclépios. Acreditavam eles que os sacerdotes eram orientados diretamente por Asclépios para aplicação da terapêutica da incubação, o que era feito com muita eficiência.

Os ritos de incubação tiveram início no século VI a.C., e essa prática se estendeu até o século III d.C. Desse modo, a busca dos sonhos, das visões e das aparições do deus Asclépios nos

Sonhos – Conexões com seu oráculo anterior

ritos de incubação ocupou um lugar de extrema importância na vida religiosa do povo grego.

Os enfermos tinham o costume de consultar os médicos e, simultaneamente, buscavam ajuda nos tratamentos da antiga tradição religiosa. Assim, na medicina primitiva daquela época, os povos usavam rituais solenes de indução de sonhos, como instrumentos eficazes para diagnosticar e prognosticar as doenças do corpo e os males da alma em sofrimento.

Na Antiguidade, toda doença do corpo (*soma*) era expressão de uma mente-psique enferma, corpo e mente constituíam uma totalidade, uma unidade inseparável. Naqueles tempos, acreditava-se que a doença estava relacionada com a pobreza (*pênia*) e com o fato do doente ter ofendido os deuses, mesmo sem ter havido a intenção. Os enfermos eram encaminhados aos templos sagrados, onde as deidades do corpo e da mente propiciariam a recuperação da saúde na sua totalidade.

O majestoso Templo de Epidauro, construído por Policleto, na Grécia, foi um dos mais antigos centros de peregrinações ao culto ao deus Asclépios. Considerado um deus pré-helênico na mitologia grega, Asclépios também foi cultuado pelos romanos como Esculápio, o deus da medicina. Já na tradição micênica, Asclépios é filho de Apolo e de Arsínoe, mas sua genealogia é confusa, havendo inúmeras variações. Uma das diversas versões conta que Asclépios foi confiado pelo pai ao centauro Quíron, que lhe teria ensinado a arte da medicina. Era protegido por Atena, que lhe teria dado o sangue das veias de Górgona, cujo poder de curar e envenenar lhe era atribuído. Quíron ensinou a Asclépios as técnicas de ressuscitar os mortos. Porém, Zeus, o pai de todos os deuses, receando que Asclépios alterasse a ordem do mundo, fulminou-o com seu raio divino. Asclépios, após sua morte, foi transformado em constelação em forma de serpente e, para seus devotos, mesmo depois de morto, ele continuava a atender os pedidos de seus suplicantes e a fazer curas miraculosas.

Diversos templos sagrados denominados de *tholos* foram erguidos em honra ao deus da medicina e se ramificaram por diversas cidades. Em geral, eram construídos em locais ermos e apresentavam uma arquitetura circular com uma base em forma de labirintos. No interior do templo havia sempre uma fonte para que todo devoto se banhasse a fim de purificar o corpo e a alma. No centro do templo havia uma descida que levava o postulante ao ábaton, que significa lugar onde não se pode entrar sem ser convidado. Nessa espécie de câmara, dava-se início ao rito de incubação, em que os incubantes deitavam-se ao chão sobre a pele de animais sacrificados, com a finalidade de vivenciarem a teofania.

A palavra incubação origina-se do latim *incubare*, cujo significado é: dormir no lugar sagrado, no sacro recinto do ábaton (Meier, 1999). No interior do ábaton, inúmeras cobras inofensivas circulavam livremente, pois eram consideradas símbolos da renovação da vida e representantes dos atributos da deidade. Os peregrinos buscavam a incubação num *tholos*, onde encontrariam o verdadeiro médico, o deus Asclépios, que possibilitaria a cura de seus males. O tratamento consistia em rituais de indução de sonhos com poderes de cura.

No santuário, o deus Asclépios apresentava-se sob múltiplas formas, ora como um velho sábio barbudo, ora como menino, ou ainda sob várias formas teriomórficas, por exemplo: serpentes, cães ou outros animais considerados sagrados. Após cumprirem todas as regras de purificação estabelecidas, os iniciados aguardavam que seus sonhos ou as leituras das entranhas dos animais sacrificados, geralmente feitas por sacerdotes, indicassem que chegara o momento da *katábasis*, isto é, a descida para o ábaton.

Uma vez que o iniciado havia sido convidado a descer para a câmara oracular, ele era enfaixado com tiras de linho branco e arrastava-se até um buraco que só permitia a passagem de um corpo humano. Dois dos itens necessários para o ritual eram os bolinhos de mel e as sementes de papoula para alimentar as serpentes sagradas que lá habitavam. Em profundo silêncio, o incubado aguardava a visão curadora ou a aparição do deus Asclépios, que poderia se manifestar quando ele estivesse dormindo ou em vigília. Era no ábaton que ocorria o ápice do processo do ritual de incubação, em que a cura poderia ocorrer de forma imediata ou vir por meio de visões e aparições com prescrições de ervas e/ou dietas.

Na última fase do processo, denominado anábase, isto é, subir, ascender; outros procedimentos deveriam ser cuidadosamente observados. Por exemplo, o incubado deveria arrastar-se com os pés voltados para a frente do portal de saída, o que simbolizava sua morte e, simultaneamente, seu renascimento. Após retornar do mundo dos ínferos, o postulante recordava e relatava suas vivências internas aos sacerdotes que registravam, em minuciosos relatórios, as visões noturnas e as aparições. Em seguida, os incubados eram entregues aos seus familiares, muitas vezes, ainda atordoados, excitados ou em profundo estado de transe devido às fortes experiências vivenciadas. Com sentimento de um renascimento e fortalecidos para uma nova vida, os incubados penduravam suas ataduras em árvores sagradas, consideradas símbolos da vida. Em seguida, registravam por escrito os testemunhos de suas curas em pequenas tábuas ou nas paredes dos templos sagrados. Havia o pagamento de uma taxa que lhes era cobrada, em agradecimento, assim como oferendas que eram deixadas ao verdadeiro deus da medicina. No ápice do processo de incubação, a cura poderia ocorrer de forma imediata, entretanto, caso o incubado não obtivesse nenhuma visão ou aparição, o prognóstico seria considerado desfavorável, sugerindo uma provável morte.

O ritual de incubação durou séculos e talvez a explicação esteja nos números de curas que foram superiores aos de fracassos. Alguns fatores a que se pode aludir e que influenciavam essas curas seriam: o cenário e a preparação do ritual sagrado, a indução de ervas, entre outros, que propiciavam a estimulação do inconsciente do paciente para manifestação de sonhos, de visões. Uma das hipóteses notáveis daquele tempo era a provável cura que ocorreria pela ação do inconsciente, que também teria a função de agente curador por meio da expressão dos sonhos, visões e de outras manifestações da mente.

Nesse contexto, pode-se perceber como os sonhos, para a cultura clássica grega, eram correlacionados com a busca do sagrado, da totalidade. Acreditava-se que o ato de narrar um sonho constituía-se numa práxis sagrada, ter a visão (*se eidos*) de um sonho era interpretado como uma forma de sabedoria, que implicava uma instância divina. O deus do sono, Hypnos, e o deus dos sonhos, Morfeus, eram mensageiros enviados por Zeus para transmitir aos sonhadores as visões com poderes de profecias, de inspirações, de avisos, de sinais, de orientações etc. Após relatar um sonho, os gregos da Antiguidade Clássica sempre se referiam como: eu vi um sonho ou eu tive uma visão. Essas formas de narrar um sonho relacionavam-se ao fato deles não se perceberem como agentes que produziram o sonho, mas que essa atividade psíquica era uma revelação que procedia das divindades. Para eles, a mente tinha um caráter visionário, isto é, as memórias e as imagens tinham efeitos reais. Naquela época, ainda não havia "uma identidade psíquica, ainda não se percebiam com uma individualidade" (Alvarenga, 1998, s.p.).

A atitude contemplativa e reverenciadora que os gregos primitivos concediam aos sonhos se funde numa sabedoria intuitiva de apreensão do mundo, cujo divino está instituído em cada uma de suas partes, em sua unidade e em sua ordenação geral. Na cultura grega clássica, o homem encontrava-se em relação de comunidade com a divindade, que se manifestava na natureza (*physis*). Nessa relação de solidariedade, espírito e matéria, Deus e homem, sujeito e objeto eram percebidos como unidade. Dessa forma, não havia o corte radical que separaria a ordem natural da ordem sobrenatural. A apreensão do mundo e a busca do transcendente não constituíam duas abordagens divergentes ou opostas, mas se amalgamavam numa mesma totalidade.

A possibilidade de interagir com o mundo dos sonhos, de estar em conexão com o próprio oráculo interior, com seu inconsciente, propiciou ao homem grego da Antiguidade Clássica um importante conhecimento intuitivo, que não ficou reduzido ao mundo das aparências sensíveis.

No politeísmo grego, não havia uma estruturação de um ego reflexivo que diferenciasse homem e mundo, mas um contínuo fluir entre os mundos interior e exterior. Para Neumann (1995), a existência tinha como característica a *participation mystique*, isto é, a psique não se diferenciava do mundo. Dessa forma, as transformações que ocorriam no mundo eram as mesmas que ocorriam na psique.

O politeísmo grego não tinha caráter de doutrina dogmática, que definia o que o devoto deveria seguir. Cada *pólis* tinha seu panteão, sua forma de organização religiosa particular, a despeito das diferenças entre seus habitantes e das atitudes diante da vida.

Sendo assim, a forma do homem grego clássico de se relacionar com o divino difere da relação atual do homem contemporâneo, que percebe Deus como um ser eterno, absoluto e criador de todas as coisas; enquanto no politeísmo grego, os deuses não tinham características que os definissem como criadores eternos e perfeitos. Os deuses gregos não criaram o universo, mas nasceram dele a partir das potências primordiais: Kháos, Gaia e Urano. É a partir das sucessivas gerações que eles vão se diferenciando, organizando-se e sua transcendência é apenas relativa. Desse modo, as categorias deuses e homens são partes integrantes do mesmo cosmos. Entretanto, há diferenças substantivas e qualitativas entre eles. Enquanto os deuses gregos são imortais, mas não eternos, têm princípio, mas não têm fim, são belos e bem-aventurados, tendo honra (*timé*) e excelência (*aretê*); os homens são efêmeros, sujeitos às doenças, ao envelhecimento, enfim, são meros seres mortais. Mas, uma das regras fundamentais da sabedoria grega, que se refere às relações com as divindades, é a clareza da fronteira intransponível que separa radicalmente deuses e homens. Cônscio dessa disparidade, o homem grego primitivo guardava a sabedoria de que jamais poderia pretender igualar-se aos deuses. Contudo, como sublinha Jean-Pierre Vernant (2001), por mais opostas e diversas que fossem essas polaridades, não havia incompatibilidades, uma vez que todas se inscreviam como possibilidades.

Do ponto de vista da mitologia grega, os mitos cosmogônicos e de criação, em suas múltiplas variantes, narram o princípio da criação do cosmos e da humanidade. Verifica-se, nessas projeções míticas, representações simbólicas da primeira etapa do processo de desenvolvimento do mundo e do psiquismo ainda nascentes em sua totalidade.

No século II d.C., Artemidoro de Éfeso, que nasceu em Éfeso, rica cidade na costa do Mar Egeu, recebeu também o cognome de Artemidoro de Daldis, por ser a cidade natal (Daldianus) onde nascera sua mãe e para diferenciá-lo de inúmeros intérpretes de sonhos e de adivinhos. Foi reconhecido e admirado como o mais importante oniromante e adivinho grego e presume-se que teria falecido no ano de 180, no fim do reinado de Marco Aurélio. Artemidoro era não só reconhecido por suas ideias intuitivas, mas também por ser um famoso adivinho, filósofo, astrólogo e escritor. Ele compôs a magnífica obra intitulada a *Oneirocritica* (*Sobre a interpretação dos sonhos*), conjunto composto de cinco livros que, segundo Artemidoro, foi inspirado e incentivado, em seus sonhos, pelo deus Apolo. Nessa obra da Antiguidade Clássica, que sobreviveu intacta até os nossos dias, ele expôs os princípios e os métodos básicos de seu tratado de interpretação de sonhos. Apresentou um rico material sobre sonhos que foram coletados por ele, durante as inúmeras e longas viagens que fez pela Grécia, pela Itália e pela Ásia, de adivinhos e de outras importantes fontes de seus antecessores, como o sofista Antifonte, Demétrio de Faleros, Artemon de Mileto, Aristando, entre outros. Considerava a interpretação dos sonhos como justaposição das semelhanças e denominou seu método de "analógico". Os três primeiros volumes de sua obra são dedicados aos adivinhos adeptos e ao público em geral, com a finalidade de ensinar sua técnica de previsão do destino, além de um guia para auxiliar as pessoas comuns a se inspirar e a entender a experiência do elo existente entre Deus e o homem.

Artemidoro dedicou os dois últimos volumes ao seu filho, também chamado de Artemidoro, com o objetivo de servir-lhe de ajuda na complexa tarefa de interpretar os sonhos sobre os outros concorrentes. Assim como o pai, o filho teria o mesmo dom, destinado a trabalhar com a arte de decodificar os sonhos que eram de inspiração divina.

Na obra *Oneirocritica*, Artemidoro coletou mais de 30 mil sonhos de seus fervorosos adeptos e de seus clientes abastados, que lhe pagavam pelo trabalho de decifração dos sonhos. Considerava os sonhos por definição como sendo sempre verdadeiros e, caso não se realizasse, significava que o intérprete havia traduzido de forma incorreta os enigmas oníricos. A perspicácia era uma das qualidades importantes destacada por ele para tornar-se um bom adivinho, além da capacidade superior de decifrar a linguagem onírica divina ofertada aos destinados a extrair os presságios dos relatos dos sonhos. O complexo sistema de classificação dos sonhos foi dividido por ele em duas classes: os sonhos simples, de não adivinhação e os sonhos oníricos de adivinhação. Os primeiros referiam-se aos sonhos simples ou somáticos, que são provocados pelos afetos no corpo-alma e não interessam aos intérpretes porque não anunciam o futuro e apenas dizem a respeito dos desejos e estado atual do sonhador. Ao passo que os sonhos oníricos que prenunciam os acontecimentos futuros são mais importantes porque são do tipo divinatório, que se realizam na medida em que a visão coincide com a concretização de eventos daquilo que advirá. São sonhos que transformam a alma e dizem sobre aquilo que é verdadeiro. Ele ainda distingue os tipos de sonhos alegóricos dos sonhos teoremáticos. Os alegóricos são sonhos obscuros que, embora façam uso de imagens para falar de outra coisa, são úteis ao serem decifrados porque apresentam contiguidade com a realidade. As personificações manifestadas nos sonhos foram divididas em cinco espécies que podem representar: (1) o sonhador; (2) outras pessoas; (3) o sonhador e outras pessoas; (4) o público em geral; (5) o universo. Os sonhos teoremáticos, por serem tão transparentes em seu conteúdo, dispensam até o ofício da decifração dos adivinhos, pois além de guardarem relação com a própria visão, eles se realizam conforme a mensagem oracular no espaço e tempo. De outro modo, Artemidoro distinguiu seis aspectos fundamentais que estão presentes em qualquer tipo de sonhos, a saber: (1) natureza; (2) direitos; (3) costumes; (4) profissões; (5) nomes; (6) tempo. Todas essas categorias de sonhos podem se apresentar em seus aspectos opostos: negativos e positivos, bem e mal etc. Daí que para ele, todos os sonhos que se expressam nessas classes podem ser concebidos como auspiciosos ou não, pois anunciam os bens e os males futuros.

Artemidoro, o grande adivinho dos sonhos, também sublinhou que os sonhos deveriam continuar sendo objeto de estudos científicos, pois seus símbolos manifestados estão sujeitos a leis da natureza.

Diversos estudiosos dos sonhos na contemporaneidade foram influenciados pelo tratado da *Oneirocritica* de Artemidoro, por exemplo, Jung, Freud, Ferenczi, Stekel e outros grandes pesquisadores. Por séculos, essa obra foi referência de grande conhecimento, pois condensa toda a sabedoria da Antiguidade Clássica sobre a arte da oniromancia.

Sonhos bíblicos

Outra preciosa fonte que fornece extenso material a respeito dos sonhos e suas magníficas interpretações é a literatura bíblica. Podemos considerar a Bíblia Sagrada (2007) como um verdadeiro compêndio psicológico que nos auxilia, com profundidade, na compreensão amplificada dos significados dos conteúdos oníricos. Nesse livro sagrado judaico-cristão, foi assinalado a importante função dos sonhos como veículos de comunicação entre Deus e homem. Os textos sagrados bíblicos confirmam a aliança tanto no Novo quanto no Antigo Testamento; corroboram a concórdia entre Deus e os profetas que, ao serem inspirados e instruídos por Ele, podiam antever e verbalizar os acontecimentos futuros. O conhecimento dessas revelações, quando devidamente observadas e respeitadas, evitava que terríveis catástrofes e tragédias ocorressem na vida de muitos povos. Consequentemente, observa-se que os sonhos desempenhavam um papel preponderante devido ao caráter revelador das mensagens de Deus. Mas, o essencial era saber como decodificar os significados das mensagens divinas. Acreditavam eles que, ao adormecer, em suas visões noturnas, o espírito se difundiria como éter e, por meio dos anjos, o Senhor ensinaria aos seus escolhidos a arte de decifrar os enigmas do destino, do devir.

Nos sonhos bíblicos relatados no Antigo e no Novo Testamento, que foram considerados como revelações de origem divina, destacam-se os sonhos ou visões como a de Jacó (Gn 29,10-17), que teve a visão da imagem de uma escada que unia o céu e a terra, de onde os anjos de Deus subiam e desciam e onde o Senhor disse a Jacó que as terras do Ocidente e do

Oriente seriam dele e de toda sua descendência até se cumprir o referido. No sonho de Jacó, há diversas alusões como, a existência de uma contínua conexão entre o mundo divino e o mundo humano, entre céu e terra por intermédio dos anjos mensageiros que protegem e predizem o futuro. No Novo Testamento, há outras séries de sonhos reveladores que profetizam o futuro ou trazem mensagens repletas de significados de forma sensível. Destaco o comovente sonho da esposa do governador Pôncio Pilatos, que em algumas tradições cristãs é identificada como Santa Cláudia ou Santa Cláudia de Prócula, a qual tentou alertar o esposo quando este estava no tribunal julgando Jesus Cristo, com o seguinte recado: "Não te comprometas com este justo, pois sofri muito hoje em sonhos por causa dele" (Mt 27,19).

No Novo Testamento, há outras séries de sonhos reveladores que pressagiam o futuro ou trazem mensagens reveladoras. Destaco ainda o sonho de José, o carpinteiro que, ao saber da gravidez de Maria, planejou deixá-la secretamente. Enquanto ponderava essa ideia, um sonho numinoso revelou-lhe o plano de Deus por meio de um anjo mensageiro, que lhe trouxe a seguinte mensagem divina: "José filho de Davi não tenhas medo de receber Maria, tua esposa, pois o que nela foi gerado vem do Espírito Santo. Ela dará à luz um filho, e tu lhe porás o nome de Jesus. E ele que salvará o povo de seus pecados" (Mt 1,20-21). Ao acordar, José foi tocado em seu coração, acolheu a mensagem e deixou-se guiar pela verdade de sua fé. Esse sonho significativo não só confirmou a integridade de Maria, como transformou a atitude de José que assumiu a responsabilidade de proteger e cuidar da esposa e da criança divina. Após o sonho, José, com sua simplicidade e coragem, foi tomado por um sentimento de grande devotamento e, com cuidado paternal, livrou a família sagrada das grandes tribulações que tiveram que enfrentar.

Outros sonhos reveladores foram os que perturbaram a mente e o coração do faraó do Egito. Ao acordar, atordoado com as fortes imagens oníricas, o faraó mandou chamar os mais importantes intérpretes, mas nenhum deles conseguiu decifrar as mensagens contidas no sonho do soberano. Foi então que o mordomo-chefe disse ao faraó que, quando foi punido por suas faltas, conheceu na prisão um jovem hebreu de nome José, que havia interpretado os sonhos dos que estavam na mesma cela e afirmou que tudo o que José dissera, de fato, aconteceu. O faraó mandou retirar José do calabouço e determinou que ele fosse trazido de imediato. Contou a José seu sonho funesto e ordenou que ele decifrasse seus simbolismos:

> Em meu sonho estava de pé, às margens do rio, e vi subir do rio sete vacas gordas de bela aparência que se puseram a pastar no capinzal. E logo atrás delas subiram outras sete vacas miseráveis, de aparência muito feia, tão magras e feias como nunca tinha visto em todo o Egito. E as vacas magras e feias devoraram as sete primeiras vacas gordas. Estas lhes entraram no ventre sem que nelas se notasse diferença alguma. Pois seu aspecto continuou tão ruim como antes. Nisto acordei (Gn 41,17-21).

O faraó continuou a relatar outros sonhos que continham cenários de grande ruínas e sofrimentos. José afirmou ao faraó que Deus havia mostrado em suas visões noturnas aquilo que estava para acontecer. Ressalta-se que, já nessa época, as interpretações dos sonhos enfatizavam e reafirmavam que os sonhos advinham de Deus. José interpretou que sete anos seriam de muita fartura e de prazeres que estavam por vir sobre as terras do Egito, mas após esses anos viriam os sete anos de grandes tribulações e de fome que arruinariam os povos da terra. Diante dessa interpretação e aconselhamento, o faraó e seus supervisores seguiram fielmente o plano estabelecido por José, armazenaram durante anos em grandes estoques alimentos, grãos, sementes e tudo que serviria de reserva para os tempos difíceis, conforme Deus havia advertido nos sonhos. E, quando a fome se espalhou por toda a terra e o povo clamou ao faraó por alimento, foi o plano de José que salvou não só o Egito da adversidade, mas todos os povos que vinham de diversas partes para comprar trigo e alimentos nas terras do faraó. Reconhecendo em José um profeta do supremo, o faraó disse: "Uma vez que Deus lhe revelou todas essas coisas, não há ninguém mais sábio que você". Em seguida, entregou a José o comando de seu palácio, do povo e de toda a terra do Egito.

O faraó deu a José o nome de Zafenate-Paneia, que significa "descobridor das coisas ocultas" (Gn 30,24). Foi assim que José ficou conhecido em todo o Egito ao ser reconhecido pelo faraó, com apenas 30 anos, como sábio e ajuizado, dons que foram doados pelo Altíssimo. Após revelar os significados das visões do faraó, foi escolhido para administrar o reino e as terras do grande Egito.

Os sonhos do Rei Nabucodonosor (Dn 2) são exemplos da revelação do Altíssimo, que envia mensagens aos seus escolhidos para que sejam decifradas. Ao adormecer, o Rei Nabucodonosor foi atingido por imagens oníricas que conturbaram fortemente a sua mente. A força dessas imagens fora tão poderosa que o rei passou a sofrer de insônia e, tão mobilizado, expediu um decreto convocando todos os sábios, magos, encantadores e feiticeiros da Babilônia para interpretar os mistérios de seus sonhos. No entanto, todos esses intérpretes foram malsucedidos. O rei se irou e mandou matar todos os sábios de seu reino. Entretanto, coube ao profeta Daniel, conhecido como Beltessazar, conseguir decifrar brilhantemente as mensagens contidas nos sonhos do rei. Tocado em sua alma com as interpretações feitas, o rei nomeou Daniel como o chefe principal dos magos e governador da Babilônia. As visões de Gideão (Jz 7) e de outros muitos profetas do Antigo e do Novo Testamento são exemplos da mais antiga tradição, que dão testemunho das grandes revelações ali contidas. As mensagens divinas que foram cuidadosamente observadas inspiraram e protegeram reis, faraós e povos de diversas culturas. Os que permaneceram em contato com seu oráculo interior foram mobilizados, viam seus sonhos, que atordoavam as suas almas em busca de entendimento. Mas, ao confiar na sabedoria dos profetas que tinham o dom de decifrar os mistérios contidos nas mensagens divinas, reis e faraós reconheciam que o Altíssimo é que tinha o domínio sobre o reino dos homens. Então, concediam aos profetas recompensas e grandes honrarias, enquanto os que eram fracassados em suas revelações eram considerados não confiáveis e pagavam com as próprias vidas.

É interessante destacar que, nesse contexto religioso, o sonho não só tem a função de comunicar os poderes divinos ao homem, mas já se percebe uma força cognitiva em relação a outras realidades intuitivas que apontam para o futuro e que são inacessíveis à consciência. Vê-se, igualmente, como as mensagens oníricas já esboçavam um perfil do diagnóstico e do prognóstico de um estado psíquico, por exemplo, o sonho do Rei Nabucodonosor, que pressagiava a própria loucura. Uma vez que o rei não se atentou para o que lhe foi revelado em sonhos, permanecendo preso às vaidades terrenas, mantendo as atitudes de grandeza e arrogância, não acatando os conselhos de Daniel para usar de misericórdia com seu povo, cumpriu-se tudo o que havia sido antecipado nas mensagens de seus sonhos. Arrebatado por forças instintivas, o rei regrediu para as camadas mais arcaicas da psique, adoecendo em sua própria loucura. Impossibilitado da convivência humana, foi morar com os animais do campo. Seu corpo foi metamorfoseado como de um animal selvagem, suas unhas cresceram como de aves de rapina, pelos brotaram por todo o corpo e passou a se alimentar de ervas como os bois. Passados sete anos, o rei, finalmente, converteu-se e, humildemente, reconhecendo suas iniquidades, arrogância e impotência, deu glórias ao verdadeiro poder celestial, recobrando desse modo seu entendimento e sua razão. Verifica-se o sonho que muito perturbou o espírito do Rei Nabucodonosor e que o profeta Daniel o interpretou como uma tentativa de compensar o delírio megalomaníaco do rei.

Por ter recebido do Altíssimo a sabedoria e o entendimento para decifrar as mensagens contidas no sonho do rei, Daniel louvou a Deus, pedindo sua misericórdia para que lhe fossem revelados os mistérios, o sentido profundo, contidos nos sonhos do faraó. Daniel, tomado por uma visão divina, obteve o entendimento da interpretação. Eis os relatos das visões da imagem de uma árvore grandiosa, conteúdo que muito mobilizou o rei:

> No meu leito eu olhava as visões da minha cabeça, e eis que um santo Vigilante desceu do céu. Ele gritou em voz alta e assim falou: "Derrubai a árvore e cortai seus ramos, arrancai as folhas e jogai fora seus frutos! Fujam os ani-

mais de sua sombra e as aves do céu de sua ramagem! Mas deixai no solo o seu toco com as raízes, amarrado com cadeias de ferro e bronze, em meio à vegetação do campo! Seja umedecido com o orvalho do céu, faça companhia aos animais e à erva da terra! Seu coração deixará de ser humano, e um coração de animal lhe será dado; sete períodos transcorrerão sobre ele. Pelo decreto dos Vigilantes é pronunciada esta sentença, pela palavra dos Santos, decidida a questão, a fim de que saibam todos os mortais que o Altíssimo tem poder sobre a realeza humana; ele a pode dar a quem lhe apraz, pode pôr no trono o mais humilde dos homens". É este o sonho que tive, eu, o rei Nabucodonosor; e agora tu, Baltassar, dá-me a interpretação. Porque todos os sábios do meu reino são incapazes de me dar a interpretação; tu, porém, és capaz, pois que em ti habita o espírito dos deuses santos (Dn 4,10-15).

Então, Daniel afirmou ao faraó que sua interpretação lhe fora revelada numa visão divina para que o rei tomasse consciência e percebesse os pensamentos de seu coração. Dessa forma, o rei, ao estar em seu leito num momento reflexivo, elevaria seus pensamentos sobre o que haveria de suceder no futuro. Assim, Daniel procedeu a seguinte interpretação:

Em seguida viste, Majestade, um Vigilante santo descer do céu e dar esta ordem: "Derrubai a árvore e a destruí, mas deixai no solo o seu toco com as raízes, bem amarrado com cadeias de ferro e bronze, no meio da vegetação do campo; seja borrifado com o orvalho do céu e esteja na companhia dos animais do campo, até que tenham transcorrido sobre ele sete períodos". Pois bem, Majestade! Esta é a explicação e o decreto que o Altíssimo proclamou sobre ti, meu senhor e rei: Serás expulso da companhia dos humanos e tua morada será com os animais do campo; comerás a erva como os bois e serás molhado com o orvalho do céu; sete períodos passarão sobre ti, até que reconheças que o Altíssimo é o soberano sobre a realeza dos homens e que a pode dar a quem ele quer. Mas a ordem de deixar o toco com as raízes da árvore significa que tua realeza te é preservada, desde que reconheças que o Céu tem todo o poder. Por isso, Majestade, aceita o meu conselho: expia os teus pecados com as boas obras e as tuas maldades com misericórdia para com os miseráveis! Então talvez se prolongue a tua felicidade". Cumprimento do sonho. Tudo isto aconteceu ao rei Nabucodonosor: Doze meses depois, quando estava passeando no terraço do seu palácio real em Babilônia, o rei tomou a palavra e disse: "Então não é esta a grande Babilônia que eu construí para residência real, com a plenitude do meu poder e para minha honra e glória?" (Dn 4,20-27).

Um outro aspecto a ser destacado nos sonhos do Rei Nabucodonosor é a forte carga afetiva das imagens oníricas que perturbaram seu espírito, persuadindo sua consciência a reconhecer uma realidade transcendente, uma inteligência superior existente dentro de si mesmo. Mas, mesmo ordenando uma investigação que desvelasse o segredo de seu sonho, o rei, em sua onipotência, não deu necessária atenção à mensagem reveladora e premonitória que havia em seu conteúdo onírico. E, ao negligenciar a advertência ali contida, que profetizava a própria loucura, a queda de seu império e o mal-estar de seu povo, o rei foi arrebatado pelas forças mais instintivas, regredindo a um estado primitivo e doentio de comportamentos, rebaixado à condição de animal.

A atitude de negação, de não reconhecimento e de ausência de reflexão dos significados dos conteúdos oníricos fez com que o rei não assimilasse, tampouco elaborasse o entendimento dos segredos do coração, de uma instância superior. Essa atitude reflete o eterno problema do ser humano que se torna vítima das próprias ambições e da arrogância, quando se desconecta de seu oráculo interior, passando a desprezar os importantes conteúdos e imagens simbólicas de seus sonhos. A afirmação de Jung de que os sonhos têm uma finalidade, um *telos*, sublinha que provavelmente, por trás disso, deva existir uma ação intencional e inteligente que deverá ser valorizada e percebida pelo sonhador.

Na tradição cristã, prevaleceu considerável respeito pelos sonhos, assegurando, portanto, a antiga ideia da inspiração divina, em que Deus concederia revelações aos seus fiéis por intermédio dos anjos durante o adormecer. A interpretação de símbolos oníricos passou a ser uma atividade sacerdotal, fundamentada na crença de que esse dom seria uma oferta de Deus somente aos profetas, patriarcas e pastores escolhidos.

Mas, foi a partir do período da Idade Média que a Igreja Católica, por meio de seu clero, determinou que os sonhos com mensagens enviadas por Deus fossem objetos de interpretação somente por intermédio dos sacerdotes escolhidos. Ao estabelecer que, doravante, os sonhos só poderiam ter seus significados interpretados exclusivamente pelos sacerdotes escolhidos, conforme os ensinamentos dogmáticos da igreja, fez com que as outras revelações, que se manifestavam aos indivíduos comuns, caíssem em uma espécie de censura por serem consideradas de origem demoníaca. Essa atitude impositiva levou o clero da igreja a se autointitular como o único grupo capaz de acessar as revelações advindas do mundo divino. A consequência dessa atitude reducionista levará os sonhos a serem concebidos como experiências profanas, imaginárias e simplórias, que sobrevêm às mentes adormecidas. Mais tarde, com o advento da ênfase da razão, os sonhos perderam cada vez mais a dimensão do sagrado, tornando-se profanos e desprovidos de sentidos.

Os intérpretes, antes escolhidos pelas deidades ou que recebiam como herança o dom de decifrar as mensagens divinas, passaram a ser substituídos por meros tradutores de sonhos, tidos como impostores facilmente encontrados nas feiras, nos mercados, nas praças e nos festivais das aldeias. Esses tradutores de sonhos usavam o material onírico como produto a ser comercializado, contribuindo, dessa forma, para o surgimento de livretos ou manuais do tipo chaves dos sonhos, cuja pretensão era explicar de forma lacônica, redutiva e generalizada os significados dos conteúdos oníricos. À vista desse empobrecimento, as imagens oníricas passaram a ser interpretadas de forma literal, perdendo muito de sua dimensão enigmática e misteriosa, que anunciava uma realidade sobrenatural.

2 Jung, Freud e o movimento psicanalítico

*Mover cada pedra, experimentar tudo, não deixar de
tentar nada (Erasmo).*

Na história do desenvolvimento dos processos oníricos, verifica-se que a necessidade de se desvendar a simbologia dos
fenômenos dos sonhos se repete de tempos em tempos sob
múltiplas formas. A partir da segunda metade do século XIX,
surgiu um grande interesse pelos estudos e pesquisas sobre os
simbolismos dos sonhos que, de forma recorrente, despertou
a atenção de cientistas e leigos, tal como se a esfinge houvesse
retornado novamente para atordoar a mente humana, propondo-lhe o enigma: decifra-me ou devoro-te.

Graças, sobretudo, à psicanálise, os sonhos deixaram de ser
relegados a um plano secundário – fruto da imaginação de uma
mente adormecida, passando a ser considerados a via régia que
leva ao inconsciente. Assim, Sigmund Freud fundou a ciência
onírica, concedendo um estatuto de cientificidade aos sonhos,
que passaram a ser concebidos como expressão do inconsciente
e de grande valia para o conhecimento da atividade psíquica. A
esse respeito, Jung afirmou:

Freud deu *à* nossa civilização um novo impulso, que consistia na descoberta de um acesso ao inconsciente. Reconhecendo o sonho como a mais importante fonte de informações sobre os processos do inconsciente, arrancou do passado e do esquecimento um valor que parecia irremediavelmente perdido. Provou, empiricamente, a existência de uma psique inconsciente, que antes era apenas um postulado filosófico (Jung, 1975a, p. 151).

No fim do ano de 1899 (embora datado de 1900), Sigmund Freud estava com 42 anos, quando publicou o clássico da literatura psicológica intitulado *A Interpretação de Sonhos*, com base na autoanálise do próprio inconsciente, além de estudos e pesquisas sobre os sonhos. Nessa considerável obra, Freud apresentou a primeira teoria psicológica onírica, considerada um marco inaugural, constituindo-se a primeira tentativa científica de investigação psicológica dos conteúdos dos sonhos. Em 1931, Freud considerou esse livro como *opus magnum* e declarou ser a sua obra científica mais significativa, "a pedra fundamental de todo o meu trabalho" (McGuire, 1993, p. 14). Outras vezes, referiu-se a essa descoberta dos enigmas dos sonhos como uma verdadeira iluminação: "Revelação como esta, o destino nos concede apenas uma vez no curso de uma existência" (Freud, 1900/1972, p. XVI). Contraditoriamente, na época em que foi publicado, o livro dos sonhos pouco vendeu, além de ter sido duramente criticado e considerado por muitos como objeto de desprezo.

Lançando um olhar retrospectivo, o interesse de Freud pela investigação científica dos sonhos se apresentou desde 1895, quando em colaboração com o médico e fisiologista Josef Breuer publicou o livro *Estudos sobre a histeria*. Nesse importante trabalho científico, examinou que a tentativa de anotar e interpretar os próprios sonhos e de alguns de seus pacientes submetidos ao tratamento psicanalítico constituíram as primeiras especulações psicológicas que demarcaram os primórdios da psicanálise.

Partindo da constatação empírica de que os sonhos têm sentidos e são satisfações alucinatórias de desejos inconscientes, mais precisamente, formações de compromissos entre as instâncias repressora e o desejo reprimido, Freud postulou que as principais funções dos sonhos seriam a realização do desejo inconsciente e a preservação do sono. Portanto, para Freud, o sonho teria a função de preservar o sono, daí ele ter afirmado que o sonho seria uma espécie de guardião do sono (Freud,1996). E, por intermédio da análise dos sonhos, seria possível descobrir que eles evidenciariam a existência de pensamentos e desejos latentes.

Do ponto de vista de Freud, os sonhos conteriam um texto original denominado de conteúdo latente, que seria modificado por uma atividade censora num segundo texto chamado conteúdo manifesto e que, por meio de diversos mecanismos, seria impedido de ser reconhecido pelo sonhador. Segundo Freud, esses mecanismos denominados de condensação, deslocamento, deformação e figuração teriam a importante função de disfarçar o verdadeiro significado do sonho. Desse modo, o método interpretativo demandaria que o sonhador associasse livremente as suas imagens oníricas. Encontrar o conteúdo latente essencial que estaria subjacente ao conteúdo manifesto seria a técnica indicada do processo interpretativo para desvendar o significado do sonho. Ao que parece, num primeiro momento, predominava a ideia de que o processo interpretativo dos sonhos deveria ter a função de descobrir os complexos que foram reprimidos no inconsciente e, para alcançar essa meta, deveria recorrer-se ao método da livre associação. Em relação a esse conjunto de procedimentos, Jung fez a seguinte declaração: "Essa técnica teve uma importante função no desenvolvimento da psicanálise, pois permitiu que Freud usasse os sonhos como ponto de partida para a investigação dos problemas inconscientes do paciente" (Jung, 1997, p. 27).

No entanto, no livro *Jung e a construção da psicologia moderna*, o historiador Shamdasani tece um intrigante questionamento em relação às linhas históricas. Quanto às origens da psicanálise, ele afirmou que:

> Durante boa parte do século XX, foi tido como certo que Freud havia descoberto o inconsciente, que fora o primeiro a estudar cientificamente os sonhos e a sexualidade, e a revelar seus significados psicológicos para um público estarrecido, e que fora ele inventor da psicoterapia moderna. Além disso, insistiram os estudiosos em afirmar que essas descobertas e inovações baseavam-se em sua autoanálise e na análise de seus pacientes (Shamdasani, 2005, p. 27).

Segundo Shamdasani, os historiadores contemporâneos vêm recontextualizando as origens da psicanálise que, apesar das controvérsias em relação a algumas questões, cada vez mais se evidencia que as alegações imputadas a Freud sobre a originalidade não teriam fundamentos, especialmente, com a realidade dos fatos históricos.

De qualquer forma, foi a partir das contribuições iniciais de Freud que os sonhos passaram a ser concebidos como uma importante experiência subjetiva, passível de ser investigada, tendo como uma das funções essenciais revelar os segredos que a consciência desconhece. Ao delegar aos sonhos a importante fonte via régia do inconsciente, Freud devolveu à humanidade um grande valor de significação onírica que havia sido perdido ao longo da história.

Daí em diante, multiplicaram-se os estudos e pesquisas sobre os sonhos, de forma sistemática, nas ciências interdisciplinares, que conferiram aos fenômenos oníricos um papel preponderante na investigação e na compreensão dos processos psíquicos.

No entanto, Jung divergiu, desde o princípio, de algumas perspectivas consideradas por Freud e por outros pioneiros do movimento psicanalítico. Para Jung, a concepção sobre os fenômenos psíquicos desenvolvida por Freud limitava-se às exigências do modelo de cientificidade racionalista e mecanicista do fim do século XIX. Nesse modelo, Freud estabeleceu suas teorias por meio da causalidade, não levando em consideração o valioso ponto de vista da finalidade dos sonhos que Jung posteriormente desenvolveu. Desse modo, o interesse pelo significado médico e analítico dos sonhos, no campo da pesquisa daquela época, levou alguns pesquisadores a aplicar métodos científicos para registrá-los, avaliá-los e analisá-los. Não obstante, por ter como objeto de estudo os sonhos que quase sempre estiveram associados aos chamados fenômenos mágicos e sobrenaturais, a tentativa de colocá-los nos mais altos padrões de rigor científico, visando ao aperfeiçoamento metodológico, capaz de especular suas funções e seus significados, enquadrou-os novamente em modelos reducionistas, empobrecendo por demais seu caráter essencialmente simbólico, conforme assinalou Jung:

> Em tempos mais recentes, viu-se acontecer o mesmo com o simbolismo dos sonhos. Quando a psicologia ainda estava começando a surgir, convencemo-nos de que os sonhos tinham certa importância. Mas assim como os gregos se autopersuadiram de que seus mitos eram simples elaborações de histórias racionais ou normais, também alguns pioneiros da psicologia chegaram à conclusão de que os sonhos não significam o que parecem significar. As imagens ou símbolos que representavam foram, então, reduzidas a formas bizarras pelas quais os conteúdos reprimidos da psique se apresentavam à mente consciente. Assim, tornou-se aceito que o sonho tinha uma significação diferente da sua apresentação evidente (Jung, 1977, p. 90).

Ao trilhar o próprio caminho, Jung questionou o modelo de cientificidade vigente proposto pela ciência moderna, qualificando-a como reducionista. Voltou-se para o passado, dando início à investigação que se estendeu por décadas acerca das raízes históricas da psicologia. Esforçou-se por entender quais foram as condições históricas conscientes e inconscientes da psicologia moderna, para compreender a onda de "lodo negro do ocultismo", como Freud se referia a tudo que era considerado como irracional, metafísico e que se distanciava da sua teoria da sexualidade (Jung, 1975a, p. 140). Por discordar veementemente da atitude preconceituosa de Freud, Jung decidiu examinar cuidadosamente os múltiplos fenômenos pertinentes à alma humana sem nenhum prejulgamento e, ao tomar essa atitude, foi rotulado injustamente de místico e ocultista por pessoas que pouco se aprofundaram no conhecimento de sua vida e obra.

O historiador Shamdasani, em seu livro anteriormente citado, mencionou essa questão de como alguns críticos, que com escassos conhecimentos das ideias de Jung, o nomearam com os mais diversos adjetivos: "ocultista, cientista, charlatão,

Sonhos – Conexões com seu oráculo anterior

filósofo, guru, antissemita, libertador das mulheres, misógino, poeta, falso artista, psiquiatra, antipsiquiatria" (Shamdasani, 2005, p. 15). Além disso, Shamdasani constatou que essas designações que os detratores de Jung colocaram em questão a respeito de sua personalidade e da obra de Jung são absolutamente contraditórias e ambíguas.

Diante dessas apreciações equivocadas, Shamdasani questionou se seria possível estar falando da mesma pessoa quando juízos de valores atribuídos a ele eram totalmente incompatíveis.

De forma semelhante, a analista junguiana Dorst abordou essa mesma questão em seu livro *Espiritualidade e transcendência* (Dorst, 2015). Comentou que lamentavelmente todas essas opiniões divergentes deveriam ser consideradas como superficialidades a respeito do trabalho e da figura de Jung, que só contribuíram para mal-entendidos, quando o principal interesse de Jung sempre foi investigar, com profundidade, a multiplicidade dos fenômenos psíquicos existentes.

Por volta do ano de 1952, Jung, em meio a tantos juízos contraditórios de seus depreciadores que o nomearam de gnóstico, teísta, ateu, místico, materialista etc., ao tomar conhecimento desses fatos fez questão de citar, num artigo no *British Medical Journal*, uma opinião expressa a seu respeito e a respeito das críticas imputadas, em seguida comentou:

> Em meio ao contexto de tantas e *tão* variadas opiniões, não quero dar demasiada importância àquilo que eu próprio penso de mim, mas citar apenas uma opinião expressa a meu respeito, extraída de fonte aparentemente insuspeita, um artigo no British Medical Journal de 9 de fevereiro de 1952: Primeiro os fatos, depois as teorias, eis a tônica da obra de Jung. Ele é em primeira e última análise um empírico. Esta opinião tem todo o meu apoio (Dorst, 2015, p. 178).

Nesse mesmo ano de 1952, aos 77 anos, Jung escreveu uma carta intitulada "A um jovem erudito" (Jung, 1975a, p. 321), em que registrou cuidadosamente a autopercepção que tinha de si mesmo em relação às críticas negativas dirigidas a ele. Vale a pena recordar alguns trechos dessa bela e poética carta sobre os julgamentos em questão:

> Defini-me como sendo um empirista, pois é preciso fazer parte de algo conveniente. Acusam-me muitas vezes, dizendo que sou um mau filósofo e, evidentemente, não me agrada ser qualquer coisa de medíocre. Como empirista, pelo menos cumpri minha tarefa. [...] Sou apenas – para ser mais preciso – um psiquiatra, pois o problema essencial que guia todos meus esforços é a desordem da alma, sua fenomenologia, etiologia e teologia. O restante, para mim, é acessório. Não sinto vocação alguma nem para fundar uma religião, nem para professar uma dentre elas. Não sou um adepto da filosofia; pretendo ser somente um bom médico da alma e isto, dentro dos limites da tarefa particular que me cabe. São estas as disposições que encontrei em mim mesmo e, realizando-as, assumo minha função de membro da sociedade humana. Não nego absolutamente que outros possam ser mais sábios que eu. [...] Tratando-se de experiência, nada escapa à ambiguidade da psique. A maior experiência é ao mesmo tempo a menor de todas e a mais limitada; por isso como não temer proclamá-la em alta voz ou mesmo filosofar a seu respeito? [...] Prefiro, pois, a linguagem de duplo sentido por levar em conta, numa proporção, a subjetividade das representações arquetípicas e a autonomia do arquétipo. Deus, por exemplo, significa, por um lado, um *ens potentissimum*, um ser todo-poderoso, inexprimível e, por outro mais insuficiente possível, e uma expressão da impotência e da perplexidade humanas; portanto, uma manifestação da

natureza paradoxal. O espaço da alma é imensamente grande e pleno de realidade viva. Sobre suas fronteiras paira o mistério da matéria e do espírito; ou, ainda, os dos sentidos. Eis o que constitui, para mim, os limites dentro dos quais posso formular minha experiência (Jung, 1975a, p. 321).

Jung estava à frente da sua época ao desenvolver e formular as próprias concepções a respeito do inconsciente como uma matriz criadora e autônoma e não apenas como um acessório da consciência, fruto das repressões. No tocante a essa questão, von Franz, importante colaboradora de Jung, considerou que:

> O ponto fundamental era saber se o inconsciente é apenas um epifenômeno da consciência, advindo das repressões (Freud), ou, como pensava Jung, trata-se da matriz criadora autônoma da vida psíquica normal. Neste ponto surgiram as diferenças básicas que permanecem até hoje (Franz, 1975, p. 13).

Pioneiro em descobrir a espontaneidade criativa do inconsciente, Jung considerou a psique como uma totalidade, tal qual um sistema holístico criativo que se autorregula, constituído por três instâncias: consciência, inconsciente pessoal (proposto por Freud) e inconsciente universal ou coletivo. Sendo que este último substrato seria a camada mais profunda e arcaica da psique, cuja existência se deveria às aquisições hereditárias. Os arquétipos, como elementos primordiais e estruturais da psique, constituiriam o conteúdo do inconsciente coletivo; seriam formas ou representações *a priori*, espécie de sistema axial para imagens, emoções e ações, que se manifestariam espontaneamente em todo tempo e lugar. Assim, a psique para Jung não poderia ser entendida de forma reducionista, em que a interpretação dos fenômenos psíquicos seria apenas tomada sob o ponto de vista de causa e efeito. Mais que isso, para Jung é fundamental que se considere a abordagem finalista ou teleológica, que seria a busca pelo sentido de propósito inerente ao processo psicológico de individuação. Por conseguinte, seria a conjunção dessas duas concepções: causalista e finalista, que possibilitaria um entendimento mais amplo e adequado da natureza dos sonhos e dos fenômenos psíquicos. Desse modo, ao contrapor-se ao modelo da ciência moderna e ao buscar sustentação teórica numa perspectiva finalista e complementar da compreensão do inconsciente, Jung quebrou paradigmas de uma ciência determinista, racionalista e reducionista do fim do século XIX. E, nesse novo cenário, emergiu de forma autônoma e científica a psicologia complexa ou analítica concebida por Jung, conforme assinalou von Franz:

> [...] sua obra ultrapassa a esfera acadêmica, penetrando em todas as áreas da vida. Jung interessava-se não somente pelas moléstias específicas da alma como também, e mais ainda, pelo próprio mistério da psique humana, que é a fonte de todas as atividades do homem (Franz, 1975, p. 15).

Numa breve apreciação da história da construção do movimento psicanalítico, percebe-se que na vasta correspondência entre Jung e Freud, mantida entre o período de 1906 a 1913, há inicialmente uma certa sintonia entre eles, com algumas de suas próprias ideias. Entretanto, verificou-se que desde o princípio do relacionamento já existiam pontos de vista discrepantes, objeções e ressalvas no que concerne à concepção do psiquismo e ao método de práxis analítica, especialmente, em relação à análise dos processos oníricos. Jung jamais pensou em minimizar os méritos de Freud em seus estudos sobre a psique individual. Contudo, ressaltou que "o molde dentro do

Sonhos – Conexões com seu oráculo anterior

qual Freud estendeu o fenômeno anímico pareceu-me insuportavelmente estreito" (OC 5, p. XIV).

O dia 4 de novembro de 1899 foi importante para o mundo da ciência, pois foi publicada a clássica obra literária de Freud intitulada *Interpretação de sonhos*. Um ano depois, em 10 de dezembro de 1900, aos 25 anos, Jung concluiu o curso de medicina na Universidade de Basileia e tomou a importante decisão de se mudar para Zurique, assumindo a função de médico assistente no Hospital Mental de Burghölzli, fundado em 1860. Nesse mesmo espaço do hospital funcionava uma clínica psiquiátrica ligada à Universidade de Zurique. O lugar tornou-se o principal centro em que se iniciou uma extraordinária renovação no campo da psiquiatria e das pesquisas psicológicas. Sob a direção do eminente psiquiatra suíço Eugen Bleuler, nomeado em 1898, substituindo Auguste Forel, Bleuler já era notável por suas relevantes contribuições sobre os estudos dos processos da demência precoce. Ao chegar ao Hospital Burghölzli, o jovem Jung foi recebido pelo distinto diretor, que o acompanhou até seus aposentos, situado no último andar do prédio principal do hospital. Foi dessa maneira que Jung passou a fazer parte da equipe técnica de Bleuler, da qual já eram integrantes: Franz Riklin, Alexander von Muralt, Karl Abraham, Max Eitingon, Alphonse Maeder, Herman Nunberg, Ludwig Binswanger, Eduard Claparède, entre outros médicos residentes e visitantes estrangeiros que participavam de estudos temporários.

Ao ser levado para conhecer o hospital psiquiátrico, Jung foi surpreendido com a atitude inusitada de seu chefe Bleuler em não só apresentá-lo aos médicos residentes como a alguns dos pacientes internados no hospital que participavam de um de chá da tarde, atividade de grupo que incluía médicos e pacientes. Tal tratamento não era convencional naquela época, mas o célebre psiquiatra Bleuler já rompia com as antigas tradições terapêuticas institucionalizadas e promovia a inclusão dos internados nas várias atividades e reuniões da clínica, encorajando-os a participarem ativamente.

Foi esse grupo de Zurique, sob a direção de Bleuler, que formou o primeiro núcleo de interessados nas ideias de Freud e que passou a estudar e aplicar abertamente as concepções e metodologias freudianas. A atuação de Jung nesse grupo foi tão significante que ele é reconhecido até hoje como o mais relevante membro fundador da criação e do estabelecimento do movimento psicanalítico, tal como a psiquiatra Nise da Silveira enfatizou: "Jung introduziu na psiquiatria as ideias de Freud referentes à interpretação dos sonhos, atos falhos e sintomas neuróticos. Aplicou-as à decifração dos desconexos delírios dos esquizofrênicos" (Silveira, 1981, p. 93).

Foi nesse mesmo ano de 1900 que Jung leu pela primeira vez a obra literária: *Interpretação dos sonhos*, de Freud. Nessa época, Jung considerou que suas experiências eram ainda insuficientes para examinar as teses apresentadas por Freud. Por não se sentir em sintonia, Jung deixou o livro de lado e só mais tarde; ao retomar os estudos sobre o livro dos sonhos, com profundidade, foi que constatou o grande valor da obra freudiana. Conforme Jung registrou em suas memórias:

> Em 1903, retomei a "Interpretação de sonhos" e descobri a relação que havia entre esta obra e minhas próprias ideias. O que mais me interessava nela era, em primeiro lugar, a utilização no domínio do sonho a noção de mecanismo do recalque, emprestada à psicologia das neuroses (Jung, 1975a, p. 133).

Evocando suas memórias, aos 83 anos, Jung descreveu um conjunto de lembranças que remetiam às diversas vivências de sua infância. Recordou, por exemplo, os seus primeiros questionamentos internos; a época de inquietações de sua adolescência; a fase de estudante universitário; as tradições familiares e suas incursões intelectuais e clínicas como sendo marcas fundadoras que influenciaram sua visão de mundo, seu pensar, sua vida e obra. Recordou que, ao iniciar sua carreira em psiquiatria, interessou-se com entusiasmo pela obra de Krafft-Ebing e pelos estudos de: Forel, Bleuler, Flournoy, Charcot, Janet, Kraepelin, Binet, William James, entre outros pesquisadores e filósofos, como: Platão, Schelling, Swedenborg, Schopenhauer, Spinoza, Kant, Nietzsche, que foram verdadeiras fontes de inspiração na elaboração de teorias e de ideias criativas. O genuíno entusiasmo de Jung pelos estudos de Freud se deu, sobretudo, nas primeiras tentativas de Freud pelo método de analisar e interpretar os sonhos. Esses estudos, segundo Jung, foram decisivos na sua compreensão dos vários distúrbios psicológicos e dos problemas da psicogênese das doenças mentais.

Embora a relação entre esses dois grandes pensadores, conforme Shamdasani destacou, tenha sido muito mitificada (Shamdasani, 2014, p. 44), no entanto, seria errôneo pensar que Jung não reconheceu a genialidade e a coragem de Freud, que ultrapassou inúmeros preconceitos ao consagrar a sua psicanálise e ao postular que seriam os fenômenos oníricos uma das principais fontes de informações sobre os processos dinâmicos da psique. Consta que o psiquiatra Eugen Bleuler e Freud já haviam iniciado uma ampla troca de correspondências por um longo período de aproximadamente 35 anos e que se estendeu até meados de 1925. Manfred Bleuler, filho do eminente psiquiatra, confirmou que, desde 1890, eles mantinham uma comunicação pessoal e afirmou que seu pai manifestava certa admiração por algumas contribuições de Freud.

Ao que parece, foi no ano de 1903 que Bleuler informou a Freud que a sua equipe de trabalho, há cerca de dois anos, vinha estudando e aplicando a metodologia freudiana nos vários setores de tratamento da clínica da Universidade de Zurique. E foi a partir dessas trocas de ideias iniciais que surgiu, no hospital psiquiátrico do Burghölzli, em Zurique, o primeiro grupo de interessados pelas concepções de Freud fora das fronteiras de Viena. Todos os membros desse restrito grupo eram suíços e liderados por Jung, assistente principal de Bleuler. O circunscrito Grupo de Freud, como era assim denominado naquela época, em Zurique, foi alvo, posteriormente, de grandes ressentimentos, antipatias e críticas por parte do grupo vienense que se diziam ser os primeiros a se aproximarem de Freud em seu pleno isolamento. Os ciúmes do grupo vienense eram persistentes, causavam grande mal-estar em Freud e giravam em torno, especialmente, da figura de Jung, de quem Freud se mostrava entusiasmado, manifestando seu apoio integral aos seus trabalhos, considerações e colaborações.

No dia 25 de agosto do ano de 1957, Jung estava com 82 anos, quando concedeu quatro entrevistas filmadas ao historiador britânico Sir Richard Evans, ele comentou que, ao iniciar sua carreira como assistente na clínica psiquiátrica no Hospital Mental do Burghölzli, o eminente Professor Bleuler, seu chefe à época, pediu a ele para apresentar em uma reunião da equipe um parecer sobre o livro dos sonhos de Freud. Foi nessa ocasião que Jung retomou, pela segunda vez, a leitura do livro que em muito o marcou ao descobrir algumas conexões de suas

Sonhos – Conexões com seu oráculo anterior

próprias ideias com as desenvolvidas por Freud. Nessa entrevista, Jung declarou a Evans como havia entrado em contato com os pontos de vista de Freud e como foi que iniciou sua colaboração:

> Bem, de fato, foi no ano de 1900, em dezembro, pouco depois de ter sido publicado o livro de Freud sobre a interpretação dos sonhos, que fui solicitado pelo meu chefe, o Professor Bleuler, a escrever um comentário crítico sobre o livro. Estudei-o com a maior atenção e não entendi muitas coisas nele, as quais não me eram claras; mas, em outras partes, tive a impressão de que esse homem sabia realmente sobre o que estava falando. E pensei: Isto é certamente uma obra-prima cheia de futuro (Evans, 1964, p. 45).

Durante o inventário dos bens de Jung, foram descobertos muitos manuscritos, entre eles o original de um parecer, datado de 25 de janeiro de 1901, escrito na clínica de Burghölzli, com o título "Sigmund Freud: sobre os sonhos" (OC 18/1, p. 10). Esse foi o registro do primeiro trabalho escrito que Jung apresentou aos colegas de equipe após ler pela primeira vez o livro dos sonhos. Nessa preleção, ele fez uma breve síntese do livro de Freud em relação às múltiplas interpretações que foram concebidas ao longo da história. Destacou, especialmente, quatro importantes hipóteses de manifestações dos sonhos que Freud havia diferenciado: a primeira proposição, denominada de mística ou mitológica, foi apresentada pelo filósofo alemão Gotthilf Heinrich von Schubert, que considerava os sonhos como manifestações significativas de uma alma transcendente e autônoma que produzia sonhos ou a existência de uma alma que seria intermediária entre a mente consciente e a revelação divina. A segunda hipótese, desenvolvida pelos filósofos alemães Scherner e Volkelt, admitia que os sonhos existiam devido à dinâmica de forças psíquicas mantidas sob controle durante a vigília. Enquanto a terceira pressuposição remetia a uma visão mais moderna e crítica, atribuindo aos sonhos os estímulos periféricos que afetariam, parcialmente, o córtex cerebral, induzindo, assim, à atividade do sonhar. Na última tese, Jung finalizou observando que a quarta hipótese se referia ao ponto de vista concebido por Freud, que afirmou que os sonhos apresentavam significados profundos, além de sustentar que o método de interpretação das imagens simbólicas de um conteúdo oculto do sonho portaria sentidos alargados. Ademais, Jung expôs, de forma sintética, o método freudiano de interpretação dos sonhos denominado por Freud de trabalho do sonho, além de apresentar as importantes funções e classificação dos tipos de sonhos desenvolvidos pela concepção freudiana.

Mas, foi só depois de reler, em 1903, pela segunda vez, o livro *A interpretação dos sonhos*, que Jung reconheceu ser esse livro revolucionário de uma época e fonte de iluminação, particularmente, para alguns estudiosos da comunidade científica, como ele. Nessa obra, o que mais lhe interessou foi a noção sobre o mecanismo de recalque apresentado por Freud, atribuindo grande valor ao conteúdo em questão. Para Jung, esse mecanismo mental de defesa tinha semelhanças com que ele já havia evidenciado nas suas pesquisas de teste de associações de palavras com pacientes que pareciam ficar perturbados com certas palavras indutoras. Foi no curso de suas experiências com o teste de associações de palavras que ele encontrou, com frequência, recalques e assim comentou: "A leitura de 'Interpretação de sonhos' ensinou-me que o mecanismo do recalque atuava nesses casos, e os fatos que eu observara concordavam com a sua teoria. Eu podia apenas confirmar suas explicações" (Jung, 1975a, p. 134).

É necessário, contudo, ressaltar que, desde o ano de 1902, Jung já havia iniciado seus primeiros estudos no campo da psicologia experimental e da psicopatologia. Investigou, sobretudo, o método de associação de palavras e os resultados obtidos. Foram essas pesquisas elaboradas em Burghölzli que despertaram a atenção de Jung ao verificar que uma perturbação era provocada, nos pacientes, quando uma palavra indutora tangenciava um complexo. Observou que, além do tempo de reação variar nas respostas dadas, esses pacientes manifestavam diferentes reações emocionais: choro, risos, sudoreses, tremores, enrubesciam etc. Avaliou que tais perturbações do funcionamento psíquico não deveriam passar despercebidas ou serem desprezadas, como alguns psicólogos assim procediam. E foi a partir dessas valiosas observações que Jung, brilhantemente, concluiu que tais perturbações emocionais provocadas tanto em pessoas normais quanto em pessoas que apresentavam distúrbios psíquicos indicavam a existência de um complexo afetivo que havia sido atingido de forma inconsciente, no íntimo do examinado. Desses estudos e pesquisas, surgiu a importante teoria dos complexos desenvolvida por Jung, que impactou os campos, no âmbito da psiquiatria e da psicologia.

Diversos outros comentários, após ler pela segunda vez o livro dos sonhos, como Freud gostava de chamar, foram feitos por Jung. Por exemplo, ele reconheceu em Freud um entre outros muitos pensadores que o influenciaram e o ajudaram no aprofundamento de seus conhecimentos científicos. Além de constatar que, de fato, suas ideias sobre seus estudos acerca dos experimentos de associação estavam em completa sintonia com a teoria do recalque que Freud desenvolvera. A esse respeito, Jung fez o seguinte comentário: "Então, ao examinar todos esses casos com maior cuidado possível, percebi que se tratava daquilo a que Freud chamava de repressões; também compreendi o que ele entendia por simbolização" (Evans, 1964, p. 46).

Portanto, foram os aprofundamentos dessas investigações a respeito dos estudos e pesquisas das associações verbais, incentivados e apoiados, especialmente, por Bleuler, afora as próprias ideias e as contribuições de outros pensadores, que possibilitaram Jung dar um importante salto ao introduzir, no campo da psiquiatria, os conhecimentos da psicologia experimental. A partir dos amplos resultados de suas pesquisas, ficou demonstrado que havia a possibilidade de se investigar e explorar empiricamente o inconsciente, como afirmou Silveira: Jung escreveu vários trabalhos sobre suas pesquisas nesse campo, inclusive "Psicanálise e experiências associativas", no qual ilustra a conexão da psicanálise com as experiências associativas por meio de exemplos práticos (Silveira, 1981, p. 93).

Revendo de forma breve a história do relacionamento e da colaboração entre Jung e Freud, essa teve início, na primavera de 1906, um mês antes do aniversário de 50 anos de Freud, quando Jung considerou a ocasião adequada para enviar de presente um exemplar de *Estudos diagnósticos de associações* (1906). É interessante perceber que foi a partir desse livro enviado por Jung que se abriu um caminho possibilitando as intensas trocas de ideias criativas entre esses dois pioneiros da psicologia. Essa obra de Jung circunscreveu um avanço revolucionário e significativo na aplicação de técnicas experimentais no campo da psiquiatria. No conjunto de seis estudos, Jung reuniu suas contribuições e de outros colegas da clínica psiquiátrica do Hospital Mental do Burghölzli acerca da metodologia empregada nas pesquisas de associações verbais. Nesse estudo científico, Jung já alertava que, em suas observações feitas com vários de seus pacientes, os resultados obtidos confirmavam a existência da manifestação de outros fatores psicológicos relevantes que deveriam ser também apreciados. Por exemplo, Jung reconhecia que as problemáticas relacionadas às questões de adaptação social, de opressões, de exigências de prestígio na vida e a vontade de poder, entre outros fatores tinham lugar de destaque nas *gêneses das* psicopatologias e que deveriam ser levadas em consideração.

Especula-se, contudo, que a primeira carta de Jung (abril de 1906) enviada a Freud parece ter sido perdida. Desse modo, a correspondência publicada entre eles tem início com a primeira carta resposta de Freud, datada em 11 de abril de 1906, enviada a Jung logo após o recebimento do livro *Estudos Diagnósticos de Associação*. Nessa carta, Freud disse estar muito grato pelo envio do gentil presente e demonstrando uma certa informalidade chamou Jung de "caro colega". Confidenciou que sua ansiedade fez com que ele comprasse o livro de imediato, não conseguindo esperar: "a impaciência já me levara a adquirir" (McGuire, 1993, p. 41). E, com grande satisfação, Freud sublinhou que o artigo sobre psicanálise e experimentos de associação, elaborado por Jung, foi para ele uma leitura recompensadora e prazerosa. Nesse trabalho experimental, Jung apresentou um recorte de um caso clínico de sua paciente diagnosticada com neurose obsessiva, declarando que para o tratamento havia feito uso de algumas sessões de psicanálise e de teste de associação. Entusiasmado, compartilhou com Freud o resultado favorável do processo terapêutico e revelou que após a paciente obter alta, cinco meses depois, retornou ao hospital para agradecer-lhe e comunicar-lhe que estava totalmente curada.

Para Freud, esse artigo publicado por Jung tinha grande valor, na medida em que Jung não só registrava por escrito, mas apresentava a comprovação das ideias desenvolvidas por ele. Ao finalizar sua carta, Freud afirmou que confiava no apoio de Jung e o autorizou a fazer quaisquer correções em seus escritos que fossem consideradas importantes no campo das investigações e dos estudos acerca do inconsciente. Escreveu Freud: "Confio em que o senhor venha a estar, muitas vezes, em condição de me apoiar, mas aceitarei de bom grado, quaisquer retificações de sua parte" (McGuire, 1993, p. 41). É plausível considerar que foi a partir do envio desse primeiro livro, que se iniciaram uma amistosa correspondência e um relacionamento fecundo que, possivelmente, marcou o resto das vidas dos dois grandes pensadores, ao ponto de ambos guardarem ao longo de suas existências as cartas trocadas (Jung, 2001).

Pouco tempo depois desse fato, em 6 junho de 1906, Freud proferiu uma conferência, em Viena, denominada "A psicanálise e a determinação dos fatos nos processos jurídicos" (Freud, 1969, p. 102). A apresentação desse estudo tem importância histórica na vida desses dois estudiosos da psique, pois nela, Freud mencionou, pela primeira vez o nome de Jung, além de fazer suas primeiras referências aos estudos desenvolvidos por ele sobre experimentos de associação de palavras e a teoria dos complexos, quando havia apenas dois meses do início de suas correspondências.

Passados aproximadamente cerca de seis meses da primeira carta de Freud, em 5 de outubro de 1906, Jung expediu uma segunda carta a Freud. Nela manifestou sua gratidão pela *Cole-*

tânea dos escritos breves sobre a teoria das neuroses, enviada de presente, gentilmente, por Freud. Nessa carta, Jung reconheceu a importância do conjunto desses estudos que muito contribuiu para a ciência psicopatológica e para todos que desejassem aprofundar suas ideias sobre as concepções freudianas. Ademais, afirmou sua previsão de que o número de novos seguidores das ideias de Freud aumentaria expressivamente no futuro, o que de fato ocorreu. O movimento psicanalítico nascente dessa época foi se expandindo cada vez mais para além das fronteiras de Viena. Não obstante as críticas recebidas vindas de colegas que não aceitavam os pontos de vista de Freud, Jung reconhecia a importância das concepções psicológicas desenvolvidas por Freud no trabalho sobre psicopatologia, que era feito em conjunto com a equipe do Hospital Mental do Burghözli. Entretanto, Jung já havia sublinhado que, a seu ver, a gênese da histeria, que Freud considerava como predominantemente sexual, não estava atribuída exclusivamente à teoria da sexualidade. Ao finalizar sua carta, Jung prometeu a Freud que enviaria de presente um novo exemplar que estava finalizando, em que apresentaria um outro recorte de um caso clínico de uma paciente, que muito lhe chamou sua atenção e de seu estimado chefe Bleuler, em que foram usadas, mais uma vez, algumas das concepções freudianas nos princípios da compreensão da psicologia da demência precoce.

Novas cartas continuaram sendo trocadas entre Jung e Freud, com grande motivação e interesse de ambas as partes. Nelas discutiam a respeito de vários assuntos: publicações de livros e conferências; separatas em que apresentavam novos resultados acerca das pesquisas feitas sobre psicanálise; análises de casos de neuroses feita por Jung e consideradas como esplêndidas por Freud; questões relacionadas aos vários conceitos, por exemplo, a transferência e as fixações da libido, além da manifestação mútua de apoio e aceitação sobre alguns dos pontos de vista elaborados por eles em comum acordo. Entretanto, percebe-se também que, desde o início, Jung sublinhou suas reservas em relação à questão da predominância da sexualidade na gênese das psiconeuroses. Freud julgava essa atitude de Jung devido à pouca experiência e esperava que no futuro o colega se aproximasse mais de suas ideias. Nesse contexto, ambos procuravam analisar e aprofundar suas hipóteses sem grandes atritos. Jung, por sua vez, reconheceu que, nessa época, sua experiência ainda lhe parecia limitada e que necessitava de aprofundamentos. Verifica-se, dessa forma, que esse período foi de grande abundância, com grandes trocas férteis e de muitas elaborações criativas, as divergências entre eles, na forma de pensar, desempenhavam até então um papel secundário.

De bom grado, no fim do ano de 1906, Jung enviou a Freud, conforme prometido, seu segundo livro: *Psicogênese das doenças mentais* (OC 3). Essa obra representou um ponto alto na produção das obras de Jung, especialmente, no campo da psiquiatria daquela época. Nela, ele destacou suas pesquisas experimentais e suas observações elaboradas com seus pacientes, que foram analisados ao longo de três anos e que confirmavam a sua teoria dos complexos. Esses estudos a respeito do mundo das ideias dos pacientes esquizofrênicos revelaram a Jung hipóteses sobre o inconsciente coletivo e seus conteúdos arquetípicos, em especial, sobre a dinâmica da energia psíquica ou da libido que se mostraram decisivas em seus trabalhos posteriores.

A partir do envio desse livro a Freud, surgiu entre esses dois pioneiros do movimento psicanalítico um relacionamento ainda

Sonhos – Conexões com seu oráculo anterior

mais próximo e para além das colaborações teóricas que ambos já vinham tendo. Ademais, Jung fez questão de deixar registrado no prefácio de seu livro que as concepções brilhantes de Freud, que ainda não haviam recebido justa apreciação, tinham não só seu reconhecimento, como sua aplicação no seu trabalho. Advertia Jung que a forma legítima de se contestar as descobertas freudianas só poderia ser admissível reproduzindo seu trabalho psicanalítico. Caso contrário, não se deveriam fazer pré-julgamentos ou ter uma atitude preconceituosa, sugerindo que:

> Um exame superficial das páginas de meu trabalho mostra o quanto devo às geniais concepções de Freud. Uma vez que Freud ainda não recebeu o devido reconhecimento e apreciação, sendo inclusive bastante combatido nos círculos mais competentes, gostaria de precisar minha posição em relação a Freud. A leitura das obras de Freud levou-me a dar-lhe a devida atenção: de início, casualmente, ao ler a "Interpretação dos Sonhos"; a partir desta obra, estudei seus demais escritos. Posso assegurar que desde o princípio fiz, naturalmente, as objeções aduzidas geralmente contra Freud na literatura. Contudo, achava que Freud apenas poderia ser refutado por alguém que tivesse utilizado amplamente o método psicanalítico (OC 3, p. 11).

Em sua carta de 7 de outubro de 1906, Freud reconheceu que os escritos de Jung já deixavam claro para ele a objeção de Jung acerca da aceitação de todos os pontos de vista de sua psicologia. Jung admitiu que não estava de acordo, inteiramente, com a afirmação de Freud de que o conteúdo do recalque teria uma causa, exclusivamente, no trauma sexual. Pareceu-lhe que essa hipótese era por demais reducionista a uma só fonte, isto é: a sexualidade. Entretanto, mais uma vez, Freud insistiu e manteve esperanças de que, com o passar do tempo, Jung viesse a mudar seu pensamento e que abarcasse, cada vez mais, suas concepções na sua totalidade. Assim, em relação a esse contexto, Freud teceu as seguintes considerações:

> [...] seus escritos me levaram a suspeitar de que seu apreço por minha psicologia não se estende a todas as minhas ideias sobre a histeria e o problema da sexualidade, mas me arrisco a esperar que, com os anos, você acabe se aproximando mais de mim do que hoje julga possível (McGuire, 1993, p. 45).

Por outro lado, nessa época, Jung ainda acreditava que seria possível manter sua independência intelectual diante de algumas concepções desenvolvidas por Freud, das quais ele não partilhava. Manteve-se firme, assegurando ter comprovado em suas pesquisas, após diversas observações de seus pacientes internados, que a sexualidade desempenhava papel secundário. Essa ressalva, entre outras feitas por Jung, tornou-se cada vez mais o motivo de grande polêmica e discussões entre eles durante os anos seguintes de amizade e colaborações.

A carta resposta de Freud em relação ao recebimento do livro *Psicogênese das doenças mentais* (1907) não está presente na coletânea das correspondências trocadas por eles. Não obstante a discordância de alguns pontos de vista entre eles nessa época, Jung continuou assegurando que essas discórdias tinham pouca importância, uma vez que ele queria continuar a prestar atenção nos trabalhos desenvolvidos por Freud. Reconhecia incessantemente que o livro dos sonhos de Freud proporcionou a ele a posição de fundador de uma nova teoria psicológica onírica. Além do mais, Jung fez questão de destacar que, em suas primeiras publicações, entre 1902 e 1905, ele intencionalmente fez várias citações referentes aos trabalhos de

Freud, demonstrando a mais alta consideração às descobertas freudianas, diferentemente de outros colegas que propositalmente omitiam o nome de Freud, algo considerado perverso e inaceitável por Jung.

Assim, após o recebimento desse segundo livro enviado a Freud, estabeleceu-se uma forte amizade e admiração mútua entre eles. Freud expressou imensa satisfação pelo amável presente do colega, afirmando que as cartas enviadas por Jung lhe proporcionavam grande prazer. Muito entusiasmado com a gratificante leitura do livro de Jung, imediatamente Freud o convidou a visitá-lo em Viena: "Talvez lhe seja possível dar um pulo a Viena antes de sua ida à América. Eu teria imenso prazer em passar algumas horas discutindo essas questões com o senhor" (McGuire, 1993, p. 57).

Ainda no ano de 1906, após a publicação do livro *Três ensaios sobre a teoria da sexualidade* (1905), persistia a má reputação de Freud que se estendia para além das fronteiras de Viena. Nesse ensaio, Freud ressaltou a existência de um instinto sexual que já se fazia presente na tenra infância. A partir da descoberta da hipótese de uma sexualidade infantil, as concepções desenvolvidas por Freud causaram fortes repercussões negativas na sociedade moralista daquela época. Freud tornou-se alvo de duras críticas de repúdios de seus censores, o que o levou a um isolamento dramático, deixando profundas marcas em sua vida. Nesse período denominado de trevoso, o próprio Freud reconheceu estar vivenciando um estado de "esplêndido isolamento". Somente mais tarde, em 1914, ao lançar um olhar retrospectivo sobre a história do movimento psicanalítico dessa época, Freud considerou ser "[...] aqueles anos solitários, longe das pressões e confusões de hoje, pareceu-me uma gloriosa época de heroísmo. Meu esplêndido isolamento [*splendid isolation*] não deixou de ter suas vantagens e encantos" (Freud, 1974, p. 33, acréscimo nosso).

Diante desse pano de fundo obscuro, Freud permaneceu sendo apontado como *persona non grata*, particularmente, no mundo acadêmico das universidades, sendo considerado prejudicial a qualquer estudante, cientista e pesquisador relacionar-se ou aproximar-se de suas teses. Para se ter ideia do clima hostil existente para com Freud, alguns pesquisadores só o mencionavam às escondidas, e nos congressos eram indiferentes se abstendo propositalmente de citá-lo em trabalhos científicos. Em 1906, num congresso na cidade de Baden-Baden, mesmo antes de ter conhecido Freud pessoalmente, Jung o defendeu dos seus críticos mais acirrados.

Certo dia, porém, Jung preocupado com essas questões discriminatórias de seus colegas, intuitivamente sentiu um conflito ético-moral que lhe impôs inúmeros embates a sua consciência e ao seu caráter humano, demasiadamente humano. Pensou que poderia publicar os resultados conclusivos de suas pesquisas científicas finalizadas, sem mencionar, assim como seus colegas, o nome de Freud e os estudos psicanalíticos que o haviam influenciado. Ao mesmo tempo, ao analisar os próprios pensamentos negativos, deu-se conta das consequências de sua maléfica atitude de negação dos fatos. Percebeu ser essa atitude uma fraude de sua parte, pois repetiria a mesma ação irresponsável de seus colegas ao fingirem não reconhecer os trabalhos publicados por Freud. A partir dessa reflexão cuidadosa, Jung tomou a decisão ética de se posicionar abertamente a favor de Freud e de suas ideias, passando a fazer várias referências em seus trabalhos sobre os artigos e textos escritos por Freud, que foram devidamente reconhecidos e valorizados.

Sonhos – Conexões com seu oráculo anterior

De fato, Jung admitiu ter sido o primeiro a assumir posição favorável em relação a Freud nesse contexto tão adverso. Mas, mesmo assim, foi surpreendido quando participou, em 1913, do Congresso Psicanalítico em Munique, ao constatar que vários colegas de profissão continuavam a fazer uso de algumas ideias psicanalíticas e, ainda assim, omitiam propositalmente o nome de Freud em relação às suas importantes contribuições quanto aos estudos das neuroses obsessivas. Logo após o término desse Congresso, indignado com a insistente atitude de seus colegas, Jung decidiu escrever um artigo para um periódico de Munique, em que admitiu, sem reservas, reconhecer a grande contribuição freudiana sobre os estudos das neuroses obsessivas. Passou a defender Freud e algumas de suas ideias sem constrangimento, além de identificá-lo como pioneiro na compreensão dos distúrbios das psiconeuroses, o que tornou possível a abertura de um novo campo de pesquisas psicológicas. Ignorá-lo, portanto, constituía-se para Jung uma atitude profundamente antiética e inadmissível.

De outro modo, verifica-se uma cuidadosa postura de Jung ao registrar no prefácio de seu livro *Psicogênese das doenças mentais* que a sua conduta de estar sendo justo com Freud não implicava sujeitar-se incondicionalmente a um dogma (OC 3). Reafirmou que fazia reservas a alguns pontos da teoria apresentada por Freud e sublinhou, mais uma vez, que discordava da ênfase dada à sexualidade como sendo fonte primária dos distúrbios neuróticos e que não atribuía ao trauma sexual infantil a importância exclusiva como Freud assim concebia. De maneira clara e objetiva, Jung continuava a sustentar desde o início as diferenças existentes entre suas trajetórias intelectuais e suas experiências científicas em relação a algumas concepções freudianas.

Ao empreender uma reavaliação retrospectiva dos primeiros anos de seu trabalho junto a Freud, Jung reconheceu ser ele o único a dar prosseguimento aos estudos de duas questões essenciais e que mais interessavam a Freud, a saber: os resíduos arcaicos e os estudos sobre a sexualidade. Segundo Jung, o tema da sexualidade tem grande destaque em sua psicologia, principalmente como expressão fundamental – mas não a única – da totalidade psíquica (Jung, 1975a). Ao aprofundar os estudos do tema da sexualidade para além de seu significado pessoal e de sua função meramente biológica, Jung concebeu um outro aspecto fundamental negado por Freud, que seria a face espiritual, o aspecto transcendente que se manifesta na sexualidade. Segundo Jung, foi essa experiência do numinoso que tanto fascinou e se apoderou de Freud, sem que este a percebesse e a compreendesse (Jung, 1975a).

Mesmo assim, a volumosa e fecunda correspondência entre Jung e Freud prosseguiu ao longo de sete anos (1906-1913), de forma particular e empática. Foram inúmeras as trocas de ideias e confidências; de conselhos e orientações; de objeções e críticas; de provocações e discussões; de análises e de fortes convicções; de contribuições fervorosas de ambas as partes e de trocas acerca de suas próprias teorias. Além do mais, confidenciavam a respeito de situações particulares de suas vidas pessoais, de intimidades e segredos de seus familiares e amigos, analisando em conjunto os processos psicológicos de seus pacientes; comentavam e faziam críticas de certas atitudes de colegas. Entusiasmados, confabulavam sobre as lutas e conquistas feitas pelo movimento psicanalítico emergente, que difundia suas ideias e se expandia para além das regiões de Viena e de Zurique. Gradativamente, Freud e seus trabalhos passaram a ser valorizados e reconhecidos, surgindo, cada vez mais, um público interessado em sua psicanálise. Entretanto, é sempre bom reforçar o relevante papel que Jung desempenhou como um dos grandes, senão o mais respeitável e relevante articulador e fundador responsável pela disseminação e pela expansão do movimento psicanalítico para outras regiões da Europa, Estados Unidos e de outros continentes.

Mas, retornemos ao ano de 1907, quando foi publicado o livro *Psicogênese das doenças mentais*, que representou um dos pontos altos das publicações da comunidade científica, particularmente, no campo da psiquiatria. Nessa obra, Jung defendeu a tese de que na esquizofrenia os sintomas poderiam ser entendidos psicologicamente. Jung apresentou suas observações clínicas acerca de suas experimentações, o que permitiu inaugurar uma nova era no campo da psiquiatria e expôs sua teoria dos complexos, sua nova tese em que considerava que as fantasias e as ilusões da demência precoce apresentavam causas psicológicas. Essas novas ideias introduzidas por Jung inquietaram o mundo acadêmico da psiquiatria tradicional, que até então assegurava o ponto de vista das causas físico-químicas (toxinas) e das causas patológicas em relação aos distúrbios de demência precoce. Conceito este que foi posteriormente substituído por Bleuler, que passou a denominar por esquizofrenia, a partir de seus novos estudos sobre as doenças mentais.

Quando Freud recebeu o livro *Psicogênese das doenças mentais*, manifestou grande interesse e satisfação, sobretudo, ao constatar que seu nome havia sido citado do começo ao fim do exemplar. Embora esse novo livro de Jung tenha sido muito influenciado pelos trabalhos de Théodore Flournoy, pode-se considerá-lo como o marco de iniciação de uma relação empática entre Jung e Freud, conforme já foi assinalado. Observa-se, no conteúdo desse livro, a existência clara de perspectivas discordantes entre eles, especialmente em relação à questão da análise e da interpretação dos sonhos engendradas por Freud. Para exemplificar esses pontos divergentes, Jung registrou o próprio sonho, mas preferiu omitir que era seu, atribuindo a manifestação onírica a um amigo. Desconhecendo totalmente que o sonho pertencia ao seu querido colaborador, Freud fez uma breve interpretação sobre o sonho em uma carta resposta enviada a Jung, em que fez uma apreciação da qual Jung discordou totalmente e a considerou meramente reducionista à restrição sexual. Vejamos o referido sonho exposto por Jung no livro:

> Vi cavalos que eram içados por grossos cabos a uma grande altura. Um deles me impressionou em particular, suspenso como um fardo no ar, era um cavalo castanho, vigoroso, todo amarrado por correias. De repente o cabo arrebentou e ele caiu com estardalhaço na rua. Pensei que tivesse morrido. Mas imediatamente deu um salto e galopou para longe. Notei que o cavalo arrastava uma pesada tora, perguntando-me como conseguia avançar tão depressa. Era óbvio que ele estava assustado e poderia facilmente ter causado um acidente. Chegou então um cavaleiro numa montaria menor e evoluiu lentamente defronte do cavalo assustado que refreou o passo. Eu ainda temia que o cavalo fosse em cima do cavaleiro quando surgiu uma carruagem que, passando pela frente do cavaleiro no mesmo ritmo, obrigou o cavalo assustado a um passo ainda mais lento. Pensei então que tudo agora estava bem, o perigo tinha passado (OC 3, § 123).

Em resposta à interpretação dada por Freud, na carta de 29 de dezembro de 1906, Jung expressou de modo evidente que seu ponto de vista diferia dos enunciados feitos por ele. Assi-

Sonhos – Conexões com seu oráculo anterior

nalou particularmente sua discordância em relação à análise e à interpretação dos conteúdos oníricos atribuídos por Freud. Embora ele tenha reconhecido que Freud havia até acertado alguns de seus pontos fracos, discordou da conjectura infundada de que a significação do sonho evocava um fracasso sexual. Essa interpretação para Jung não fazia o menor sentido, uma vez que estava claro para ele que o sonho assinalava a ideia da existência de um provável complexo de fracasso social por conta de um *status* diferenciado entre ele e sua esposa Emma. A esposa de Jung pertencia à opulenta família Rauschenbach, possuidora de um grande patrimônio financeiro na cidade de Zurique. Além do mais, observou Jung que o casal estava vivenciando um estado de plena felicidade em suas vidas como recém-casados. Justificou ainda que fez uso do próprio sonho com objetivo de exemplificar a simbologia dos conteúdos oníricos e demonstrar que a análise e a interpretação dos próprios sonhos se constituem numa tarefa árdua, complexa e arriscada, devido ao sonhador render-se às inibições que emanam dos conteúdos oníricos.

A carta resposta de Freud, de 1º de janeiro de 1907, foi imediata e surpreendente. Nela, Freud alegou que seria imprudente de sua parte ofender o seu "colaborador mais capaz" e teceu inúmeros elogios a Jung quanto ao livro sobre demência precoce, rogando que os mal-entendidos circunstanciais não se interpusessem entre eles. Assegurou ainda que mantinha a esperança de que seus trabalhos em conjunto dessem continuidade e reiterou, mais uma vez, o convite de que Jung fosse visitá-lo em Viena, oportunidade esta que os ajudariam a fundamentar e ampliar seus diversos campos de conhecimentos e em que poderiam aprofundar questões significativas a respeito dos sonhos, além de outros temas pertinentes aos estudos do inconsciente.

Em 8 de janeiro de 1907, Jung escreveu a Freud aceitando o convite de ir visitá-lo em Viena e confirmou que já havia planejado a viagem de férias para o mês de abril daquele mesmo ano. Revelou sua expectativa em encontrar Freud pessoalmente e seu desejo de conversar sobre alguns pontos de vista que ampliassem os seus entendimentos. Após diversas mudanças nos planos da viagem a Viena, finalmente Jung comunicou a Freud, em carta de 26 de fevereiro de 1907, sua chegada em terras austríacas: "Estarei em Viena no próximo sábado à noite e espero procurá-lo em sua casa às 10 da manhã. Viajarei em companhia de minha esposa e de um dos meus alunos, um sobrinho de Binswanger" (McGuire, 1993, p. 62).

Conforme o combinado, numa tarde de domingo, do dia 3 março de 1907, a família Jung desembarcava em Viena. No dia seguinte, às dez horas da manhã, o casal Jung e Emma chegou pontualmente para o convite de um almoço no apartamento, no primeiro andar, de Freud e Martha, na Rua Berggasse, 19.

Naquela época, 19 anos separavam os dois, Jung contava com 32 anos enquanto Freud estava com 51 anos. Esse primeiro encontro entre os dois gênios foi tão intenso que ambos permaneceram conversando de forma ininterrupta por aproximadamente 13 horas e só foram interrompidos pela chamada para o jantar que não estava previsto. O casal Jung somente retornou ao hotel em que se hospedavam por volta das duas horas da madrugada. As primeiras impressões de Jung em relação a Freud foram percebidas como confusas. Por um lado, confessou Jung, Freud lhe pareceu como uma personalidade "extremamente inteligente, penetrante, notável sobre todos os pontos de vista" (Jung, 1975a, p. 135). Mas, por outro, sentiu pairar no ar um certo mistério em suas percepções em relação

Sonhos – Conexões com seu oráculo anterior

a Freud e isso lhe causou uma sensação de angústia por não conseguir decifrá-lo. Além do mais, quando expressava suas hesitações e dúvidas a Freud, imediatamente ele replicava, considerando Jung ainda muito jovem e com pouca experiência no campo científico. Decerto que Jung concordava, sem reservas, que Freud estava certo, pois naquele período ele reconhecia não contar com uma base tão sólida e experiência suficiente para sustentar as objeções feitas por Freud. Ainda assim, ficou muito impressionado com as ideias quase dogmáticas acerca da sexualidade e, acima de tudo, com a atitude desinteressada de Freud quanto ao tema da espiritualidade, que lhe parecia altamente questionável, insinuando tratar-se de sexualidade recalcada. De forma distinta, Jung não deu totalmente razão a Freud, preferindo permanecer numa atitude científica de investigar mais sobre os múltiplos fenômenos da natureza psíquica, sem nenhum tipo de preconceito. Em suas memórias, Jung enfatizou essa problemática atitude de Freud:

> Acima de tudo, a atitude de Freud em relação ao espírito me pareceu altamente questionável. Sempre que, fosse em relação a uma pessoa ou a uma obra de arte, uma expressão de espiritualidade vinha à tona, ele desconfiava que se tratava de sexualidade recalcada. Qualquer coisa que não pudesse ser diretamente interpretada como sexualidade ele definia como psicossexualidade. Eu protestei. [...] A cultura então seria mera farsa, mórbida consequência da sexualidade reprimida. Sim, ele assentia, assim é, e isso é uma maldição do destino contra a qual somos impotentes. Eu não estava de maneira alguma disposto a concordar ou deixar passar, mas ainda não me sentia competente para discutir com ele (Dune, 2012, p. 51).

No período entre 18 e 21 de setembro de 1908, Freud esteve em Zurique a convite de Jung. Nessa primeira viagem, Freud viajou só, enquanto sua esposa Martha Bernays e seus filhos viajavam de férias. Jung convidou Freud para hospedar-se em seu apartamento, localizado no último andar do Hospital Mental de Burghölzli, onde naquela época ele fazia sua residência em psiquiatria. Nesse ambiente hospitalar, Jung residiu durante nove anos e só deixou o Burghölzli em 1909, quando finalizou a construção de sua bela residência à beira do lago em Küsnacht, em Zurique, a pedido de sua esposa Emma. Durante os dias de sua estada no Hospital do Burghölzli, Freud passeou horas a fio pelos jardins da clínica psiquiátrica, observando e conversando com Jung sobre os pacientes tratados por ele. Conta-se, numa dessas caminhadas nos jardins do Hospital Mental Burghölzli, que Jung apresentou a Freud a sua famosa paciente Babette Staub. A doente era uma mulher idosa, nascida na cidade velha de Zurique e que vivia na pobreza das ruelas sujas. Seu pai era alcoólatra e sua irmã, prostituta. Com aproximadamente 39 anos, Babette teve uma crise psíquica, sendo diagnosticada com esquizofrenia do tipo paranoide. Internada na clínica psiquiátrica há vinte anos, apresentava manias de grandeza, entre outros sintomas. Jung apresentou sua paciente Babette a Freud, pedindo-lhe que a observasse para que juntos avaliassem certos aspectos psicológicos dos sintomas apresentados. No entanto, Freud, além de não demonstrar nenhum interesse na observação da paciente, surpreendeu Jung, quando declarou: "Jung, o que você descobriu nessa doente é realmente muito interessante. Mas como conseguiu suportar a proximidade dessa mulher que é um fenômeno de feiura gastando horas e dias?" (Bair, 2006, p. 199). Um tanto perplexo, Jung atribuiu o comentário

Sonhos – Conexões com seu oráculo anterior

desastroso de Freud ao pouco conhecimento que ele tinha em relação à prática psiquiátrica: "Ele era realmente um leigo no que se referia à psiquiatria, [...] simplesmente só sabia a teoria dele. E sua teoria não era suficiente. É suficiente para uma determinada área, mas não para todas" (Bair, 2006, p. 198).

O estudo de caso da paciente Babette Staub mobilizou Jung, que reconheceu o quanto esse caso clínico contribuiu para sua compreensão psicológica das psicoses e, especialmente, para os importantes aspectos psicológicos dos conteúdos delas. Foi na raiz dos delírios insensatos de Babette, que pareciam ser aparentemente sem qualquer sentido, quando ela afirmava ser a imperatriz Alexandra ou referia-se a si mesmo como: "Eu sou a Lorelei" (ninfa ou sereia de lenda alemã) ou quando fazia uso de expressões como: "Sou a representante de Sócrates" ou "Eu sou o bolo de ameixas sobre uma base de canjica", que Jung identificou na linguagem da paciente expressões simbólicas que não só compensavam um estado de inferioridade, como indicavam três grandes categorias de complexos inconscientes: de grandeza, de ofensa e erótico.

Em 15 de outubro de 1908, ao chegar em Viena muito otimista após sua viagem a Zurique, Freud enviou uma carta bastante afetuosa e referiu-se a Jung pela primeira vez como "meu querido amigo e herdeiro" (McGuire, 1993, p. 199). Além disso, agradeceu a hospitalidade que o casal lhe havia proporcionado, considerando seus encontros muito auspiciosos e que a viagem o havia deixado com excepcional humor.

O ano de 1909 foi considerado efusivo e promissor para as relações de Jung e Freud. Nesse mesmo ano, Freud retornou pela segunda vez a Zurique, mas, dessa vez, Freud e Martha estavam juntos e foram hóspedes dos anfitriões Emma e Jung em sua bela residência em Küsnacht. Possivelmente, foi um dos períodos mais fecundos e felizes na vida de ambos os casais. A relação de intimidade, de amizade e de colaboração entre eles os tornou tão cúmplices que Freud, em carta do dia 26 de janeiro de 1909, mencionou o seu sentimento de pertencimento à família Jung ao desejar afetuosamente a Agathli, filha mais velha do casal, "um beijo extra do tio-avô ausente" (Mcguire, 1993, p. 228).

Nessa mesma época, sincronicamente intensificaram-se os estudos e pesquisas sobre a natureza da psique desenvolvidos em conjunto e florescia consideravelmente o interesse pela difusão do movimento psicanalítico que vinha ganhando força e se expandindo em diversos países da Europa.

Freud valorizava, cada vez mais, o apoio e amizade de Jung e manifestou diversas vezes sua admiração e seus sentimentos de gratidão. Tão grande foi o seu entusiasmo que, em pouco tempo, reconheceu os méritos de seu principal colaborador, consagrando Jung como seu sucessor e, por diversas vezes, nomeou Jung, em suas correspondências, como seu filho e herdeiro, admitindo seu verdadeiro sentimento paternal.

Em uma carta enviada a Jung, no dia 17 de janeiro de 1909, Freud intuitivamente vislumbrou o futuro da psicanálise e do seu mais querido e respeitável colaborador ao fazer uso de uma parábola bíblica, proferindo a ideia de que: "Se sou Moisés, o senhor é Josué e tomará posse da terra prometida da psiquiatria, que só poderei entrever de longe" (McGuire, 1993, p. 220). É interessante destacar como a forte intuição de Freud o mobilizou, fazendo-o registrar de forma metafórica, em sua carta a Jung, o seu pressentimento do futuro de suas individuações, o que de fato ocorreu. Nessa percepção intuitiva, espontânea, Freud se identificou como Moisés, aquele que só poderia vislumbrar de longe a terra prometida. Ao passo que, caberia a Jung, identificado como Josué, o destino de tomar posse e explorar as novas terras, nunca antes habitadas, dos campos da psiquiatria e da psicologia.

No período de 25 a 30 de março de 1909, Jung e sua esposa Emma desembarcaram em Viena pela segunda vez e, sem perder tempo, foram se encontrar com Freud e Martha. Nesse segundo encontro, Jung estava muito curioso em conhecer detalhadamente as considerações de Freud acerca dos temas da parapsicologia e das premonições. Ao perguntar o que ele pensava a respeito desses temas considerados como supersticiosos, Freud, de forma reativa, imediatamente repeliu a complexidade do assunto e, de forma preconceituosa, definiu tudo como mera tolice. Mas, sincronicamente, enquanto ele engendrava seus argumentos a respeito desses fenômenos ocultistas, Jung sentiu uma espécie de ardência em seu abdômen. Simultaneamente, na sala em que estavam, um estranho e forte ruído ressoou da estante de madeira próxima a eles e ambos se assustaram. O comentário feito por Jung sobre esse fato foi: "pensamos que a estante ia desabar sobre nós" (Jung, 1975a, p. 140). Enfaticamente, Jung comunicou a Freud que o ocorrido era exemplo de um fenômeno catalítico de exteriorização. No entanto Freud, fiel ao seu preconceito materialista, se contrapôs a Jung e respondeu que aquilo que ele argumentara era um verdadeiro disparate! Então, Jung advertiu Freud de seu equívoco e intuitivamente reafirmou que o mesmo estalido voltaria a se manifestar. E, imediatamente, o ruído se repetiu e Freud olhou horrorizado para Jung, como se ele tivesse lhe feito uma ofensa. Jung percebeu no olhar de Freud uma desconfiança em relação a ele e nunca mais discorreram sobre esses assuntos. Esse fato ilustra as primeiras diferenças e divergências entre seus pontos de vista. Enquanto Freud era ateísta e apelava para um positivismo e materialismo característico de sua época, Jung, contrariamente, era um espiritualista que reconhecia a complexidade dos fenômenos parapsicológicos ou ocultistas que, ao seu ver, deveriam ser pesquisados e não rejeitados ou discriminados como Freud assim procedia. A sensação de constrangimento causada, após essa segunda visita a Freud, contribuiu muito para a decepção de Jung ao perceber a unilateralidade e o temor de Freud de que sua teoria da sexualidade fosse extinta ou questionada. Portanto, tornou-se claro para Jung que a teoria da sexualidade se constituía, para Freud, um dogma que se impusera a ele e que deveria ser anunciado.

Após esse segundo encontro com Freud, em Viena, Jung retornou a Zurique um tanto decepcionado com esse choque de personalidades e de atitudes díspares fazendo-o sentir que algo havia ferido o cerne da amizade. Logo em seguida, empreendeu uma nova viagem de bicicleta pela Itália com um amigo, ficando dez dias sem enviar qualquer correspondência a Freud por sentir que jamais concordaria com a postura estereotipada dele. Somente em 2 de abril de 1909 foi que Jung retomou a correspondência, comunicando-lhe que, ao recordar a última noite em que estiveram juntos em Viena, pôde perceber uma liberdade em seu íntimo de uma opressiva sensação de sua autoridade paterna e que tivera um grande sonho que muito o preocupou. Embora não tenha revelado o conteúdo de seu sonho a Freud, Jung apenas comentou que já havia interpretado o seu significado. Percebe-se nesse cenário o esforço de Jung, após esse segundo encontro com Freud, em manter a correspondência em dia. Por várias vezes, pediu desculpas a Freud por suas omissões e por

Sonhos – Conexões com seu oráculo anterior

deixá-lo por um longo tempo sem notícias suas. Justificou que almejava descobrir sem preconceitos os problemas da alma e fez o seguinte comentário: "O problema é que o anseio de descobrir é muito forte na gente. Não me converti, porém, ainda a nenhum sistema e hei também ser prudente no que se refere à fé que possa ter em tais fantasmas" (McGuire, 1993, p. 245). Em carta resposta de 16 de maio de 1909, Freud pareceu sentir um certo distanciamento de Jung e polidamente expôs a ele que não ignorava a sua atitude de distanciar-se, mas afirmava que era uma grande satisfação receber as suas cartas. Ao mesmo tempo, declarava que não queria obrigá-lo a manter uma correspondência formal. Finalizou reiterando que continuaria a escrever a Jung com frequência conforme suas necessidades.

Em várias outras ocasiões, Jung já havia revelado a Freud seu grande desejo de conhecer os Estados Unidos. Em carta de 30 de dezembro de 1908, Freud comunicou a Jung, de forma vibrante, que havia recebido um convite do presidente da Universidade Clark, Stanley Hall, para proferir de quatro a seis palestras, em agosto de 1909, por ocasião das celebrações do vigésimo aniversário da fundação da universidade, em Worcester, Massachusetts. Em meados de junho do mesmo ano, Jung foi surpreendido ao ser convidado a proferir conferências a respeito de seus trabalhos na mesma universidade. Logo, informou a Freud que havia recebido o convite para o mesmo evento. Freud expressou grande contentamento em saber que haveria a possibilidade de viajar na companhia de Jung. Em sua carta, Freud festejou animadamente o projeto dessa futura viagem aos Estados Unidos ao ponto de logo querer programar com antecedência esse encontro. Ao fim de sua carta, escreveu de forma entusiástica: "Que em 1909 continuemos unidos!" (McGuire, 1993, p. 217)

Jung tornou-se conhecido na América do Norte pelas suas publicações acerca dos seus estudos sobre associações e apresentou diversas conferências sobre o tema nesse evento. Essa ocasião foi considerada de grande prestígio tanto para Jung quanto para Freud, por obterem a oportunidade de apresentar ao novo público seus trabalhos científicos. Jung proferiu três importantes conferências: o método de associação, sobre conflitos infantis e conflitos psíquicos na infância, enquanto Freud proferiu suas palestras sobre as cinco lições de psicanálise. Ambos apresentaram seus trabalhos em alemão e obtiveram grande sucesso com o público presente. Desde o início de suas correspondências com os colegas americanos Brill, Putnam, Hall e Jones, Freud e Jung guardavam o desejo especial de que a psicanálise florescesse no continente americano. Na solenidade de encerramento, foram concedidos a Jung e a Freud os títulos de *Doctor Honoris Causa* da Universidade Clark, o que muito os honrou. Visivelmente emocionado, após anos de ostracismo, Freud agradeceu à universidade pelo título conferido, pelo reconhecimento de suas ideias e, em seu pronunciamento resumiu em breves palavras a sua emoção: "Este é o primeiro reconhecimento oficial dos nossos esforços" (Jones, 1970, p. 410).

Nessa viagem para os Estados Unidos, que durou cerca de sete dias, no navio a vapor George Washington, Jung, Freud e Ferenczi combinaram de viajar juntos e planejaram encontrar-se na cidade de Bremen, na Alemanha. Mas, apesar do contentamento e da alegria demonstrados por eles de estarem juntos para longas conversas, logo no início e durante o percurso da viagem ocorreram alguns incidentes desagradáveis.

No dia 20 de agosto de 1909, Jung, Freud e Ferenczi chegaram a Bremen, lugar escolhido para ser o ponto de encontro, e permaneceram no mesmo hotel. Nessa cidade alemã, ocorreu o primeiro incidente quando eles decidiram fazer reservas para o almoço no famoso restaurante da cidade no edifício histórico Essighaus. Ao chegarem ao restaurante, Freud e Ferenczi pediram vinho e insistiram que Jung, que era abstêmio nessa época, os acompanhasse na bebida. Ao longo do animado bate-papo, Jung manifestou interesse em conhecer os famosos cadáveres dos pântanos, localizados no norte da Alemanha, que haviam sidos conservados num processo natural de mumificação e que datavam da pré-história. Contudo, esse tema sobre a morte irritou Freud profundamente e, durante a conversa, ele começou a passar mal. Visivelmente mal-humorado, Freud dirigiu-se a Jung perguntando qual seria o verdadeiro motivo do seu interesse por cadáveres? E, muito angustiado, exigiu que Jung admitisse que o seu desejo era, na verdade, que Freud caísse morto. Após essas acusações, Freud subitamente sofreu uma síncope, deixando Jung e Ferenczi completamente atordoados com a intensidade de fantasias manifestadas por Freud, ao ponto de causar-lhe um desmaio. Na manhã seguinte, os três dirigiram-se ao navio e mesmo depois de sentir-se recuperado, Freud continuou insistindo que estava certo de que o assunto acerca dos cadáveres significava que Jung desejava a sua morte (Jung, 1975a).

Apesar desse fato, os três companheiros continuaram juntos na viagem planejada. Jung e Freud haviam combinado que, durante a viagem, analisariam seus respectivos sonhos. Entretanto, outros fatos desagradáveis surgiram quando eles se encontraram, no convés do navio, para analisar mutuamente os seus sonhos considerados por eles como significativos. De certa forma, Jung já se sentia constrangido por ter percebido que Freud não fora capaz de compreender corretamente o enigma de seus sonhos anteriores. Não o censurava, pois tinha conhecimento de que a arte de interpretar os sonhos constitui-se numa árdua e complexa tarefa que implica falhas humanas. Para Jung, nessa intrincada tarefa de decifrar os conteúdos dos sonhos, certas dificuldades podem ocorrer naturalmente ao melhor dos analistas.

À vista disso, posteriormente, Jung considerou que um dos motivos que contribuíram para o fim de seu relacionamento com Freud foi o fato de ele, Freud, narrar o próprio sonho para que Jung o analisasse e o interpretasse. No entanto, ao dar início ao processo de decifração do sonho de Freud, Jung solicitou que ele lhe revelasse alguns detalhes íntimos sobre sua vida pessoal. Tal pedido desconcertou profundamente Freud, que permaneceu num silêncio profundo, observando Jung por um longo tempo, com olhar de desconfiança. E, em seguida, sussurrou: "Meu caro rapaz, não posso pôr em risco minha autoridade" e, imediatamente, deu por encerrado o que haviam combinado. Estarrecido com a atitude anticientífica de Freud, Jung logo teve um *insight* e recordou que os temas recorrentes dos sonhos de Freud estavam frequentemente relacionados com as preocupações dele com o futuro de sua família e de sua obra. Assim, Jung concluiu que o conteúdo íntimo e delicado daquele sonho se referia ao secreto relacionamento sexual de Freud com a sua cunhada Minna Bernays, que fazia parte de sua família. Jung já havia tomado conhecimento desse segredo quando Minna lhe confidenciou em sua primeira visita a Viena. A frase de Freud de que não poderia perder sua autoridade perdurou por muito tempo em sua memória e, segundo Jung, foi nesse exato momento que sentiu que Freud perdera sua amizade e admiração por decidir colocar sua autoridade pessoal acima da verdade científica.

Outras situações análogas ocorreram durante a viagem de navio para o congresso nos Estados Unidos. Durante as conversas entre eles, surgiu espontaneamente o tema recorrente sobre a morte, que tanto afligia Freud. Mas, dessa vez, o motivo manifestou-se em um sonho de Jung. Conforme o combinado, Jung começou a relatar um dos seus sonhos a Freud que, mais uma vez, interpretou o interesse de Jung pelo tema da morte como exemplo de um ato de resistência contra o "pai", contra ele, ou seja, que Jung tinha o desejo oculto pela morte de Freud. Frustrado e ao mesmo tempo furioso com a acusação absurda de Freud, Jung disse ter perdido completamente o prazer em argumentar, preferindo silenciar, pois lembrou que, antes desse fato, foi o próprio Freud que reconheceu seu sentimento de paternidade quando registrou em suas cartas, inúmeras vezes, que o considerava como seu herdeiro e sucessor (Jung, 1975a). Finalmente, no domingo do dia 29 de agosto, o clima entre Jung e Freud tornou-se mais ameno, quando o navio aportou em Nova Jersey e eles foram recebidos por Jones e Brill para um jantar de confraternização e toda a semana foi dedicada a passeios e diversões. Na noite de 4 de setembro, o grupo embarcou num navio a vapor para Massachusetts e depois seguiram de trem até a cidade de Worcester, onde fariam as suas palestras. Jung e Freud hospedaram-se na bela casa de Hall e, após o evento, os três: Jung, Freud e Ferenczi seguiram a passeio para as cataratas de Niágara e para Nova York.

Na cidade de Nova York, durante uma caminhada no Central Park, outro incidente constrangedor ocorreu entre Jung e Freud. Enquanto passeavam pelo parque, Jung revelou a Freud que lhe relataria um sonho relevante que tivera e que ainda o mobilizava fortemente. Atribuiu a esse sonho grande importância como jamais tivera sentido antes. Mais uma vez, a tentativa de Freud de interpretar o sonho fracassou, dando a impressão a Jung de que algo parecia estar de forma incompleta e que Freud não havia alcançado o verdadeiro significado de seu conteúdo onírico. O sonho relatado por Jung foi posteriormente denominado por ele como o "sonho da casa" e assim ele o descreveu:

> [...] eu estava numa casa desconhecida de dois andares. Era a minha casa. Estava no segundo andar onde havia uma espécie de sala de estar, com belos móveis de estilo rococó. As paredes eram ornadas de quadros valiosos. Surpreso de que essa casa fosse minha, pensava: "Nada mau!" De repente, lembrei-me de que ainda não sabia qual era o aspecto do andar inferior. Desci a escada e cheguei ao andar térreo. Ali, tudo era mais antigo. Essa parte da casa datava do século XV ou XVI. A instalação era medieval e o ladrilho vermelho. Tudo estava mergulhado na penumbra. Eu passeava pelos quartos, dizendo: "Quero explorar a casa inteira!" Cheguei diante de uma porta pesada e a abri. Deparei com uma escada de pedra que conduzia à adega. Descendo-a, cheguei a uma sala muito antiga, cujo teto era abobadado. Examinando as paredes, descobri que entre as pedras comuns de que eram feitas, havia camadas de tijolos e pedaços de tijolos na argamassa. Reconheci que essas paredes datavam da época romana. Meu interesse chegara ao máximo. Examinei também o piso recoberto de lajes. Numa delas descobri uma argola. Puxei-a. A laje descolou-se e sob ela vi outra escada de degraus estreitos de pedra, que desci, chegando enfim a uma gruta baixa e rochosa. Na poeira espessa que recobria o solo havia ossadas, restos de vasos e vestígios de uma civilização primitiva. Descobri dois crânios humanos, provavelmente muito velhos, já meio desintegrados. – Depois, acordei (Jung, 1975a, p. 143).

O que mais chamou atenção de Freud nesse sonho foi a imagem dos dois crânios descritos por Jung. Insistentemen-

Sonhos – Conexões com seu oráculo anterior

te, ele perguntou a Jung quais eram suas associações e o que significavam aquelas imagens oníricas. E, de modo costumeiro, Freud voltou a interpretar que os conteúdos daquele sonho indicavam ser desejos inconscientes e que Jung deveria decifrar seus significados ocultos. Entretanto, Jung logo percebeu aonde Freud queria chegar: dissimulação de desejos secretos de morte. Muito desanimado, Jung discordou completamente desse método reducionista de análise e de interpretação que Freud usava, por não fazer nenhum sentido para ele e declarou:

> Nunca pude concordar com Freud de que o sonho é uma fachada atrás da qual seu significado se dissimula, significado já existente, mas que se oculta quase que maliciosamente à consciência. Para mim, os sonhos são natureza e não encerram a menor intenção de enganar (Jung, 1975a, p. 145).

Nessa época, Jung ainda se sentia muito jovem para sustentar as próprias ideias e queria preservar os laços de amizade com Freud. Mesmo sabendo que, do ponto de vista moral, sua atitude era censurável, Jung decidiu intencionalmente não fazer objeções às insistentes perguntas feitas por Freud e respondeu que associava os dois crânios ao de sua esposa e de sua cunhada. Após apresentar essas associações, Jung percebeu o quanto Freud sentiu-se aliviado com a associação dada e o quanto pareceu sentir-se desamparado diante dos sonhos de Jung que expressavam conteúdos impessoais, buscando refúgio em sua teoria da sexualidade ou no seu dogma, conforme Jung passou a referir-se a ela.

Tempo depois, ao aprofundar a análise do próprio sonho da casa, foi que Jung compreendeu alguns motivos pelos quais divergia do método de interpretação apresentado por Freud. Tinha plena consciência de que não sentia em si nada que indicasse o desejo secreto de morte, como Freud afirmava. Mas, mesmo assim, decidiu investigar profundamente a interpretação proposta por Freud em busca da verdadeira significação dos símbolos de seu sonho.

Nesse período, Jung começou a questionar e demonstrar grandes preocupações com os fundamentos da psicologia freudiana dos sonhos. Ao contrário da interpretação reducionista dada por Freud, esse sonho, para Jung, iluminava-o com múltiplas reflexões sobre a vida e revelava-lhe algumas respostas profundas que lhe eram desconhecidas. De outro modo, compreendeu que o sonho da casa, na verdade, remontava às bases históricas das civilizações, como se estivesse descrevendo a condição prévia da natureza arcaica e impessoal da alma. Foi a partir desse sonho que Jung pensou, pela primeira vez, na existência de uma psique a priori coletiva para além da psique pessoal proposta por Freud, e esse pensamento despertou-lhe um grande interesse de saber mais sobre os estudos da arqueologia, da mitologia e das histórias das religiões, que tomou anos de sua vida.

Assim, a cuidadosa e aprofundada interpretação elaborada por Jung do seu sonho da casa diferia por completo da explanação feita por Freud. Ao engendrar um novo ponto de vista acerca da análise e da interpretação dos símbolos contidos em seus sonhos, Jung apresentou à ciência a construção simbólica de um método de análise dos conteúdos oníricos totalmente inovador. Ao expor esse método hermenêutico dos sonhos, tomou o próprio sonho para ilustrar de forma vívida e criativa o seu trabalho de analisar e interpretar os símbolos oníricos. Por exemplo, a imagem onírica da casa, para Jung, representava como um espelho, o símbolo da própria psique, de situações que já estavam conscientes e de outras que permaneciam in-

Sonhos – Conexões com seu oráculo anterior

conscientes. O cenário da sala de estar, por sua vez, refletia sua consciência, enquanto o andar térreo de estilo medieval, abandonado, dava início às camadas mais remotas e inconscientes que cada vez mais se aprofundavam numa espécie de descida. A imagem da adega romana retratava camadas de épocas ainda mais arcaicas da psique. Enquanto a gruta pré-histórica indicava níveis de consciência ultrapassados, simbolizando o período do homem primitivo em si, lugar em que a alma do homem está confinada como uma espécie de vida da alma animal, lugar dos instintos, região obscura que não pode ser acessada ou iluminada pela consciência.

A partir dessa cuidadosa significação dos símbolos de seu sonho, foi que Jung tomou consciência, de modo particular, das grandes diferenças existentes entre ele e Freud. Tornou-se óbvio para ele as profundas dessemelhanças existentes entre seus tipos psicológicos: enquanto Freud tinha uma atitude mental extrovertida, ele se autopercebia de forma oposta, com uma atitude mental introvertida e essas diferenças se manifestavam de forma substancial em suas ideias. Além do mais, compreendeu as muitas influências recebidas da atmosfera de suas raízes históricas, por exemplo, de suas vivências nas cidades de Kesswil, onde nasceu; de Schaffhouse, onde foi criado; e de Laufen, onde, em 1879, o seu pai foi dirigir uma paróquia nas proximidades da Basileia; das leituras dos diversos pensadores dos séculos XVIII e XIX, que lhe proporcionaram profundos conhecimentos das histórias da filosofia e da psicologia; da arqueologia e da alquimia; das histórias comparadas dos símbolos e das religiões ocidentais e orientais; da gnose e da mitologia; das lendas e contos de fada; das artes e de outros temas tão relevantes que, em muito, arquitetaram a formação e a construção de seu pensar e de contemplar a vida. De outra forma, observou também que, ao refletir sobre os sonhos ou sobre os conteúdos inconscientes, recorria sempre aos paralelos históricos. Ao passo que Freud dava a impressão de que, para ele, a história do espírito humano parecia refletir o hodierno. E essa era mais uma das razões pela qual Jung divergiu decisivamente da ideia de Freud de que os sonhos eram "fachadas" que dissimulavam o verdadeiro significado.

Imerso nesse novo cenário, Jung concluiu serem os sonhos de natureza bastante verossímil, ou seja, que não disfarçam a realidade, sendo possivelmente nós mesmos que tenhamos a intenção de nos enganarmos quando não queremos ver as coisas tal como elas são e se apresentam na realidade. Durante muito tempo, o sonho da casa foi objeto de reflexão de Jung, que, ao mergulhar em profundidade no seu conteúdo simbólico, descobriu que este sonho havia sido um prenúncio para a noção do conceito de inconsciente coletivo, formulado num momento posterior. Em várias ocasiões, Jung revelou que durante anos sempre procurou investigar minuciosamente o verdadeiro sentido de seus sonhos, até confirmar empiricamente que eles apresentavam conteúdos simbólicos universais ou coletivos. Somente mais adiante em sua vida, que Jung entendeu que esse sonho, que muito o afetou e que permaneceu mobilizando seus pensamentos, constituiu uma espécie de prelúdio para elaboração do livro *Metamorfose e símbolos da libido*. Livro este que, ao ser finalizado, assegurou a Jung a consciência de sua inevitável separação de Freud, como ele mesmo assinalou: "Eu sabia de antemão que o capítulo 'O sacrifício' me custaria a amizade de Freud" (Jung, 1975a, p. 149). É muito interessante observar que, na história desses dois gênios, foi um livro enviado por Jung de presente a Freud que os uniu inicialmente, mas foi também, esse mesmo objeto, o livro *Metamorfose e s*ímbolos da *libido*, especialmente o capítulo "O sacrifício", que formalizou a ruptura entre eles.

Logo após a viagem aos Estados Unidos, Jung ao retornar a Zurique, em 29 de setembro de 1909, em carta do dia 1º de outubro de 1909, desejou as boas-vindas a Freud em seu regresso a Viena. Comentou que tudo estava à *merveille* (perfeito) em seu regresso à Suíça. Informou a Freud que prosseguia com a análise dos próprios sonhos com assiduidade e que havia até descoberto alguns gracejos impagáveis. Na carta resposta de Freud, de 4 de outubro de 1909, ele comunicou que, de certa forma, tudo estava indo bem, com exceção da saúde de sua mãe e de sua filha, que necessitavam de cuidados médicos. Desejou a Jung boa sorte em seu novo trabalho, mas parecia que Freud guardava, de alguma forma, certa inquietação acerca da amizade com Jung e dos acontecimentos desagradáveis que ocorreram durante a viagem aos Estados Unidos, pois ao finalizar a carta, escreveu precavidamente: "Espero que todas as pequeninas chateações se despeçam de nossa lembrança da América para que apenas permaneçam as impressões em nós surpreendentemente grandes e belas" (McGuire, 1993, p. 272).

Ao retornar de sua viagem aos Estados Unidos, Jung mergulhou com grande entusiasmo nos estudos sobre arqueologia, gnose, simbologia, mitologia e história das religiões comparadas dos povos da Antiguidade. Todo o interesse em aprofundar-se nesses estudos voltou a manifestar-se com grande energia, especialmente, ao perceber o quanto a riqueza dos motivos mitológicos apresentavam proximidades com a psicologia dos primitivos. Imerso noites sem fim no estudo da história desses símbolos, Jung desculpava-se com Freud por deixar de escrever com certa frequência. Na carta de 14 de outubro de 1909, comentou estar completamente absorvido por esses estudos: "A arqueologia, ou mais propriamente a mitologia, já deitou as garras sobre mim, é uma mina de materiais fantásticos" (McGuire, 1993, p. 273).

Jung conheceu o grande professor de filosofia e de psicologia Théodore Flournoy, quando estava trabalhando no hospital do Burghölzli e ainda mantinha contato com Freud. Leu o importante livro *Da Índia ao Planeta Marte*, de Flournoy, que o deixou muito impressionado, e Flournoy tornou-se um "amigo paternal" para ele. Foi visitá-lo várias vezes em Gênova e sentia confiança e cumplicidade em abordar qualquer tipo de assunto com ele. Os diálogos e reflexões com Flournoy ajudaram em muito a consolidar suas novas ideias em relação às limitantes concepções de Freud. Para Flournoy, o pensamento de Freud fazia imperar o racionalismo das luzes e isso só reforçava a parcialidade de suas convicções. Após a cisão com Freud, foi em Flournoy que Jung encontrou suporte e acolhimento de seus argumentos. Confessou Jung que se sentiu com total liberdade para compartilhar diversos temas, como a espiritualidade, a parapsicologia ou sobre outras especulações científicas. Os trabalhos de Flournoy alinhavam-se com as ideias de Jung, e sua influência foi reconhecida, por ele, particularmente, nos estudos sobre as conexões significativas existentes na imaginação dos esquizofrênicos e na compreensão do caso de Miss Miller.

Esse estudo de caso de Miss Miller muito impressionou e entusiasmou Jung, pois exibia materiais da imaginação criativa da jovem americana que correspondiam aos paralelos mitológicos presentes nas próprias fantasias de Jung. Com efeito, foi

Sonhos – Conexões com seu oráculo anterior

ao longo dos estudos sobre mitologia do destacado trabalho de Flournoy, entre outras fontes, que surgiu o vultoso material para elaboração do livro *Metamorfose e símbolos da libido*, escrito por Jung em 1911. Na segunda parte do livro, publicado em 1912, Jung decidiu tornar públicas as divergências teóricas existentes entre ele e Freud. Nesse mesmo período, ele observou que, de forma recorrente, voltaram a persistir os grandes sonhos que anunciam ou previnem determinadas situações antes que se tornem reais. Esses tipos de sonhos, embora ainda não tivessem sido compreendidos, Jung os classificou como prospectivos, pois em seus conteúdos já antecipavam a sua ruptura com Freud. Foi a partir da autoanálise de suas próprias fantasias e de seus conhecimentos sobre mitologia que, conforme dito, brotou a primeira parte do livro *Transformações e símbolos da libido*. Enquanto Jung a escrevia, ele narrou um sonho significativo que teve e que assinalou fatos desencadeantes no futuro de sua relação entre ele e Freud. Vejamos como ele descreveu a primeira parte desse sonho considerado como premonitório:

> Um dos mais impressionantes se desenrolava numa região montanhosa, nas proximidades da fronteira austro-helvécia. Era quase noite: vi um homem de certa idade trajando um uniforme de fiscal de alfândega da monarquia imperial e real. Um pouco curvo, passou perto de mim, sem me dar atenção. Outras pessoas também estavam lá e através delas vim a saber que esse velho não era real, mas somente o espírito de um empregado da alfândega morto havia alguns anos. É um desses homens que não podem morrer, disse alguém (Jung, 1975a, p. 146).

Ao empreender o processo interpretativo do próprio sonho, Jung associou espontaneamente as palavras alfândega, censura e fronteira, com os limites existentes entre consciente e inconsciente. De outro modo, percebeu que as fronteiras representavam as próprias ideias e as de Freud. Imediatamente, recordou do fato ocorrido, no ano de 1911, quando interpretou o sonho que Freud lhe havia relatado, mas que optou por não dar mais detalhes de sua vida íntima para que Jung prosseguisse com a interpretação, pois perderia sua autoridade. E essa atitude tomada por Freud fez com que ele perdesse muito do seu prestígio para Jung. Entretanto, foi apenas nesse período que Jung reconheceu sua ambivalência de que naquela época havia sim projetado em Freud a imago paterna em seus aspectos sombrios embora, ao mesmo tempo, tivesse em Freud uma grande estima. Mais adiante, passados aqueles tempos nefastos, Jung pode admitir que a existência de seus sentimentos ambivalentes que ora o faziam ter atitudes críticas em relação a Freud, ora apresentava sentimentos de admiração, tal qual como sonho assim assinalava.

À segunda parte do sonho, Jung atribuiu grande valor por manifestar, em seus conteúdos, imagens arquetípicas consideradas como numinosas:

> Eu estava numa cidade da Itália, entre as doze e treze horas. Um sol ardente iluminava as ruelas. A cidade era construída sobre colinas e me lembrava um certo bairro de Basileia, o Kohlenberg. As ruelas que descem para o vale da Birsig e se estendem através da cidade são, muitas vezes, ruas em escada. Uma delas descia até a Praça Barfüsser. Era a Basileia, e, no entanto, era também uma rua da Itália, talvez em Bérgamo. Sendo verão, o sol brilhava

no zênite e tudo estava banhado por uma viva luz. Muitas pessoas voltavam às suas casas para almoçar. No meio desse fluxo humano, caminhava um cavaleiro vestido com uma armadura. Subia a colina em direção a mim. Usava um capacete antigo com antolhos e uma cota de malha; sobre ela trazia uma veste branca, com uma cruz vermelha tecida no peito e nas costas. Podem imaginar a impressão que me causou um cruzado caminhando em minha direção, de repente, numa cidade moderna, ao meio-dia, na hora de maior movimento! Observei que nenhuma das outras pessoas parecia percebê-lo. Ninguém voltava para olhá-lo. Tive a impressão de que era completamente invisível para os outros. Eu me interrogava sobre o significado dessa aparição e ouvi, como se alguém respondesse – apesar de não haver ninguém por perto: Sim, é uma aparição, que volta regularmente; sempre entre as doze e treze horas, o cavaleiro passa por aqui, há muito tempo (tive a impressão de que tal coisa ocorria há séculos) e todos já sabem disso (Jung, 1975a, p. 147).

Quando Jung começou a analisar as imagens pictóricas de seu sonho, concernentes ao cavaleiro e ao chefe, percebeu que essas representavam personificações em oposição. Enquanto a figura do empregado da alfândega fora associada a um fantasma, a um ser que ainda não podia morrer, contrariamente, a imagem do cavaleiro lhe parecia, ao mesmo tempo, expressar a vida. Na segunda parte desse sonho, Jung entendeu que os símbolos tinham uma qualidade numinosa, no sentido de ocasionar uma intensidade emocional, espécie de um arrebatamento que causa uma alteração na consciência. Sentimentos de frustração e de decepção tomaram conta de Jung ao perceber que certas cenas e personificações do sonho não conseguiam ser associadas ou articuladas com suas ideias naquele momento de sua vida. Somente mais tarde, quando veio a refletir novamente acerca dos conteúdos desse sonho, é que ele pôde alcançar o verdadeiro significado. Assim, compreendeu o fato de que, quando Freud manifestou a intenção de identificar teoria e método como dogmas, sentiu que era impossível dar continuidade com a sua colaboração e a sua amizade. Preferiu intencionalmente distanciar-se dele por um tempo e envolver-se com a finalização da segunda parte de seu livro *Transformações e símbolos da libido*, publicada em 1912, em que expôs publicamente suas verdadeiras convicções.

Ao finalizar o capítulo denominado "O sacrifício", Jung estava cônscio dessa inevitável ruptura com Freud. Agora, não havia mais dúvidas! Trazia consigo a plena certeza de que o rompimento de sua amizade com Freud era necessário e saudável a partir daquele momento, uma vez que seus interesses eram divergentes. No capítulo "O sacrifício", Jung exibiu de forma clara as próprias concepções a respeito da metamorfose e do conceito de libido; de uma nova abordagem impessoal e simbólica sobre incesto; de um novo método interpretativo dos símbolos oníricos, além de desenvolver outras ideias completamente distintas das concepções que Freud propôs. Ciente de que sua atitude era adequada e necessária, passou aproximadamente quase dois meses evitando expedir ou responder às cartas enviadas por Freud, vivenciando seus conflitos internos. Esse silêncio só foi interrompido no dia 27 de outubro de 1913, quando encaminhou uma carta a Freud sugerindo o fim de sua colaboração como editor no periódico *Jahrbuch* por motivos de natureza pessoal. E em 20 de abril de 1914, convicto de sua decisão ética, remeteu uma outra carta a Freud, comunicando-lhe que suas concepções teóricas estavam em acentuado contraste com as ideias por ele fundamentadas e notificou sua demissão do cargo de presidente da Associação Internacional Psicanalítica de Zurique. Sabemos que, por vezes, certos rompimentos afetivos e sociais nem sempre têm uma função positiva, embora, em determinadas situações conflitivas, tornam-se indispensáveis para que o indivíduo tome consciência daquilo que genuinamente o representa e, provavelmente, foi isso que Jung sentiu ao valorizar a sua decisão significativa ao comunicar Freud sobre a sua escolha de não mais se relacionarem. Mais tarde, em seu *O livro vermelho – Liber Novus*, Jung registrou a sabedoria do espírito da profundeza a respeito do tema do sacrifício quando lhe revelou: "Ninguém pode nem deve impedir o sacrifício. Sacrifício não é destruição. Sacrifício é a pedra angular do que virá" (Jung, 2010, p. 230).

As divergências teóricas entre outras questões tornavam-se cada vez mais acirradas ao longo do relacionamento entre Jung e Freud. Nesse novo cenário, as oposições ficaram irreconciliáveis, mas só foi mais adiante que Jung constatou que a teoria de Freud se tratava de uma visão parcial, isto é, direcionada apenas para o interesse de uma das partes em questão. Tempos depois, Jung referiu-se a esse ponto de vista da seguinte forma: "Mais tarde, porém, apercebi-me de que se tratava de uma concepção unilateral, porque o homem não é exclusivamente governado pelo instinto sexual; também existem outros instintos" (Evans, 1964, p. 48).

Jung teve a influência das obras de inúmeros filósofos e escritores, como: Goethe, Dante e, sobretudo, pelos trabalhos de Nietzsche. Ele vislumbrou arquitetar uma psicologia distinta ao observar a existência de diversos tipos de instintos que se manifestam nas diversas sociedades. Em seus estudos, percebeu que nas sociedades primitivas o instinto de nutrição tinha valor essencial, ao passo que a sexualidade desempenhava papel secundário. Verificou que, nas sociedades ditas civilizadas, o instinto de poder exercia papel mais preponderante do que a sexualidade. E foi a partir dessas e de outras constatações que concluiu que a potencialização do instinto da sexualidade, enfatizada por Freud, seria, portanto, uma espécie de compensação, característica de reação contra uma sociedade moralista em que esse impulso natural havia sido, certamente, inibido e reprimido.

Na primavera de 1957, Jung contava com 83 anos, quando decidiu registrar sobre os acontecimentos mais significativos de sua vida, no livro *Memórias, sonhos, reflexões*. No capítulo intitulado "Sigmund Freud", lançou um olhar retrospectivo acerca de sua colaboração, amizade e separação com Freud. Reafirmou que, cada vez mais que contemplava o passado, percebia com clareza como as diferenças entre seus tipos psicológicos pessoais e suas psicologias evidenciavam as distintas formas de perceber o mundo e contemplar as coisas entre eles. Entendia que as diferentes abordagens tanto suas quanto as de Freud sinalizavam para contextos histórico, religioso, filosófico e cultural diferentes; para costumes e tradições dos seus sistemas familiares de um espírito da época (*zeitgeist*), em que ambos foram influenciados em suas raízes e que imprimiram substancialmente as singularidades das fundamentações de suas concepções teóricas.

Sem dúvida que Jung reconheceu que o maior mérito de Freud foi valorizar e penetrar na psicologia individual dos doentes, chegando a uma compreensão mais profunda das neuroses que, até então, não havia sido possível. Destacou que Freud não teve medo de assumir a impopularidade na construção do seu empreendimento à psicanálise. Ao reconhecer o sonho como o caminho mais importante de acesso ao inconsciente, ele retirou-o do passado e do esquecimento, dando ao sonho *status* e valor que havia perdido. Além disso, foi Freud que demonstrou empiricamente a existência de uma psique inconsciente, sistematizada e psicológica que se diferenciava dos postulados filosóficos de Carus e von Hartmann.

O interesse comum que uniu esses dois grandes pioneiros da psicologia foi o reconhecimento do sistema inconsciente como realidade psíquica fundamental e empiricamente demonstrável. A ruptura entre eles, decerto, foi necessária, em termos amplos, especialmente porque Freud concentrou-se no fundamento físico e biológico do inconsciente e na explicação causal das suas manifestações, ao passo que Jung concebia a psique em termos de polaridades, no sentido de que tanto o impulso (aspecto biológico), como as suas restrições (aspecto espiritual ou cultural) pertencem à própria natureza do inconsciente (Franz, 1991, p. 56). Ademais, Jung assinalou que a explicação causal das manifestações oníricas devia ser complementada, por assim dizer, pelo ponto de vista finalista ou teleológico. Enquanto para Freud, a sexualidade tinha suas raízes no impulso biológico, Jung, por sua vez, acreditava que a sexualidade, embora fosse uma ocorrência biológica, refletia também em última instância a expressão do arquétipo da totalidade psíquica, o *self*, ideia que foi posteriormente postulada por ele. Psicologicamente, o arquétipo do *self* como imagem do instinto tem um outro polo espiritual e numinoso, podendo manifestar-se tanto como a imago *Dei* em nós, quanto como um espírito ctônico, que constitui o lado sombrio da imagem de Deus. Jung ilustrou como exemplo o próprio sonho com a misteriosa imagem do *fallus* que teve na infância. Foi a partir desse sonho de infância que ele posteriormente percebeu o nascimento inconsciente de sua vida intelectual e espiritual. Essa imagem pictórica do grande *fallus* exprimia a ideia de transcendência, de um deus oculto, um deus do Eros criador, que imprimiu em Jung seu ponto de vista religioso até o fim de sua vida. Jung ficou impressionado com a intensidade das emoções que instigavam Freud ao discutir sobre o tema da sexualidade e suspeitou que, para Freud, a sexualidade representava uma espécie de deus, mas um deus que ele rejeitou por ser incapaz de aceitá-lo conscientemente. A fim de esclarecer melhor essa questão, Jung descreveu sua impressão acerca do que significou esse tema misterioso da sexualidade para Freud:

> Era evidente que Freud tinha um apego extraordinário à sua teoria sexual. Quando falava sobre isso era num tom insistente, quase ansioso, e desaparecia sua atitude habitual, crítica e céptica. Uma estranha expressão de inquietude, cuja causa eu ignorava, marcava seu rosto. Isso me impressionava muito: a sexualidade era, para ele, uma realidade numinosa (Jung, 1975a, p. 136).

Os anos de 1912 e 1913 foram agitados e fatais na colaboração e no relacionamento pessoal entre Jung e Freud. Desde o início de suas correspondências (1906), Freud sempre se queixou da tendência de negligência de Jung para responder às suas cartas. Por um lado, Jung reconhecia ser um correspondente displicente, mas justificava que ora eram suas viagens, ora os investimentos que tinha que fazer em seus estudos na sua clínica em suas funções de presidente da Associação Internacional Psicanalítica de Zurique, como editor do periódico

Jahrbuch, além de outras demandas mais complexas que o impediam de escrever mais assiduamente. De outro modo, Freud reconhecia ser um correspondente exigente e não negava que aguardava as cartas de Jung com grande impaciência e ansiedade. Tal condição, assinalou Freud, causava-lhe um certo estado de ressentimento e de atordoamento, mas, quando as cartas chegavam, tudo se transformava, pois elas proporcionavam-lhe surpresas e satisfações ao tomar conhecimento das novidades partilhadas por Jung.

Em carta de 9 de janeiro 1912, Jung admitiu a Freud que estava sendo um correspondente displicente por estar viajando pela Alemanha, visitando galerias de arte para enriquecer sua educação, mas, em seguida, teceu um comentário irônico: "O venerável velho mestre não precisa temer ressentimento de minha parte, particularmente quando tem razão" (McGuire, 1993, p. 484). Aparentemente, esse comentário de Jung não perturbou Freud e as correspondências continuaram com trocas sobre vários assuntos práticos, envolvendo a seleção de artigos para serem publicados no periódico *Jahrbuch*. Em correspondência do dia 15 de fevereiro de 1912, Jung confidenciou a Freud estar profundamente imerso nos estudos sobre mitologias comparadas e na história dos símbolos de diversas culturas. Relatou estar vivenciando batalhas terríveis com a Hidra da fantasia mitológica e que, por vezes, sentia-se oprimido pela quantidade de material psíquico, mas, ainda assim, havia conseguido dominar a proliferação da manifestação dessas fantasias mitológicas em sua psique e esperava atingir a terra firme num futuro próximo. Fez saber a Freud que estava desenvolvendo um árduo trabalho sobre o conceito de libido, mas que ainda não havia concluído por ter tomado dimensões alarmantes. Assegurou Jung que em seu devido tempo enviaria o trabalho para ser apreciado por Freud.

Na carta de 18 de fevereiro de 1912, Freud pareceu estar ressentido, novamente, com a demora das cartas de Jung. Escreveu de forma breve, comunicando que não estava se sentindo bem e que se dedicava aos seus estudos sobre tabu. Mas advertiu Jung que "teria muita satisfação em ver seu nome figurar destacadamente nesse periódico e no 'Zentralbblatt', mas em vez disso, o senhor se esconde por trás da sua nuvem religiosa – libidinal" (McGuire, 1993, p. 490). Em carta resposta de 25 de fevereiro de 1912, Jung pareceu perceber o distanciamento de Freud e concordou que sua conduta era um tanto irresponsável pelo seu desleixo em relação à correspondência, mas argumentou que estava focado totalmente em seu trabalho. De outra forma, Jung provocou Freud, dizendo que Freud não deveria ter qualquer apreensão quanto a sua "prolongada e invisível estada na nuvem religiosa libidinal" (McGuire, 1993, p. 492). A justificativa de Jung foi que a sua descida ao reino das mães se devia à elaboração de questões relacionadas à imago materna investida pela libido e que, em seu devido tempo, ascenderia novamente trazendo um tesouro *ad majorem gloriam* da psicanálise. Finalizou sua carta pedindo a Freud que tivesse paciência com ele.

Na carta do dia 29 de fevereiro de 1912, Freud comunicou a Jung que, a partir daquela data, após uma autoavaliação, diminuiria suas expectativas e libido quanto à espera das correspondências enviadas por Jung, por ter observado que havia um certo excesso de libido em relação a essa questão. Entretanto tornou-se óbvio que havia uma grande insatisfação por parte de Freud diante do comportamento de Jung com relação à diminuição das correspondências. Freud avaliou a atitude de Jung

Sonhos – Conexões com seu oráculo anterior

como sinal de relutância e fez um áspero comentário em sua carta: "A irresponsabilidade não é um conceito compatível com a psicologia profunda" (McGuire, 1993, p. 493). Continuou chamando a atenção de Jung para o duro golpe que seria, para todos eles, caso Jung retirasse ou diminuísse a libido necessária para execução das funções de seu destacado trabalho que vinha fazendo. Freud queixou-se de ter a impressão de que as coisas pareciam não estar funcionando bem como no passado e exemplificou, citando que a comunicação entre os membros do grupo não estava mais fluindo adequadamente como outrora e isso era muito preocupante.

Jung, em sua carta resposta de 3 de março de 1912, comentou que a carta enviada por Freud o deixou muito pensativo e justificou que não conseguiu manter uma correspondência mais dinâmica porque precisou direcionar sua atenção para o trabalho e não para demonstrar um comportamento negligente e ostensivo. Contestou Freud quanto às observações acerca de não estar mais ativo ou de estar pondo em risco as atividades assumidas. Sustentou que sempre promoveu a difusão da psicanálise e que, em nenhum momento, foi negligente ou colocou em perigo o trabalho em comum que vinham desenvolvendo. Contrapôs Freud a respeito de que seria a regra fundamental de um analista e considerou que, para ele, o principal seria ter liberdade intelectual para suas ideias. Esse importante tema sobre a liberdade de pensamento passou a ser recorrente ao longo das suas correspondências. De forma habilidosa, Jung objetou que tinha opiniões divergentes das de Freud quanto às verdades básicas da psicanálise e pediu que Freud não tomasse isso como ofensa. E, ressentido, rebateu as opiniões, questionando se Freud desconfiava dele. Diante desse cenário opressor, Jung replicou que se permitia reconhecer seus erros, mas de forma crítica comunicou que deixaria que o personagem Zaratustra exprimisse melhor o seu pensamento:

> Paga-se mal a um professor, se se permanece apenas como um aluno.
> E por que, então, não arrancariam vocês os meus galardões? Vocês me respeitam; mas que tal se algum dia o nosso respeito caísse?
> Tomem cuidado para que uma estátua que cai não atinja as suas cabeças!
> Vocês não se tinham procurado ainda quando me encontraram.
> Assim agem todos os crentes.
> Peço agora que vocês me percam e encontrem a si mesmos; e somente quando todos me tiverem negado voltarei a vocês (McGuire, 1993, p. 496).

Após citar Nietzsche, Jung encerrou sua carta declarando, de forma ácida, que ainda recordava o ensinamento que o próprio Freud o havia instruído, via psicanálise, de que para ser um verdadeiro seguidor era indispensável se mostrar muito corajoso, particularmente, em relação ao próprio Freud.

Freud ao tomar conhecimento da atitude pensativa declarada por Jung pareceu apreensivo querendo atenuar a questão. Na carta do dia 5 de março de 1912, respondeu que não entendia o motivo da conduta pensativa de Jung, quando a seu ver, a situação era, para ele, muito simples. E tentando demonstrar sua grande estima por Jung, Freud questionou, se de algum modo, Jung havia imaginado que ele estava procurando uma outra pessoa capaz de substituí-lo. Querendo amenizar o problema, perguntou se seria possível encontrar ao mesmo tempo um amigo, colaborador e herdeiro. Concluiu sua carta reafir-

Sonhos – Conexões com seu oráculo anterior

mando a Jung a certeza de seu afeto e consideração, pedindo que ele continuasse a lhe escrever, ainda que não fosse com uma certa frequência.

Na carta de 10 de março de 1912, Jung demonstrou estar contente e agradeceu a amável carta expedida por Freud. Fez uma importante comunicação acerca de ter finalizado o trabalho sobre a questão da libido e que necessitaria tirar algumas semanas de férias por sentir-se exaurido. Freud, como sempre, respondia de imediato e, em carta do 21 de março de 1912, manifestou grande entusiasmo por saber que Jung havia finalmente concluído seu ensaio sobre a libido e reconheceu a necessidade das merecidas férias programadas por ele. Entretanto, demonstrou certa insatisfação em relação à atitude de Jung de ter protelado o envio do exemplar sobre a libido. Ao fim de sua carta, desejou que boas notícias estivessem a caminho e, parecendo frustrado com relação ao atraso do envio do livro, fez o seguinte comentário: "A minha sensação de desapontamento provém, provavelmente, do adiamento do seu Transformações e símbolos" (McGuire, 1993, p. 499).

Em carta resposta de 22 de março de 1912, bastante entusiasmado, Jung comunicou que havia sido convidado novamente a fazer uma série de conferências na Universidade Fordham, em Nova York, nos Estados Unidos. Dois dias depois, em carta resposta de 24 de março de 1912, Freud, inicialmente, não só cumprimentou Jung, como o incentivou para que aceitasse o convite. Mas, de outro modo, pareceu muito preocupado com a viagem de Jung, pois as datas eram muito próximas do Congresso de Psicanálise, em Munique, que ambos haviam planejado. Jung tranquilizou Freud, comunicando que já havia providenciado e instruído Bleuler para execução das tarefas do periódico

Jahrbuch, enquanto Rikilin assumiria as outras funções na sua ausência. E que ele continuaria a trabalhar para o sucesso e para a realização do projeto do Congresso em Munique.

Ao retornar de suas férias da Itália, Jung comunicou a Freud as datas das oito conferências que faria na Universidade Fordham e ambos tomaram a decisão de adiar o Congresso de Munique para o ano seguinte, por concordarem que as datas eram muito próximas à viagem de Jung aos Estados Unidos. Ademais, ambos consideravam que o propósito da viagem de Jung aos Estados Unidos atendia plenamente aos interesses da disseminação da psicanálise e essa meta era notável.

Na carta de 21 de abril de 1912, de forma recorrente, Freud demonstrou ansiedade pela longa espera do livro de Jung sobre a libido e suas novas diretrizes. Intuitivamente, Freud sentiu que esse novo trabalho de Jung lhe parecia ser expressão de uma declaração de independência, como o próprio Jung já havia anunciado em uma de suas cartas. A preocupação de Freud acerca do assunto foi tão desmesurada que ele escreveu a Jung assegurando sua capacidade de aceitar as novas ideias sobre a libido, desde que estas se tornassem claras para ele. E admitiu ser possível por meio do aprendizado e da parcimônia renunciar à própria personalidade.

Em 27 de abril de 1912, Jung informou a Freud que ele estava totalmente absorvido pelos estudos acerca do problema do incesto. Ressaltou que suas observações demonstravam primariamente o incesto como problema da fantasia e que estava para além do seu significado biológico. Teceu algumas novas considerações, exemplificando o assombroso papel da mãe na mitologia, que não tinha um significado biológico, mas correspondia à simbologia da pura fantasia.

Sonhos – Conexões com seu oráculo anterior

A carta resposta de Freud a essas novas ideias e conclusões feitas por Jung não consta no conjunto das correspondências trocadas entre eles. A carta seguinte é do dia 8 de maio de 1912, quando Jung lamentou sua inabilidade de se fazer compreensível a distância e causar uma impressão paradoxal quanto às novas ideias. Expôs a Freud ser impossível enviar o volumoso material que fundamentou seus estudos e tentou argumentar acerca de suas inovações a respeito do problema do incesto em sentido mais amplo: cultural, psicológico e coletivo. No entanto, a carta resposta do dia 17 de maio de 1912, escrita por Freud, foi pouco acolhedora. Ele reiterava que as novas concepções de Jung continuavam obscuras, mas guardava a esperança de que os esclarecimentos suplementares poderiam ser apreciados numa conversa mais detalhada entre eles. Apresentou três questões que, ao seu ver, deveriam ser examinadas por Jung, ponderando que estas não deviam ser vistas como contestações, mas expressões de suas dúvidas: A primeira questão referiu-se à hipótese de Darwin sobre o estado primordial de promiscuidade; a segunda e a terceira referiam-se ao tema do matriarcado e à questão do patriarcado (tabu do pai) em referência ao seu aspecto de poder.

Em carta do dia 17 de maio de 1912, Jung respondeu a Freud, mais uma vez, afirmando que não queria causar uma impressão paradoxal com a problemática do incesto que vinha desenvolvendo. Mas, que sua atitude tinha como propósito aventurar-se a lançar conjecturas audaciosas a serem discutidas e analisadas. E, na tentativa de trazer novos esclarecimentos, fez uma segunda explanação de suas convicções acerca do problema do incesto, ampliando seu ponto de vista. Assinalou que as origens do incesto estavam na excessiva ansiedade ambígua produzida no homem primitivo, que teria criado diversos rituais de reparação, inclusive o tabu do incesto. Portanto, considerou Jung, o tabu do incesto não poderia ser explicado por redução a um real incesto literal, às suas causas e efeitos, mas de forma ampla e simbólica. Ao finalizar sua carta, Jung pareceu acreditar que tinha conseguido exprimir, de uma forma mais clara, as suas inovações além de ter contribuído para o esclarecimento de algumas dúvidas manifestadas por Freud.

Em 23 de maio de 1912, Freud respondeu à carta de Jung agradecendo as explicações e as argumentações. No entanto, considerou que a concepção da libido desenvolvida por Jung diferia muito da dele, especialmente, quanto à questão do incesto. Contrariado, admitiu que não entendia o motivo pelo qual Jung abandonou a concepção antiga, passando a afirmar que a proibição do incesto tinha outra origem e motivação. Entendia que essa questão se tornava difícil de ser explicada e compreendida por cartas, mas que teria paciência para esperar a publicação das novas ideias de Jung sobre o tema. Desapontado, confessou que, no fundo, tinha certa antipatia pela inovação desenvolvida por Jung, sobretudo, por dois motivos: primeiro, por conta do caráter regressivo da concepção, que era totalmente contrária ao que eles já vinham sustentando, isto é, de que a ansiedade tinha suas origens na proibição do incesto. E, agora, Jung estava afirmando, justamente o contrário, de que era a proibição do incesto que provocaria a ansiedade, sendo que essas premissas já haviam sido apresentadas muito antes da era da psicanálise. Daí, Freud considerar a inovação de Jung, em primeiro lugar como regressiva. O segundo ponto, argumentava Freud, era que a nova concepção elaborada por Jung tinha semelhanças desastrosas com a teoria desenvolvida

Sonhos – Conexões com seu oráculo anterior

por Adler, que considerou a libido incestuosa como arranjada, isto é, de que o neurótico, na verdade, não tem absolutamente desejo pela mãe, mas quer munir-se de um motivo para afugentar a si próprio da libido (McGuire, 1993, p. 511). A natureza da libido, portanto, seria tão monstruosa que não pouparia nem mesmo a mãe. No fim de sua carta, Freud sublinhou a esperança de que a derivação da libido incestuosa elaborada por Jung fosse diferente, mas não tinha mais dúvidas de que as ditas inovações exibidas por ele, na verdade, não eram novidades, pois guardavam certas semelhanças já sugeridas por Adler.

Mesmo após essas divergências, Jung enviou mais duas cartas a Freud: a primeira no dia 25 de maio, expondo a esperança de que nada de adverso estivesse acontecendo por conta da demora da resposta de Freud. Depois, enviou uma segunda carta em 8 de junho, em que retomou a questão do incesto, certificando que havia percebido que poderosos afetos mobilizaram Freud contra suas novas elaborações e que era forçado a sustentar a sua interpretação do conceito de incesto, não vendo saída para o dilema (McGuire, 1993, p. 513). Além disso, Jung refutou o paralelo que Freud fez, assinalando que suas concepções se assemelhavam às ideias de Adler e ressentido afirmou que essa comparação foi uma pílula amarga que teve de engolir. Afirmou Jung que foi levado a essa formulação a partir de um minucioso e intrincado exame que fez de todo o problema na segunda parte do ensaio (McGuire, 1993, p. 513). Diante disso, Jung aspirava que, ao ler o trabalho, Freud entendesse o motivo pelo qual Jung até principiou a ideia de corroborar a antiga concepção de incesto, mas foi obrigado a ver que as coisas são diferentes daquilo que ele esperava (McGuire, 1993, p. 513). Abalado, Freud não respondeu a Jung e permaneceu em silêncio e distanciado. Somente em 13 de junho de 1912, retomou novamente a correspondência com Jung. Relutante, voltou a abordar a questão da natureza da libido, alegando que a modificação feita por Jung lhe parecia ainda incompreensível. Visivelmente inconformado, repetiu mais uma vez que não entendia o propósito que levou Jung a se desviar da abordagem psicanalítica sobre o conceito de libido. Ao concluir sua carta, reforçou a decisão de que, mesmo que não chegassem a um acordo imediatamente, não deveria haver razão para que o relacionamento pessoal entre eles se extinguisse.

A carta resposta de Jung, em 18 de julho de 1912, foi extremamente fria e sucinta, além do atraso de mais de um mês para ser enviada. Jung pareceu constrangido com a situação, admitiu que não sabia como responder a última carta, que continuava a demonstrar sua contrariedade. Já um tanto impaciente, Jung comentou que agora havia compreendido muito bem a atitude de Freud em relação ao episódio de Kreuzlingen. Estava referindo-se à viagem que Freud fez nas proximidades de Zurique para visitar Binswanger e que, intencionalmente, escolheu não o visitar. Jung interpretou como sinal da insatisfação de Freud, que insistia em não reconhecer as novas concepções acerca da libido. E de forma ressentida, Jung finalizou a carta com o seguinte manifesto: "o êxito ou fracasso do meu trabalho futuro é o que tornará evidente se sua orientação é ou não correta" (McGuire, 1993, p. 514). Freud ignorou completamente o manifesto de Jung, não respondendo à carta e manteve um certo distanciamento.

A carta seguinte, datada do dia 2 de agosto de 1912, foi de Jung, que notificou Freud, formalmente, de que Bleuler assumiria as funções de organização do periódico *Jahrbuch*, no

Sonhos – Conexões com seu oráculo anterior

período de sua viagem aos Estados Unidos. Informou que as palestras que apresentaria estavam prontas e que elas sugeriam questões experimentais para substituir um conjunto de postulados teóricos. Advertiu Freud de que ele não seguiria os mesmos rastros de Adler para superar o pai, como presumia que Freud imaginava, e sintetizou seu pensamento com a seguinte apreciação: "Essa carapuça não me assenta" (McGuire, 1993, p. 516). Com muita determinação, anunciou que colocaria em discussão, no próximo Congresso de Munique, a sua função de presidente da Associação Internacional de Psicanálise, em Zurique, para que todos os membros das associações psicanalíticas decidissem a respeito dos desvios serem ou não tolerados.

Ao que parece, Freud não respondeu a carta de Jung ou ela foi perdida. A carta seguinte, de 7 de setembro de 1912, foi de Jung, que informou a Freud que, após a concluir o serviço militar, partiria para sua segunda viagem a Nova York. Ao chegar na Universidade Fordham, Jung proferiu nove conferências, com o título de "A teoria da psicanálise". Após as conferências, os discursos foram publicados em inglês na revista *Review* e em alemão no periódico *Jahrbuch*. Além dessas conferências, Jung apresentou diversos seminários sobre os princípios freudianos, em que demonstrou detalhadamente as suas principais divergências em relação à psicanálise de Freud e expôs, de modo claro, a construção de seus novos pontos de vista. Durante sua permanência nos Estados Unidos, Jung foi muito celebrado pelo público presente. O jornal *The New York Times* o entrevistou e publicou, numa página inteira, a foto e a matéria da entrevista de Jung sob o título "A América enfrenta seu momento mais trágico".

Enquanto Jung estava em Nova York, sua esposa Emma enviou uma breve carta a Freud, em 10 de setembro de 1912, informando que as edições da segunda parte do livro *Transformações e símbolos da libido* estavam prontas e que Freud seria o primeiro a receber um dos exemplares. Queixou-se de que a viagem de Jung aos Estados Unidos foi logo após seu término do serviço militar e ele só pôde ficar um dia com a família. Em seguida, Emma teceu um comentário, no mínimo, curioso e incomum a respeito da situação: "Tenho tanta coisa a fazer agora que não posso deixar que muita libido viaje com ele para América, pois poderia facilmente perder-se no caminho" (McGuire, 1993, p. 518).

Nesse mesmo ano de 1912, Ernest Jones, colega de Freud, tomou conhecimento da situação conflituosa que vinha se estendendo entre Jung e Freud. Preocupado com a tempestuosa tensão no relacionamento entre eles, Jones decidiu viajar para Viena com o objetivo de obter a aprovação de seu projeto de formar um pequeno grupo de analistas dignos de confiança, como uma espécie de velha guarda ao redor de Freud (Jones, 1970, p. 494). A sugestão de Jones foi aceita de imediato por Freud e por alguns de seus seguidores. Foi formado um pequeno grupo constituído por seis membros: Ferenczi, fiel colaborador de Freud; Abraham Jones, eleito presidente do Comitê; Rank; Sachs; Eitingon; e o próprio Freud, que celebrou com entusiasmo a criação do grupo. O objetivo do Grupo Secreto, como foi designado por eles, era cuidar do desenvolvimento e do futuro da psicanálise, defendendo suas causas, além de fortalecer a figura de Freud contra os seus ferozes opositores.

Após retornar dos Estados Unidos, Jung continuou as correspondências com Freud, mas ficou óbvio que suas relações

Sonhos – Conexões com seu oráculo anterior

pessoais se tornaram pouco cordiais. Em 11 de novembro de 1912, Jung, um tanto circunspecto, enviou formalmente um pequeno bilhete e uma longa carta a Freud. No bilhete, Jung e Riklin concordavam com a demissão de Stekel como editor, mas não como diretor, e alertavam sobre a condição caótica financeira que deveria ser submetida às decisões dos membros da Associação Internacional de Psicanálise.

Quanto à longa carta, Jung discorreu sobre as novidades de sua viagem aos Estados Unidos. Parecendo muito entusiasmado, ressaltou que a Associação Internacional de Psicanálise, presidida por Brill, nos Estados Unidos, havia desenvolvido um excelente trabalho e que seus membros eram brilhantes. Reconheceu que a ascensão da psicanálise nos Estados Unidos devia muito à ida anterior deles ao país. Com satisfação, comentou sobre o evento, transmitindo a Freud o efeito de suas conferências, afirmando que havia conquistado a simpatia dos ouvintes acerca das suas inovações teóricas e das objeções, particularmente, em relação à teoria da libido. Acrescentou que havia exibido suas novas opiniões com um relato crítico do desenvolvimento da teoria psicanalítica e que logo que as cópias de suas conferências estivessem prontas as enviaria a Freud com muito contentamento.

Considerou ainda que mantinha a esperança de que Freud aceitasse suas inovações estabelecidas no ensaio sobre a libido, sublinhando que não queria decepcioná-lo e que sua postura em nada tinha a ver com a questão de poder, capricho ou de resistência, mas que deveria ser entendida como uma luta em que admitia como genuíno: "Comigo não é uma questão de capricho, mas de luta por aquilo que acredito ser verdadeiro" (McGuire, 1993, p. 521). Tranquilizou Freud, concordando que não havia necessidade de rompimento de suas relações pessoais e que pretendia manter uma relação pacífica entre eles. Desse modo, deixou claro seu propósito de conseguir de Freud um julgamento objetivo e sem ressentimentos. Por fim, considerou que era merecedor de obter de Freud uma atitude de compreensão, em consideração a todo o trabalho desenvolvido ao longo do tempo na divulgação e expansão do movimento psicanalítico.

A carta resposta de Freud, chegou rápida, em de 14 de novembro de 1912, como era de costume. No entanto percebe-se que Freud estava num estado de absoluto desapontamento e muito contrariado. Intencionalmente, ele deixou de usar a expressão "caro amigo" no início de sua carta e, daí em diante, passou a referir-se a Jung com mais formalidades, recorrendo ao termo "caro Dr. Jung" ou simplesmente "Dr. Jung". Nessa carta, Freud cumprimentou Jung pelo retorno de sua viagem aos Estados Unidos e de forma franca, não mais tão afetuosamente como antes. Para Freud, o objetivo da viagem de Jung, que seria difundir a psicanálise, não havia sido alcançado, devido Jung apresentar suas novas ideias que divergiam daquilo que Freud designava ser psicanálise e, com uma atitude desdenhosa, felicitou Jung por seu êxito pessoal. Além disso, advertiu Jung que a batalha não seria decidida nos Estados Unidos e que as modificações feitas por ele não deveriam ser consideradas como crédito, porque quanto mais a gente se afasta do que é novo em psicanálise, mais certeza se tem do aplauso e menos resistência se encontra (McGuire, 1993). Porém, apesar de toda a situação delicada que surgiu entre eles, ambos concordaram em prosseguir com as correspondências. Nessa relação ambígua, Freud dirigiu uma crítica a Jung com o seguinte comentário ácido e provocativo: "Devo lembrar-lhe que nos tornamos amigos numa época em que o senhor havia vol-

Sonhos – Conexões com seu oráculo anterior

tado à teoria tóxica da Dem. pr. [demência precoce]" (McGuire, 1993, p. 523). Rebateu as queixas e a alusão que Jung fez acerca de sua viagem e de sua atitude de Kreuzlingen. Segundo Freud, as considerações feitas por Jung eram sem sentido e ofensivas, mas acreditava que havia coisas que não podiam ser corrigidas por escrito. Confessou que continuava aguardando ansiosamente as cópias das conferências proferidas por ele nos Estados Unidos, pois o ensaio parcial que havia recebido sobre a questão da libido não havia definitivamente esclarecido as novas modificações elaboradas por Jung. Além disso, aparentando estar muito ressentido, Freud se queixou novamente de um certo distanciamento de Jung no empenho de suas diversas funções, que lhe parecia não serem mais eficientes como antes e solicitou a atenção de Jung para esses assuntos. Terminou sua carta assinando com certa indiferença: "Seu colega".

Nessa mesma data, em sincronia, Jung na função de presidente da Associação Internacional de Psicanálise de Zurique, convocou Freud, presidente da Associação Internacional Psicanalítica de Viena, e os demais presidentes das sociedades filiadas para uma conferência em Munique, em 24 de novembro de 1912. Esse encontro teve como finalidade o debate sobre os recentes fatos ocorridos em Viena e as suas decisões. Essa notificação foi assinada por Jung e Riklin. O encontro sugerido foi aceito e todos concordaram em se encontrar na data programada, no Park Hotel, em Munique.

Na carta datada de 15 de novembro de 1912, Jung comunicou a Freud que a sua última carta havia provocado nele uma atitude psicanalítica que lhe pareceu a mais adequada: prosseguir o próprio caminhar sem desânimo. Anunciou a Freud que deixaria o periódico *Jahrbuch* por precaução, já que entendia que Freud o desaprovaria nas futuras colaborações. Cônscio da complexa situação, chamou a atenção de Freud de que as pessoas só dão o melhor de si quando a liberdade é garantida (McGuire, 1993, p. 526). E propôs que, no próximo Congresso de Munique, já programado, as Associações Internacionais de Psicanálise filiadas debatessem se a questão do seu "liberalismo" seria compatível com a gestão das suas futuras atividades na associação. Encerrando a sua carta, Jung declarou que os trabalhos feitos no passado, no presente e no futuro se distanciariam dos complexos mesquinhos e que prosseguiria fazendo o que sentia ser, para ele, o verdadeiro e o correto.

A conferência de Munique ocorreu no dia 24 de novembro de 1912, no Park Hotel, conforme a concordância de todos os membros das associações psicanalíticas. Jung, Freud e todos os membros dos grupos de Zurique e Viena compareceram e aceitaram o plano de ação traçado por Freud de ser substituído por Stekel no periódico *Zentralblatt* e fundar um novo jornal: o *Internationale Zeitschrift*. No fim do encontro, a comissão escolheu o tema "A função do sonho" para o próximo Congresso e fixou uma nova data (setembro de 1913) para o Congresso em Munique. Durante o horário livre, antes do almoço, Jung e Freud concordaram em se encontrar a sós e decidiram conversar sobre as pendentes animosidades entre eles. Em uma caminhada que durou aproximadamente duas horas, eles conversaram e esclareceram questões não resolvidas, especialmente, sobre o incidente denominado por eles de episódio de Kreuzlingen.

Quanto ao incidente de Kreuzlingen, Freud esclareceu que havia viajado para Constance, para visitar Binswanger, que havia feito uma cirurgia e pediu sigilo sobre o assunto. Freud notificou a Jung de sua viagem, mas guardou sigilo a respeito da doença. Informou a Jung que faria uma viagem nas proximidades de Zurique e que, no seu regresso a Viena, passaria por Zurique rapidamente e gostaria de encontrá-lo, mesmo no pouco tempo de que dispunha. No entanto, houve um desencontro entre eles, e Jung ficou muito ressentido, porque Freud voltou para Viena sem encontrá-lo. Esse desencontro, fez Jung atribuir que Freud, propositalmente, não quis ir ao seu encontro por já estar insatisfeito com a nova construção que ele concedeu à teoria da libido. Mas, ao conversar com Freud, em Munique, Jung percebeu sua distração e reconheceu que a carta enviada por Freud havia chegado a tempo, mas só foi aberta no dia em que Freud estava retornando a Viena. Jung admitiu sua desatenção, pediu desculpas e, após essa conversa, Freud pareceu estar feliz pelo reconciliamento. Entretanto, logo depois, no fim do animado almoço entre os membros, Freud apresentou uma indisposição, quando surgiu um debate sobre o recente artigo de Abraham a respeito do faraó egípcio Amenófis IV. Nesse texto, Abraham enfatizou a atitude negativa do faraó em relação ao pai e, nos diversos comentários contraditórios, surgiu a hipótese de que, possivelmente, existiria um complexo paterno na criação da religião monoteísta. Jung se contrapôs e argumentou que o faraó fora um grande religioso, um homem muito criativo que honrou a memória de seu pai. Nesse momento da conversa, de forma surpreendente, Freud começou a fazer críticas indiretamente a Jung, acusando os suíços de que, em suas recentes publicações psicanalíticas, estavam novamente omitindo seu nome. Logo após esse comentário, Freud desmaiou na cadeira diante de Jung, que atribuiu àquela conversa estressante o motivo para o desmaio, sobretudo, devido ao tema central implicar a fantasia de assassinato que o teria mobilizado intensamente. À vista disso, tornou-se evidente para Jung que os dois episódios anteriores em que Freud desmaiou, apresentavam, como pano de fundo, a fantasia do parricídio, que tocava num dos mais intrincados complexos em Freud.

Depois da conferência em Munique, ao retornar para Zurique, Jung enviou uma carta a Freud, em 26 de novembro de 1912, confessando seu contentamento pelo encontro entre eles e manifestou sua preocupação em relação à saúde dele. Ao mesmo tempo, fez um comentário curioso e enigmático ao afirmar que foi a primeira vez que, realmente, pode compreender Freud e sublinhou suas diferenças: "Entendi o quanto sou diferente do senhor. Essa compreensão será o bastante para efetuar uma mudança radical em toda minha atitude [...] Espero que a compreensão que finalmente obtive guie a minha conduta a partir de agora" (McGuire, 1993, p. 527).

Assegurou a Freud que não desistiria de continuar o relacionamento entre eles e pediu desculpas por seus erros, admitindo que se sentia esgotado com as diversas atividades que há muito o sobrecarregavam. Possivelmente, foi o conjunto de diversos episódios, entre outros, que foram cruciais para ferir o cerne da amizade entre eles. Podem-se destacar: as divergências iniciais de Jung quanto à teoria da sexualidade; as discordâncias nas análises e interpretações dos sonhos; o episódio de Kreuzelim, em que Jung interpretou o desencontro entre eles com sinal de insatisfação e ressentimento de Freud; o encontro de ambos, na conferência de Munique, quando Freud convocou uma reunião para deixar o *Zentralblatt* aos cuidados de Stekel e fundar o novo periódico *Zeitschrift*, impondo que esse projeto fosse aceito sem discussões, contrariando Jung. Nesse encon-

Sonhos – Conexões com seu oráculo anterior

tro em Munique, Freud fez questão de demonstrar que ele estava no comando e somente após as explanações que ele fez sobre as razões das dificuldades ocorridas e os motivos para as novas mudanças foi que todos os integrantes das associações concordaram com o projeto apresentado por Jung; e, especialmente, concordaram com as conferências de 1912, proferidas por Jung na Universidade Fordham, quando ele apresentou suas novas premissas, antagônicas às teorias psicanalíticas de Freud.

Na carta resposta de 29 de novembro de 1912, Freud agradeceu a amável carta de Jung e revelou sua grande satisfação em saber que ele havia demolido várias percepções erradas a seu respeito. Afirmou que o relacionamento entre eles se manteria sempre como um eco da intimidade passada e acenou para o quanto era necessário que ambos guardassem certa benevolência entre si, particularmente, quando novas controvérsias surgissem, tendo em vista que um desagradaria ao outro, especialmente, quando uma das partes parecesse insistir em ter uma opinião própria (McGuire, 1993, p. 530). Pela primeira vez, Freud comentou sobre o fato dos seus desmaios. Ele reconheceu que a síncope que o afetou em Munique tinha como causa uma enxaqueca, além de outros fatores psíquicos. Confidenciou ainda que, apesar de não ter investigado as causas de sua neurose, sabia que era imprescindível descobrir suas verdadeiras motivações. Assegurou que a segunda parte do ensaio sobre a libido, escrito por Jung, seria publicada no periódico de Viena e que a leitura desse artigo lhe parecia uma grande revelação. Mas, continuou a demonstrar incompatibilidades com as novas ideias de Jung, emitindo uma apreciação crítica negativa: "Parece que o senhor resolveu o enigma de todo misticismo, demonstrando que se fundamenta na utilização simbólica de complexos que sobreviveram à sua função" (McGuire, 1993, p. 530). E encerrando a carta, de maneira inflexível, assinou: "O seu intransformado Freud".

Essa carta de Freud é muito significativa, pois demonstrou que ele percebeu um novo caminho que se abriu para Jung e que ele não voltaria atrás. Freud chegou até admitir que as novas concepções de Jung representavam seu amadurecimento e a conquista de sua liberdade intelectual no desenvolvimento de um novo ponto de vista científico. Entretanto, custava-lhe aceitar essa nova atitude de Jung e, insistentemente, não admitia a modificação da teoria sobre a natureza da libido. Persistia que tal concepção ainda se mantinha obscura para ele e que só com maiores informações poderia trazer para a objetividade. Ao mesmo tempo, Freud pareceu até então, otimista acerca de não perder o contato com Jung e, por isso, tentou enfrentar tal situação complexa da melhor maneira possível. Cogitou que mesmo que eles não chegassem a um consenso, não havia razão para imaginar que suas diferenças científicas seriam causas de desavenças entre eles. Considerou ainda que, no início de suas colaborações, essas diferenças haviam sido mais profundas. Freud, parecendo querer suavizar a questão, lembrou a Jung o fato que ocorreu no ano de 1908, quando foi informado, por várias fontes, que havia ocorrido uma flutuação negativa no Hospital de Burghölzli, onde suas concepções teriam sido substituídas. E que mesmo diante dessas informações, ele não deixou de ir a Zurique visitar Jung e lá comprovou que tudo estava bem e muito diferente do lhe fora revelado. Discordou de Jung que o acusou de já estar dando sinais de sua insatisfação com a sua teoria da libido quando foi visitar Binswanger, nas proximidades de Zurique. Essa viagem ficou conhecida como episódio de Kreuzlingen, deixando Jung muito ressentido com o desencontro e gerando um grande mal-estar entre eles.

A resposta de Jung a Freud se deu em 3 de dezembro de 1912. Nessa carta, Jung demonstrou sua total impaciência e descontentamento com a intransigência de Freud. Muito determinado, enviou uma carta formal à Associação Internacional de Psicanálise de Viena, presidida por Freud, demonstrando sua indignação, iniciando a carta com a seguinte frase de advertência: "Esta carta é uma tentativa atrevida de acostumá-lo ao meu estilo. Portanto, cuidado!" (McGuire, 1993, p. 533). E, de forma jocosa, confessou que se sentiu grato por Freud finalmente admitir que tinha um "pouco de neurose" da qual ainda não havia se livrado. Chamou atenção de Freud que esse fato era muito significativo e deveria ser levado a sério, porque isso o conduziria à semelhança de uma morte involuntária. Salientou, intencionalmente, o quanto havia sofrido com as consequências dessa neurose em seus contatos com Freud, embora ele não tivesse percebido, nem o compreendido quando quis tornar transparente a sua posição. Assegurou que se esses obstáculos tivessem sido superados, provavelmente, Freud não subestimaria o seu trabalho, mas o perceberia sob outro ângulo. Afirmou que quando Freud escreveu, em sua carta, a observação de que sem pretendê-lo, resolveu o enigma de todo misticismo, demonstrando que se fundamenta no uso simbólico de complexos que sobreviveram a sua função, Freud comprovou o quanto menosprezou o seu trabalho e que esse *insight* já tinha se evidenciado para eles durante anos de relacionamento. Considerou Jung que vez ou outra, ele sentiu o simples desejo humano de ser compreendido intelectualmente e fez Freud notar o fato relevante de que a neurose, agora reconhecida por ele, já havia sido, na verdade, admitida desde a publicação de *A interpretação de sonhos*, em 1900, quando Freud descreveu o próprio sonho da injeção de Irma e se identificou como um neurótico que necessita de tratamento.

Além do mais, Jung continuou a rememorar os fatos desagradáveis do passado, como o episódio das análises dos próprios sonhos que chegou ao fim, quando Freud afirmou que não poderia submeter-se à análise sem perder sua autoridade e que essas palavras ficaram gravadas em sua memória como símbolo de tudo o que aconteceu entre eles. Por outro lado, esperava que Freud não se ofendesse com sua aspereza helvética, pois era um esforço para ser honesto. Pediu a Freud que não aplicasse o depreciativo critério vienense de que suas afirmações seriam de uma batalha egoísta de poder ou de alusões infantis acerca do complexo paterno. Concluindo, Jung lamentou a forma deplorável do comportamento de uma parte de alguns membros psicanalistas que faziam mau uso da psicanálise, com a intenção de desqualificar os outros, insinuando acerca dos complexos, como se isso fosse uma explicação absoluta. E deu como exemplo grotesco do absurdo em relação à comparação de seu recente trabalho sobre a teoria da libido com os rumores anunciados como sendo produto do erotismo anal. Além disso, Jung argumentou que quando pensava no autor que fez referência a essa tal teoria receava pelo futuro da psicanálise. Salientou ser lastimável que certos psicanalistas ao se tornarem dependentes da psicanálise se igualavam aos adversários que acreditam na autoridade e que as suas reflexões implicavam a descrição de um complexo. E, finalizando sua carta, Jung desejou solenemente a Freud "suas cordiais saudações".

No dia seguinte a essa carta, em 4 de dezembro de 1912, Jung enviou ao presidente da Associação Internacional Psicanálise de Viena uma comunicação administrativa sobre as complexidades acerca dos acordos financeiros dos periódicos e encerrou a sua correspondência, considerando que guardava esperanças de que Freud não estivesse aborrecido com sua última carta e que apesar de todas as complicações não tinha interesse em abandoná-lo.

A carta resposta de Freud chegou de imediato, em 5 de dezembro de 1912, foi extensa e muito formal. Nela, Freud assegurou a Jung que ele não devia temer em demonstrar ser impróprio o novo estilo, pois considerava que nas relações entre analistas, como na análise, a honestidade deveria ser um fator tolerável. Assinalou que, assim como Jung, foi perturbado durante algum tempo com polêmicas contra suas novas ideias. E que para prevenir o grande mal-estar entre eles, tomou a decisão, em relação à conjuntura de complexidades vivenciadas por eles, de fazer uso de um remédio caseiro que acreditava ser a melhor solução: "que cada um de nós dê mais atenção à sua própria neurose do que à do próximo" (McGuire, 1993, p. 536). Acrescentou que não aprofundaria a questão sobre as neuroses dos analistas, via carta, e que sua decisão não se tratava de uma recusa, pois discordava enfaticamente da afirmação de Jung que teria sido prejudicado por conta de sua neurose. Tratou de outros assuntos práticos e encerrou sua carta cerimoniosamente, almejando suas cordiais saudações.

A carta resposta de Jung a Freud não demorou e, em 7 de dezembro de 1912, com um certo tom de gracejo, diante do fato de Freud demonstrar ter levado a mal o seu novo estilo, Jung fez uso da seguinte metáfora: "afinarei a minha lira em tons mais baixos" (McGuire, 1993, p. 538). Deu por encerrado o assunto e passou a tratar somente de questões administrativas e práticas relacionadas aos periódicos e as resenhas. Encerrou sua carta, prometendo não mais incomodar Freud com outras questões e desejou cordiais saudações.

Em carta do dia 9 de dezembro de 1912, Freud finalmente se posicionou de forma bastante crítica em relação a Jung, afirmando que "não ouso dizer mais nada acerca da sua inovação da libido, agora que o senhor me ridicularizou tanto por haver descoberto que o trabalho continha a solução para o enigma do misticismo" (McGuire, 1993, p. 540). Com uma atitude muito sombria, declarou que esperava ansiosamente para ler a conferência que Jung havia escrito em inglês e torcia para que elas tivessem a oposição de parte dos colegas analistas, além da própria oposição. Encerrou a correspondência instigando que havia boatos acerca de que Jung estaria virando a casaca para o lado de Adler, além de acentuar de forma irônica que seguia Jung "com interesse através de todas as variações da lira, que o senhor toca com muito virtuosismo" (McGuire, 1993, p. 540).

As cartas seguintes entre Jung e Freud seguiram nessa mesma risca de formalidades, de detrações e tensões, além de provocações jocosas. Ambos passaram a tratar exclusivamente, em suas correspondências, sobre assuntos práticos, administrativos, protocolares e formais. Vez por outra, surgiam certas alfinetadas de ambas as partes, como ilustra a carta de Jung escrita entre 11 e 14 de dezembro de 1912, na qual ele confrontou Freud escrevendo que os profetas vienenses estavam enganados quanto a uma virada de casaca para junto de Adler, porque "nem mesmo os amigos de Adler consideram-me um deles" (McGuire, 1993, p. 541). E muito indignado encerrou

Sonhos – Conexões com seu oráculo anterior

sua carta considerando ser deplorável que uma ciência fosse tratada como uma profissão de fé, como Freud assim procedia.

A carta resposta de Freud, de 16 de dezembro de 1912, foi superbreve, quase um bilhete. Nela, ele fez questão de responder demonstrando a sua opinião contrária de que o hábito de considerar de forma pessoal afirmações objetivas não é apenas uma característica humana (regressiva), mas uma fraqueza vienense muito específica. E provocou Jung ao fazer referência ao lapso feito por ele, quando escreveu a frase: "Nem mesmo os amigos de Adler consideram-me um dos seus". Freud questionou Jung se ele era capaz de ser objetivo para admitir o seu ato falho sem zangar-se. E finalizou assinando a carta com a frase: "Apesar de tudo, seu Freud" (McGuire, 1993, p. 541).

Entretanto, a carta resposta de Jung a Freud, em 18 de dezembro de 1912, mudou consideravelmente a situação de impasses e ao mesmo tempo de considerações mútuas. Jung escreveu a Freud uma longa carta que chamou de carta secreta, em que identificou e reconheceu a ambivalência de seus sentimentos em relação a Freud. Fez notar que seria direto e honesto diante das intimidações que ambos estavam vivenciando. Censurou Freud de fazer uso da técnica de tratar seus discípulos como pacientes, mas que isso não funcionava com ele, pois já havia percebido o velho truque empregado por Freud. Para Jung, Freud expunha as ações sintomáticas, os pontos fracos do outro, reduzindo-os à categoria de filhos e filhas e mantinha-se no alto, como uma figura paterna, que quer permanecer numa postura privilegiada. E, como exemplo, aludiu que tanto Stekel como Adler pertenciam ao grupo de filhos servis ou fedelhos imprudentes que não questionavam e não se atreviam a puxar a barba do profeta.

Parecendo bastante revoltado, Jung desafiou Freud de que se desvencilhasse de seu complexo paterno em relação aos seus filhos e parasse de revelar as vulnerabilidades desses e examinasse a si próprio. Mas que, apesar de tudo, continuaria apoiando Freud publicamente, prosseguindo com suas opiniões em caráter privado, particularmente, sobre o que pensava a respeito dele. Entendia que essa atitude poderia trazer, por um lado sentimentos ultrajantes como prova da amizade, mas que, por outro, poderia ser muito saudável para o relacionamento entre eles. Finalizou sua carta enviando formalmente suas sinceras saudações.

A última carta de Freud, do ano de 1912 foi, em 22 de dezembro, na qual ele lamentou ter irritado Jung por referir-se ao seu ato falho e criticou a reação por considerar desmedida. Contestou as alegações feitas por Jung de que ele fazia mau uso da psicanálise para tornar seus discípulos numa dependência infantil e que não julgaria os argumentos manifestados por ele, pois tais juízos não convenciam ninguém. A partir dessa carta, verificou-se como Jung e Freud principiaram uma batalha emocional e intelectual que foi desgastando, cada vez mais, as suas relações pessoais e as suas colaborações científicas.

Nesse cenário conflituoso, o ano de 1913 foi agitado, tenso e decisivo na vida de Jung e Freud. Nessa época, Jung contava com 38 anos e encontrava-se numa fase áurea de sua vida, conforme ele descreveu em seu *Liber Novus*: "[Eu] havia alcançado tudo o que desejara. Havia conseguido fama, poder, riqueza, saber e toda felicidade humana. Cessou minha ambição de aumentar esses bens, a ambição retrocedeu em mim, e o pavor se apoderou de mim" (Jung, 2010, p. 230-31, acréscimo nosso). De outra forma, foi nesse mesmo ano cinzento que ocorreu a inevitável ruptura entre Jung e Freud.

Sonhos – Conexões com seu oráculo anterior

De Viena, em 3 de dezembro de 1913, Freud enviou uma carta muito formal a Jung, dirigindo-se a ele, como "Caro senhor presidente e caro doutor". Nela, comunicou que a alegação de Jung de que ele tratava seus adeptos como pacientes era uma afirmação falsa, e que tal argumentação dificilmente seria tratada quer numa conversa pessoal, quer por correspondência. Chamou a atenção de que existia uma convenção entre os analistas de que nenhum devia sentir-se envergonhado da própria neurose, e que isso deveria ser respeitado. Continuou Freud com suas provocações, alegando que quando uma pessoa se diz normal, ela só comprova que está inconsciente da própria doença. Em seguida, Freud propôs que: "[...] abandonemos inteiramente as nossas relações pessoais. Não perderei nada com isso, pois meu único laço emocional com o senhor tem sido há muito um fio delgado – efeito tardio de decepções passadas" (McGuire, 1993, p. 546). Aparentando em uma certa desilusão, Freud assinalou que o comentário feito por Jung de que seu relacionamento íntimo com um homem inibia a sua liberdade científica fazia-lhe crer que era melhor que ele seguisse livre o seu caminho e o poupasse as supostas provas de amizade. Portanto, Freud dava por encerrada a tarefa mútua da busca em conjunto de objetivos científicos.

No dia 3 de janeiro de 1913, Jung escreveu a Freud desejando seus amigáveis votos de Ano Novo, mesmo sabendo que ele estava muito ressentido com o conteúdo da sua primeira carta secreta. Não obstante, desejou que o movimento psicanalítico continuasse progredindo, que a vitalidade de Freud não diminuísse, ao contrário, que se elevasse com os conflitos internos e as correntes de oposição. Jung acreditava que esses princípios eram fundamentais para a existência da vida, pois, quando tudo acontece de forma fácil, poderá ocorrer uma espécie de petrificação. Logo depois, prosseguiu fazendo a seguinte referência a Fausto: "Eu procuro a salvação não em formas rígidas" (McGuire, 1993, p. 546).

No entanto, na mesma carta, Jung pediu a Freud que não hesitasse em lhe comunicar caso não quisesse mais receber suas cartas secretas. Compartilhou seu ponto de vista de que o entendimento das verdades psicanalíticas estava diretamente ligado à proporção do autoaprofundamento que um indivíduo conseguiria consigo mesmo. E continuou instigando Freud, afirmando que uma pessoa quando apresenta sintomas neuróticos é sinal de que há uma falta de compreensão em determinado ponto que necessita ser analisado. Finalizou sua carta assinalando que, apesar de oferecer a Freud a mais pura verdade capaz de feri-lo, suas intenções eram sinceras, transparentes e tinham como finalidade contribuir para o bem, no entanto, caberia a Freud fazer suas escolhas e tomar as próprias decisões.

Três dias depois, em 6 de janeiro de 1913, Jung encaminhou imediatamente uma breve correspondência à Associação Internacional Psicanálise de Viena, em que Freud dispunha a função de presidente, comunicando que concordava com esse desejo para que abandonassem as relações pessoais, já tão desgastadas. Sublinhou que jamais impôs amizade com quem quer que fosse e julgava que Freud era o melhor juiz para entender o significado desse momento para ele. Agradeceu a Freud o tempo de colaboração e encerrou a carta com a seguinte frase enigmática: "O resto é silêncio" (McGuire, 1993, p. 547).

A partir dessa data, outras poucas correspondências ocorreram entre eles com objetivo apenas de comunicar trocas de algumas revisões de artigos de colegas ou de programações de conferências, além do planejamento do futuro Congresso de Munique.

Sonhos – Conexões com seu oráculo anterior

Um mês antes do Congresso de Munique, Jung apresentou uma palestra em Londres, propondo que a teoria psicanalítica se desvencilhasse da abordagem puramente sexual e apresentou o seu novo ponto de vista de uma concepção energética da libido. Desse modo, no período de 7 a 8 de setembro de 1913, quando o Congresso de Munique ocorreu, a atmosfera foi descrita como bastante desagradável, cansativa e não edificante por Freud e Jones. Nesse contexto sombrio, a candidatura de Jung sofreu forte rejeição, e a reeleição a presidente da Associação Internacional de Psicanálise em Zurique foi bastante tumultuada. Dos 52 membros participantes, 22 se abstiveram de votar e, pela primeira vez, Jung não se elegeu por unanimidade, como era de costume.

Logo em seguida, em 27 de outubro de 1913, Jung enviou uma carta lacônica para a residência de Freud, em que expôs que havia chegado até ele, por intermédio de Maeder, a informação de que Freud tinha dúvidas da sua *bona fides*. E tinha como expectativa que Freud tivesse compartilhado com ele esse problema tão descabido, pois implicava uma grave acusação. E, como consequência dessas falsas imputações, afirmou Jung que se tornava impossível dar continuidade com a sua colaboração futura. Portanto, sentia-se obrigado a se demitir do cargo de editor do periódico *Jahrbuch*, fundado por Freud e Bleuler, que o haviam incumbido, por anos, de ser o redator-chefe. Logo após essa notificação oficial da renúncia de Jung, ocorreu o fim do periódico. Em respeito e consideração à amizade de Jung, o eminente psiquiatra Bleuler, da mesma forma, decidiu comunicar a sua decisão irrevogável e se demitiu do cargo de diretor do mesmo periódico.

Antes, em 20 de abril de 1913, Jung enviara uma breve carta, renunciando oficialmente à presidência da Associação Internacional Psicanálise de Viena, aos cuidados de Freud, notificando que, diante dos últimos acontecimentos desagradáveis que ocorreram, ele reconhecia que suas concepções estavam em acentuado contraste com a concordância da maioria dos membros da Associação, especialmente de Freud. E, portanto, considerava não ser mais a pessoa adequada para continuar no cargo de presidente da Associação Internacional de Psicanálise de Zurique e, de forma resoluta, propôs sua renúncia ao conselho dos presidentes de todas as associações filiadas. Finalizou a carta agradecendo a todos a confiança de que havia desfrutado no trabalho executado ao longo dos anos.

Em 30 de abril de 1914, após a renúncia de Jung, foi designado para o cargo um dos primeiros discípulos de Freud, o psicanalista alemão Karl Abraham, que presidiu temporariamente a Associação Internacional de Psicanálise de Zurique até a realização de Congresso em Dresden na Alemanha. No fim de julho do mesmo ano, Jung foi convidado a fazer uma conferência em Aberdeen, na British Medical Association, e escolheu como tema: "A importância do inconsciente na psicologia", no qual se referiu brevemente a Freud, a quem era necessário agradecer por ter enfatizado a importância dos sonhos sem, contudo, citar o termo psicanálise.

A última correspondência de Jung a Freud foi no ano de 1923, em dia e mês desconhecidos. Nessa breve carta, Jung encaminhou um ex-paciente, um diplomata diagnosticado com neurose obsessiva e que permaneceu durante dois anos num processo analítico com ele. O ex-paciente havia adquirido conhecimento íntimo de suas fantasias sexuais e, ao tomar conhecimento das teses de Freud, passou a sonhar com ele com frequência. Jung percebendo o forte desejo de ex-paciente em ser tratado pessoalmente por Freud, entendeu ser seu dever ético mobilizar os esforços para facilitar o encontro. Escreveu a Freud encaminhando o ex-paciente e agradeceu a provável ajuda. Encerrou sua breve carta desejando a Freud as mais respeitosas saudações. Não há registros, no entanto, se Freud respondeu ou não a essa carta de Jung.

Em fevereiro de 1914, no volume XIV das *Obras completas*, Freud escreveu o artigo "História do movimento psicanalítico", em que fez um relato detalhado sobre a difícil situação que se desencadeou entre ele, Adler e Jung. Assegurou que as divergências dos pontos de vista entre ele e Adler culminaram em 1910, e que as discordâncias dos novos postulados de Jung ocorreram em novembro de 1913. Considerou que o objetivo do artigo apresentado tinha por base não só estabelecer os postulados e as hipóteses fundamentais que consistiam na construção da ideia de psicanálise, como também demonstrar que as teorias desenvolvidas por Adler e Jung eram incompatíveis e contraditórias com a abordagem daquilo que ele pensava e denominava por psicanálise.

Inicialmente, Freud escreveu sobre o desenvolvimento dos primórdios pré-analíticos, quando trabalhou com Breuer com o método da hipnose. Declarou que rapidamente se opôs a esse método de tratamento por ocultar a resistência e que, logo depois, separou-se de Breuer. Freud afirmou ainda que a história da psicanálise teve suas origens com a teoria da repressão, considerada, por ele, como pedra angular sobre a qual repousa a estrutura da psicanálise. Em seguida, considerou ser a psicanálise uma criação verdadeiramente sua, particularmente, quando introduziu as teorias da repressão e da resistência; da hipótese e do reconhecimento da sexualidade infantil; da interpretação dos sonhos e da técnica das associações livres. Sublinhou ainda, que se considerava o maior conhecedor da psicanálise e que era justo que somente ele fosse a melhor pessoa a avaliar e determinar o que ele denominou ser psicanálise. Além disso, fez uma exposição do seu ponto de vista sobre as principais divergências e críticas que levaram às rupturas entre ele, Adler e Jung.

Nesse artigo, Freud pretendeu deixar claro o papel que ele próprio exerceu e desempenhou ao longo do desenvolvimento da história do movimento psicanalítico. Logo após evidenciar as incompatibilidades entre seus diferentes pontos de vista que culminaram na separação entre ele, Adler e Jung, ele julgou ser apropriação indébita as atitudes de Jung e de Adler de persistirem em nomear suas teorias como psicanálise. Para Freud, era fundamental esclarecer nesse artigo que as concepções teóricas tanto de Adler como as de Jung eram totalmente inconciliáveis com os princípios fundamentais da psicanálise. E, para Freud, o argumento de que havia três escolas de psicanálise, como era considerado por muitos, era totalmente inapropriado, sobretudo, por elas divergirem muito do alinhamento psicanalítico de investigação. Após essas críticas feitas por Freud, prevaleceu o seu ponto de vista, e Adler tomou a decisão de redesignar sua teoria para psicologia individual, enquanto Jung renomeou a sua teoria para psicologia analítica. Finalmente, Freud examinou os pontos essenciais em que, para ele, Jung e Adler se afastaram das descobertas da psicanálise e concluiu: "Não é difícil refutar com argumentos concretos as concepções errôneas de Jung sobre a psicanálise e os desvios dela" (Freud, 1974, p. 80).

Mais adiante, Jung; em seu livro *Freud e a psicanálise*, volume IV das *Obras completas*, examinou minuciosamente os pontos de vista discordantes em relação à psicanálise. Declarou que só as pessoas isentas ou imparciais, que estivessem fora dos círculos de Freud e Jung, é que poderiam avaliar sobre as diferenças entre ambas as concepções. Ponderou que não se considerava um opositor de Freud, embora Freud e sua escola insistissem em qualificá-lo dessa maneira. Enfatizou que o modo de ser de cada pessoa é condicionado a sua forma de ver o mundo e ao caráter subjetivo do seu próprio tipo psicológico. Continuou fazendo críticas tanto à teoria psicológica de Adler quanto à psicanálise de Freud por serem unilaterais e interpretarem as pessoas demasiadamente pelos aspectos patológicos e por seus defeitos. Ao passo que a psicologia analítica busca compreender seus pacientes a partir da sua totalidade, da saúde, objetivando libertar os doentes de uma psicologia de um estado neurótico. Para Jung, é fundamental reconhecer que a natureza subjetiva da psicologia que cada teórico produz é parcial e isso consistiu num dos pontos cruciais que o separou de Freud. Um outro ponto de vista apresentado por Jung – que o diferenciava de Freud – era que ele se esforçava para evitar os preconceitos grosseiros a certos fenômenos psíquicos que se manifestavam espontaneamente como intensidades de valores psíquicos. Sua conduta foi sempre de considerar e valorizar todos os fenômenos psicológicos que atuam na psique humana, tendo uma atitude positiva no sentido de ter muito interesse, sem preconceitos, em relação às investigações de temas, tais quais: as religiões, a gnose religiosa, o sagrado, os rituais, as iniciações e a ascese, por considerá-los como técnicas alternativas e formais, isto é, como uma realização gigantesca do espírito humano que tenta extrair um conhecimento do íntimo do mundo interno da psique.

Num movimento inverso às outras abordagens, afirmou Jung ser sua conduta positiva para a biologia e com o empirismo das ciências naturais em geral, por perceber nelas a busca de um entendimento da psique a partir do mundo externo. Na sua concepção de mundo há dois polos – exterior e interior – e o homem se insere entre essas duas polaridades, voltando-se ora para um lado, ora para outro de acordo com seu temperamento e disposição psíquica, tomando um ou outro extremo como verdade absoluta e, como consequência, negará e/ou sacrificará um dos opostos pelo outro. Foi a partir dessas premissas que Jung construiu as bases de sua teoria dos tipos psicológicos, que o fez compreender que a oposição entre ele e Freud e Adler se dava em função das diferenças psicológicas de temperamentos. Enquanto Freud tinha um ponto de vista que correspondia a uma abordagem extrovertida da pesquisa científica, Jung, de modo contrário, apresentava uma abordagem elaborada que se assemelhava a uma atitude de introversão. Daí os pontos divergentes de suas concepções definitivamente uma da outra.

Por meio dessa abordagem dos jogos de opostos que está presente em tudo que ocorre no mundo, foi que Jung construiu a nova tese de energia psíquica, que diferia das premissas de Freud. Além disso, apresentou uma terceira característica que distinguia suas concepções das de Freud: a existência de uma função religiosa inerente à psique humana desde os tempos imemoriais. Jung considerou que foi a partir da descoberta dessa importante premissa que ele foi acusado de misticismo.

Como pode-se verificar, durante alguns anos, as primeiras descobertas freudianas no campo do que mais tarde veio a ser concebido como psicanálise foram desdenhosamente criticadas, ignoradas e rejeitadas nos principais periódicos e em muitos países, especialmente, no mundo acadêmico e científico. E, somente a partir do ano de 1904, quando Bleuler, psiquiatra do Hospital Mental de Zurique, informou a Freud que sua equipe, há dois anos, vinha estudando e aplicando as ideias e a metodologia desenvolvida por ele, em vários setores da clínica, pareceu ter surgido um novo alvorecer no horizonte, que encheu de entusiasmo o coração de Freud. A notícia de que a famosa clínica psiquiátrica do Burghölzli, em Zurique, e sua equipe vinham estudando e acompanhando as pesquisas de Freud que, há 13 anos, vinham sendo menosprezadas, trouxe um novo vigor a Freud. Como reconheceu Bleuler, essa inspiração tinha como principal responsável o seu mais novo assistente Carl Gustav Jung, que não só havia se aprofundado nos estudos de interpretação dos sonhos como havia feito pesquisas sobre associações de palavras que confirmavam algumas ideias freudianas. Além disso, em 1902, Jung fez questão de fazer diversas referências sobre as concepções de Freud em seu livro *Estudos experimentais*. Logo, Freud sentiu-se atraído pelo grupo de Zurique e pelo apoio dado, particularmente, durante os três primeiros anos de correspondência entre ele e Jung. Ambos demonstraram admiração mútua e, por muito tempo, Freud considerou esse encontro com Jung como um dos momentos mais significativos de toda sua vida. Jung tinha uma vitalidade e uma vivacidade que atraíam Freud, além de dispor de capacidade crítica altamente desenvolvida. A personalidade forte de Jung, sua devoção ao trabalho e seu penetrante intelecto foram tão admirados por Freud que logo o elegeu como seu filho e herdeiro. Foram inúmeras as trocas e colaborações entre ambos, mas a separação entre eles tornou-se inevitável para que eles seguissem livres na elaboração de suas principais ideias. Mágoas, ressentimentos, acusações e críticas ocorreram até o fim de suas correspondências, como são comuns aos relacionamentos afetivos construídos ao longo da vida. Mas, faz-se necessário sublinhar que Jung não foi só um discípulo ou mero assistente de Freud, como muitos assim atribuem. Mais do que isso, pode-se considerar efetivamente Jung como um dos principais fundadores da psicanálise, especialmente, quando o próprio Freud reconheceu o nascimento da psicanálise a partir do ano de 1910. Jung contribuiu com estudos e pesquisas para a fundamentação das ideias da psicanálise, além de ser aquele que mais disseminou e divulgou as ideias freudianas para além das fronteiras da Europa e dos Estados Unidos. Esse mérito não lhe pode ser negado, especialmente para os estudiosos que se aprofundam na busca de conhecimentos históricos de sua vida e obra. Segundo Nise da Silveira (1984), as ideias e concepções de Jung só começarão a ser reconhecidas no mundo acadêmico e de forma geral a partir do ano 3000. Essa previsão, de certa forma, vem se cumprindo, na medida em que se observa cada vez mais, nos consultórios e nas universidades, um grande interesse pela obra de Jung na contemporaneidade.

Por fim, no ano de 1953, mais precisamente em 24 de julho, dando por encerrada a questão tão mitificada do relacionamento interpessoal entre Jung e Freud, o jornalista Michael L. Hoffman, do *The New York Times*, enviou um questionário contendo cinco perguntas a respeito das colaborações entre Jung e Freud. O artigo iria compor um conjunto de entrevistas planejado pelo jornalista com a finalidade de ser publicado. Então, ele solicitou a Jung que respondesse às perguntas que lhe foram enviadas por entender que seria muito importante para um público contemporâneo que demonstrava, cada vez mais, interesse por suas ideias. Em 7 de agosto de 1953, aos 78 anos, Jung concordou em responder ao pequeno questionário, em inglês, mas ao que parece este não foi publicado no jornal. Somente em 1968 é que as cinco perguntas respondidas por Jung com total isenção e altruísmo foram publicadas pela primeira vez. Vejamos o questionário a que o próprio Jung respondeu a respeito de sua colaboração e separação de Freud:

1. Qual é a parte da obra de Freud que o senhor aceita?
Jung: Aceito os fatos descobertos por Freud, mas aceito apenas em parte.

2. Qual o papel que desempenharam no desenvolvimento da psicologia analítica do senhor as obras e as concepções de Freud?
Jung: Os fatos da repressão, substituição, simbolismo e amnésia sistemática que Freud descreve coincidem com os resultados do meu experimento de associações (1902-1904). Mais tarde (1906) descobri fenômenos semelhantes na esquizofrenia. Naqueles anos aceitei todos os pontos de vista de Freud, mas não pude aceitar, por mais boa vontade que tivesse, a teoria sexual das neuroses e, muito menos ainda, das psicoses. Cheguei à conclusão (1910) de que a acentuação unilateral de Freud na sexualidade devia ser um preconceito subjetivo dele.

3. Na sua opinião, a sexualidade no sentido de Freud tem alguma importância na etiologia das neuroses?
Jung: É evidente que o instinto sexual despenha um papel notável em todos os aspectos da vida, portanto também na neurose, mas é óbvio também que o instinto de poder, as diversas formas do medo e as necessidades do indivíduo têm a mesma importância. Questiono apenas esta exclusividade da sexualidade, afirmada por Freud.

4. Como avalia a contribuição de Freud para o nosso conhecimento da psique?

Jung: A contribuição de Freud para o nosso conhecimento da psique é sem dúvida da maior importância. Ele nos dá uma visão dos cantos escuros da mente e do caráter humanos que só pode ser comparada com a obra de Nietzsche, *A genealogia da moral*. Nesse sentido, Freud foi um dos grandes críticos da cultura do século XIX. Sua indignação específica explica a unilateralidade de seu princípio. Não se pode dizer que Freud tenha sido o descobridor do inconsciente – C. G. Caurus e Eduardo von Hartmann o precederam e Pierre Janet foi seu contemporâneo – mas certamente mostrou um caminho para atingir o inconsciente e uma possibilidade decisiva para o exame de seus conteúdos. Sob este aspecto, seu livro sobre a interpretação dos sonhos é muito útil, ainda que do ponto de vista científico seja bastante questionável.

5. Poderia falar sobre o valor dos procedimentos de Freud como uma terapia?

Jung: A pergunta sobre a terapia psicológica é extremamente complexa. Sabemos que todo método, todo procedimento ou toda teoria em que se acredita seriamente, quando aplicados com consciência e apoiados numa compreensão humana compatível, podem ter um efeito terapêutico notável. A eficácia terapêutica não é prerrogativa de um sistema em particular; o que conta é o caráter e a atitude do terapeuta. Por isso digo aos meus alunos: Vocês devem conhecer do melhor modo possível a psicologia das pessoas neuróticas e a de vocês mesmos. Se for o melhor possível, então existe a probabilidade de vocês acreditarem nisso e terem a necessária seriedade para empregar os conhecimentos com dedicação e responsabilidade. Se o conhecimento de vocês for o melhor possível, então sempre surgirá a dúvida se uma outra pessoa não sabe melhor do que vocês, e vocês, por pura compaixão com o paciente, vão certificar-se de que não o estão conduzindo mal. Por isso nunca esquecerão de averiguar até que ponto essa outra pessoa concorda ou não com vocês. Quando não concorda, vocês ficam perplexos; mas se isto for menosprezado, médico e paciente serão enganados.

A teoria *é importante em primeiro lug*ar para a ciência. Na prática é possível empregar tantas teorias quantos são os indivíduos. Se alguém for honesto, pregará seu próprio evangelho. Se você estiver com a razão, isso lhe basta. Se estiver errado, nem mesmo a melhor teoria servirá para algo. Nada é mais perigoso do que os meios certos nas mãos do homem errado. Não se deve esquecer nunca de que a análise de um paciente analisa você mesmo, que você está tão profundamente nela quanto o paciente.

A psicoterapia *é uma* atividade de muita responsabilidade e *é tudo* menos uma aplicação impessoal de um método terapêutico adequado. Houve um tempo em que o cirurgião nem pensava em lavar as mãos antes da operação; esse tempo ainda não passou se os médicos pensam que não estão pessoalmente envolvidos quando empregam seus métodos terapêuticos.

Por essa razão reajo contra toda espécie de preconceito na abordagem terapêutica. No caso de Freud, *não posso concordar com seu materialismo, sua credulidade (teoria do trauma), seus postulados fantásticos (*teoria do totem e do tabu) e com seus pontos de vista associais e meramente biológicos.

Isso tudo são apenas indicações de pontos de vista críticos. Eu mesmo considero essas afirmações como fúteis porque *é mais importante realçar* fatos que exigem uma concepção completamente diversa da psique, isto é, fatos novos, desconhecidos para Freud e sua escola. Nunca foi meu propósito criticar Freud, a quem muito devo. Estou mais interessado em continuar construindo a estrada que ele começou a construir e levar avante a pesquisa sobre o inconsciente que sua própria escola negligenciou (OC 18/1, § 1064-1076).

3 Os sonhos na vida e na obra de Carl G. Jung

Os anos durante os quais me detive nessas imagens interiores constituíram a época mais importante da minha vida. Nela todas as coisas essenciais se decidiram (Jung).

Os sonhos sempre desempenharam um lugar de destaque e de grande significância na vida e na obra de Jung. Afirmou ele que os aspectos relevantes de sua vida pessoal e profissional foram sempre precedidos ou acompanhados na maioria das vezes dos sonhos, fantasias, devaneios e imaginações. Desde muito cedo, Jung demonstrou ter uma personalidade de gênio e ser detentor de uma memória privilegiada.

Em *Memórias, sonhos, reflexões*, Jung narrou o mito da história singular de sua vida, de um inconsciente com seu potencial que se realizou. É importante sublinharmos que nesse livro, entre as primeiras evocações que ele rememorou, quando estava com aproximadamente 83 anos, foi o registro sobre seu primeiro sonho de infância que tanto o perturbou. Nessa época, Jung estava com apenas 3 ou 4 anos, quando teve um sonho, do tipo pesadelo, que o fez ficar dominado por um pavor noturno, permanecendo agitado noites seguidas sem conseguir dormir.

O conteúdo desse primeiro sonho de infância, denominado por ele de *fallus* subterrâneo, portava uma intensa carga emocional que lhe causou um profundo mal-estar ainda quando criança, fazendo-o sentir-se angustiado com as terrificantes imagens oníricas. Um fato digno de nota foi que Jung permaneceu tão mobilizado, por um longo período de sua vida, com essas visões oníricas que só mais adiante, quando estava com aproximadamente 65 anos, foi que ele narrou seu sonho-segredo pela primeira vez a sua esposa Emma. Foi a partir dessa época que Jung reconheceu o quanto esse sonho de infância lhe causou forte impressão, revelando a estrutura básica de seu ser e de seu destino. Constatou, ainda, que foi esse sonho de criança que principiou, inconscientemente, a sua vida espiritual. Esse grande sonho causou tanto impacto emocional por um longo tempo em sua vida que Jung o registrou em suas memórias:

> No sonho eu estava na campina. Subitamente descobri uma cova sombria, retangular, revestida de alvenaria. Nunca vira antes. Curioso, aproximei-me e olhei seu interior. Vi uma escada que conduzia ao fundo. Hesitante e amedrontado, desci. Embaixo deparei com uma porta em arco, fechada por uma cortina verde. Era grande e pesada, de um tecido adamascado ou brocado, cuja riqueza me impressionou. Curioso de saber o que se escondia atrás, afastei-a e deparei com um espaço retangular de cerca de dez metros de comprimento, sob uma tênue luz crepuscular. A abóboda do teto era de pedra e o chão de azulejos. No meio, da entrada até um estrado baixo, estendia-se um tapete vermelho. A poltrona era esplêndida, um verdadeiro trono real, como nos contos de fada. Sobre ele uma forma gigantesca quase alcançava o teto. Pareceu-me primeiro um grande tronco de árvore: seu diâmetro era mais ou menos de cinquenta ou sessenta centímetros e sua altu-

ra aproximadamente de uns quatro ou cinco metros. O objeto era estranhamente construído: feito de pele e carne viva, sua parte superior terminava numa espécie de cabeça cônica e arredondada, sem rosto nem cabelos. No topo, um olho único, imóvel, fitava o alto. O aposento era relativamente claro, se bem que não houvesse qualquer janela ou luz. Mas sobre a cabeça brilhava uma certa claridade. O objeto não se movia, mas eu tinha a impressão de que a qualquer momento poderia descer de seu trono e rastejar em minha direção, qual um verme. Fiquei paralisado de angústia. Nesse momento insuportável ouvi repentinamente a voz de minha mãe, como que vinda do interior e do alto, gritando: – Sim, olhe-o bem, isto é o devorador de homens! Senti um medo infernal e despertei, transpirando de angústia (Jung, 1975a, p. 25).

Tempos depois, ao analisar o próprio sonho de angústia, Jung percebeu que o conteúdo desse não fazia referências aos aspectos de sua vida particular, não sendo, portanto, resíduos de lembranças passadas de sua vida pessoal. Compreendeu então que esse sonho de infância lhe havia iniciado nos mistérios da natureza, no domínio da sombra e de sua vida espiritual. Nesse sonho de criança, estava, portanto, contido um farto material simbólico que foi fundamental, especialmente, para os seus primeiros questionamentos nas fases da infância e da adolescência. Inferiu, posteriormente, que o cenário onírico desse sonho representava uma espécie de templo subterrâneo e a estranha e bizarra imagem simbólica da coisa que simbolizava um *fallus* dos cultos ritualísticos dos povos primitivos. O *fallus*, para os povos antigos, significava o maná criativo, com poderes curativos e fertilizadores. Além disso, deduziu Jung que a imagem do *fallus* de seu sonho representava um deus inconcebível e subterrâneo, uma espécie de deus pagão em oposição ao Deus cristão que imaginou ingenuamente, na sua tenra infância, estar sentado num trono no céu.

Ao aprofundar-se, numa fase posterior, nos estudos das histórias das religiões comparadas, Jung foi surpreendido ao defrontar-se com o mesmo motivo na antropologia do simbolismo do ritual da comunhão. Etimologicamente, a palavra *phallós* (*fallus*) vem do grego e apresenta inúmeras representações simbólicas, como: a imagem do órgão masculino ereto; o brilhante e a aura luminosa. Ao pesquisar sobre as histórias das religiões, ele encontrou novos aspectos simbólicos da imagem do *fallus* que personificava não só o princípio de Eros, mas também o princípio criativo. Entre outras significações, deu ênfase àquela que exprimia a imagem divina, que tinha como correspondência a transformação e a renovação psíquica. Para Jung, o significado da imagem onírica de Deus, em seu sonho, revelou-lhe a sua discordância com uma teologia engessada e a sua insubmissão a uma igreja sujeita aos credos: "Uma aceitação cega jamais conduz à solução; no melhor dos casos determina uma parada, uma estagnação e passa a carga à geração seguinte" (Jung, 1975a, p. 189). Desde muito cedo, o tema da religião foi alvo de busca de entendimento, tal era o fascínio que esse fenômeno religioso exercia sobre Jung. Sua família pertencia a uma tradição protestante, como ele mesmo descreveu em suas memórias:

> Na família de minha mãe havia seis pastores protestantes. Meu pai e dois de seus irmãos também o eram. Ouvi, portanto, inúmeras conversas religiosas, discussões teológicas e sermões. Eu dizia sempre comigo mesmo: Sim, sim, tudo é muito belo..., mas, e o segredo? O mistério da

Sonhos – Conexões com seu oráculo anterior

> graça também é um segredo. [...] Eu pensava então: Em nome do céu, deve haver alguém que saiba disso! A verdade deve estar em algum lugar. Vasculhava a biblioteca de meu pai e lia tudo que encontrava acerca de Deus. [...] Devorei livros sem encontrar o que buscava. Li a Bíblia de Lutero que pertencia a meu pai [...] a procura de respostas sobre Deus (Jung, 1975a, p. 64).

Desiludido, percebeu que sua autodescoberta espiritual era completamente diferente da prática religiosa exercida pelo seu pai, pastor protestante da Igreja Suíça Reformada, que se desvaneceu de sua fé nas profundezas de sua alma. Jung comparou seu pai ao Rei Amfortas, cuja ferida nunca cicatrizava e guardou na lembrança a imagem de um pai sofredor que pregava um Deus metafísico, preso ao pensamento teológico e que evitava refletir nas suas incertezas dilacerantes. Na percepção de Jung, seu pai fugia de si mesmo, insistindo numa aceitação cega de uma igreja como uma instituição dogmática. Aludiu ao motivo da ferida do Rei Amfortas, quando sentiu que o sofrimento incurável de seu pai se devia à obediência às regras e condutas exigidas pela igreja. Seguindo sua busca pelo transcendente, Jung logo percebeu que não havia se identificado com o caminho religioso e de sofrimento de seu pai. Com o decorrer do tempo, foi ficando claro para ele que a sua vivência religiosa do Deus vivo, fora das instituições religiosas e dos textos bíblicos pregados, possibilitou que ele contemplasse com profundidade algo vigoroso na imago de Deus e sentiu uma imensa liberdade espiritual, coisa que seu pai nunca se permitiu. A consciência, para Jung, pode surgir de formas distintas, como a partir de um estado de contemplação ou de condições de grande tensão emocional, em que uma compreensão súbita, uma revelação de ideias que antes pareciam desconexas podem produzir consciência. E foi isso que ocorreu com Jung quando afirmou: "Naquele tempo compreendi que Deus – pelo menos para mim – era uma das experiências mais imediatas" (Jung, 1975a, p. 15). Assim, a imagem onírica do deus fálico, manifestada no seu primeiro sonho de criança, embora ainda desconhecida, já revelava em sua tenra infância, de forma numinosa, a sua espiritualidade. Tempos depois, ao tornar-se consciente desse aspecto transcendente, esculpiu uma espécie de estátua hinduísta, personificando-a de *Atma Victu* (alento de vida), como expressão de sua espiritualidade e a colocou no jardim de sua residência em Küsnacht em Zurique.

Jung foi um verdadeiro guardião de seus sonhos ao reconhecer o valor e a sabedoria neles existentes. Quase sempre esteve muito cônscio de que todos os seus trabalhos, tudo o que criou, em termos de psicologia profunda, tinha como base seus sonhos e suas fantasias. Quando refletia e contemplava as imagens e os temas de seus sonhos, ele percebia como eram precoces e sensatas as ideias que se manifestavam em sua mente. Jung se questionava, sobretudo, de onde vinham tais sonhos. Quem lhes falava ao adormecer? Haveria uma inteligência superior atuando em seus sonhos? Quem lhe inspirava questões tão elevadas? Somente com o passar dos tempos, ele compreendeu que cabia a si próprio responder às perguntas que seu oráculo interior demandava. Percebeu que as respostas deveriam partir da sua alma, do seu ser mais profundo e genuíno. Acerca disso, escreveu: "Este diálogo com o Outro constituiu minha mais profunda vivência: por um lado, luta sangrenta e, por outro, supremo arrebatamento" (Jung, 1975, p. 54).

Em profunda conexão com seu oráculo interior, Jung registrou, detalhada e incansavelmente, seus sonhos. Intuitivamente, tomou a atitude cuidadosa de não interpretar os símbolos de seus sonhos de imediato, em busca de seus significados. Muito pelo contrário, preferiu conviver intimamente com eles, renunciando à tentativa prematura de interpretá-los. Nessa condição, necessitou, muitas vezes, distanciar-se dessas fortes imagens oníricas, sem, contudo, esquecê-las. Usou a interessante expressão "deixar acontecer" com sentido de considerar, de observar, de refletir e contemplar primorosamente os símbolos oníricos de forma que, no tempo adequado, no tempo de Kairós, a interpretação se revelaria da melhor forma possível.

Ao longo do desenvolvimento de seu trabalho, Jung aprofundou-se cada vez mais nos conhecimentos sobre os sonhos por meio dos estudos e pesquisas de inúmeros paralelos da história dos símbolos e das histórias comparadas. Correlacionou-as com as próprias imagens oníricas e as de seus pacientes, arquitetando um conjunto de novas ideias que, mais tarde, denominou como método de amplificação simbólica. Esse método de interpretação faz uso dos estudos comparativos da mitologia, dos contos de fada, do folclore e da história das religiões, evidenciando os diversos temas típicos que têm correspondências com o tema básico dos sonhos. As amplificações são as traduções em linguagem simbólica necessárias para o trabalho de análises e interpretações das imagens oníricas e de todas as produções espontâneas produzidas pela psique do sonhador.

Mas foi a partir da elaboração de seus trabalhos sobre os sonhos infantis que Jung constatou a existência de alguns tipos de sonhos que ocorrem, especialmente, na primeira infância, e que contém, em seu conteúdo onírico, elementos cuja criança desconhece e que só mais tarde é que recordará. Esses tipos de sonhos criativos incorporam novas ideias e inspirações até então desconhecidas do ego. São sonhos, de modo geral, influenciados pelo inconsciente coletivo e diferem dos sonhos comuns ou banais que provêm do inconsciente pessoal. Empiricamente, Jung observou que a falta de associações às imagens desses tipos de sonhos se deve à natureza de eles se originarem das camadas mais arcaicas da personalidade, que se encontram fora do tempo cronológico da consciência. Segundo Jung, os primeiros sonhos infantis são particularmente significativos, pois, em seus conteúdos, não raro apresentam uma antecipação do devir. Esses tipos de sonhos foram denominados pelas culturas primitivas como grandes sonhos e geralmente são guardados como segredos. Outra característica importante desses sonhos de infância, destacada por ele, é que eles não se reduzem à vida pessoal da criança e podem, até mesmo, prenunciar fatos da trajetória de uma vida futura.

Ainda em suas memórias, Jung intitulou "Acontecimentos iniciais de minha vida" para tratar sobre o período de sua infância, adolescência e da conclusão de sua vida universitária, considerada, por ele, como o ápice de sua vida estudantil. Após uma fase de muita inquietação interior, de fortes lembranças de sua meninice que emergiram involuntariamente, Jung recordou um fato curioso ocorrido ainda na idade escolar. Relembrou que esculpiu, espontaneamente, um boneco em sua régua de madeira com uma espécie de sobrecasaca, cartola, botinas e pintou de preto. Colocou-o num pequeno estojo de madeira forrado com um tecido, como se fosse a cama do homenzinho e, ao lado, depositou uma pedra que considerou ser a pedra dele. Essa pedra pintada com aquarela foi dividida em duas par-

Sonhos – Conexões com seu oráculo anterior

tes: uma superior e outra inferior. Tomou esses objetos como se fosse seu tesouro secreto, escondeu no sótão de sua casa e os guardou como seu grande segredo. Segundo Jung, a posse desse segredo lhe propiciou um estado de segurança diante das situações conflituosas que enfrentou ou quando sua sensibilidade fora ferida. Ao vivenciar algumas situações adversas, de imediato, concentrava-se no seu segredo, focando na imagem do homenzinho esculpido na madeira e logo sentia que recobrava sua autoconfiança e sua autoestima. Podemos até aludir que essa atitude de Jung de dar alguma forma de expressão aos produtos de sua imaginação já se constituía nos gérmenes primários do que ele, posteriormente, denominaria de método de imaginação ativa.

Com o passar do tempo, Jung esqueceu completamente desse período lúdico, de suas brincadeiras e criações inocentes da infância. Entretanto, aos 36 anos, quando estava trabalhando na primeira parte do seu livro *Metamorfose e símbolos da libido* (1910), a lembrança de seu tesouro secreto, do homenzinho que fora esculpido e guardado junto com algumas pedras no sótão de sua casa, reascendeu-lhe a mente. Segundo Jung, essa fase da segunda metade da vida, para alguns indivíduos, representa o princípio de uma metanoia, isto é, a possível ocorrência de uma metamorfose psíquica. Foi nessa época que, a partir de uma profunda reflexão do que era viver sem um mito, Jung se questionou: "Qual o mito que você vive?" e, percebendo que não encontrava uma resposta significativa, considerou que a tarefa mais importante seria a busca pelo conhecimento do próprio mito. Ao deparar-se em suas pesquisas com diversos livros de mitologias que tratavam sobre o tema típico das pedras, ele descobriu que essas simbolizavam pedras da alma, denominadas de *churingas* pelas culturas primitivas dos aborígines australianos, que esculpiam nelas seus relatos míticos. Diante desse importante entendimento, ocorreu-lhe um *insight* que o fez elaborar a hipótese de que existem elementos arcaicos na alma que não penetram na alma individual a partir de nenhuma tradição (Jung, 1975, p. 34). Desse modo, Jung apreendeu o significado relevante da atividade lúdica do brincar espontâneo e criativo da infância. O homenzinho esculpido por ele representava uma espécie de divindade, um telésforo ou cabiro, um tipo de anão coberto com capuz que está relacionado com a origem da vida e com o processo da criatividade. Nos mitos, esse personagem frequentemente aparece na companhia de Esculápio, deus da medicina. Foi por meio do retorno às memórias submersas que Jung deduziu, pela primeira vez, que aquilo feito em sua infância fora uma espécie de ritual reverenciado em diversas culturas. E essa correspondência era a evidência da existência de componentes atemporais da alma, de elementos arcaicos compartilhados universalmente por todas as pessoas e culturas. Surgiu desse entendimento o embrião de sua futura obra sobre a teoria dos arquétipos.

Em 1887, aos 11 ou 12 anos, Jung passou a se interessar pela ideia de Deus. Mas, ouvira falar que Ele não podia ser representado com qualquer imagem. Desconfiado, passou a associá-lo ao seu segredo do sótão. Certo dia, contemplando a natureza ao seu redor, quando retornava do colégio, por volta do meio-dia, pensou: "o mundo é belo, a igreja é bela, e Deus, que criou tudo isso, está sentado lá no alto, no céu azul, num trono de ouro" (Jung, 1975, p. 45).

Simultaneamente, Jung sentiu um grande mal-estar que o paralisou, como se algo terrível estivesse para acontecer. Um turbilhão de pensamentos e emoções arrebataram sua mente e tentando reprimir a ideia proibida, repetia consigo mesmo: "Não devo pensar nisso!" Ao chegar à sua casa tão transtornado, sua mãe logo percebeu a aflição em seu rosto e o indagou sobre o que havia ocorrido. Temendo contar-lhe sobre o conteúdo dos seus terríveis pensamentos, Jung preferiu omiti-los. Ao anoitecer, a ideia dolorosa continuou a ameaçá-lo de emergir novamente. Recordou que naquela época, muito angustiado, passou dois dias agitado, mal conseguindo dormir. Na terceira noite, sua resistência diminuiu e sentiu coragem para deixar que seu pensamento proibido se manifestasse livremente. Intuiu ser necessário que ele pensasse sobre algo que não conhecia, logo seus pensamentos voltaram-se para a genealogia de seus ancestrais desconhecidos até Adão e Eva, que foram as primeiras criaturas humanas criadas por Deus. Libertando-se dos seus tormentos, sentindo-se mais aliviado, permitiu-se pensar com liberdade e isso desencadeou vários questionamentos como, por exemplo: "Qual é a vontade de Deus? O que Deus quer e exige de mim?" Uma compreensão ainda difusa surgiu como uma névoa e tomou conta de sua mente. Subitamente, aflorou a ideia de que Deus era uma unidade, uma grandeza sobre-humana, percebeu que necessitava aprender sobre a natureza divina. Tal entendimento espontâneo correspondia para ele à salvação eterna de sua alma. Mais sereno, sentou-se em sua cama e revelou-se a seguinte visão:

> Diante de meus olhos ergue-se a bela catedral e, em cima, o céu azul. Deus está sentado em seu trono de ouro, muito acima do mundo e, debaixo do trono, um enorme excremento cai sobre o teto novo e colorido da igreja; este se despedaça e os muros desabam (Jung, 1975, p. 47).

Anos depois, Jung assegurou que esse episódio da catedral marcou o seu destino e uma nova atitude surgiu, tornando--se profundamente meditativo. A partir dessa vivência, todos os seus pensamentos ingênuos e pueris a respeito de um Deus de amor do mundo cristão se dissiparam. Compreendeu que as suas experiências secretas provenientes da infância foram por muito tempo silenciadas por conta de um tabu rigoroso enraizado em sua família de tradicionais pastores protestantes e isso o fez mergulhar numa grande solidão. Foi por meio do *numinosum* que ele percebeu o inconsciente personificando numa imago *Dei* (o *self*), revelação espontânea da totalidade de um Deus que representa uma *coincidentia oppositorum* (coincidência dos opostos) incorporados numa mesma imagem.

Ainda na sua juventude, Jung deparou-se com uma outra situação conflituosa entre as suas duas personalidades, quando precisou definir a escolha por uma carreira. Seu pai se preocupava muito por observar que ele se interessava por diversas áreas de conhecimento sem decidir-se por alguma delas. Certa vez, ouviu seu pai comentando com um amigo que estava bastante apreensivo pois "o garoto se interessa por tudo, mas não sabe o que quer" (Jung, 1975, p. 83). Escondido num canto de sua casa, ao ouvir a observação, Jung ficou abalado, embora concordasse plenamente com a análise feita, admitindo que com frequência era acometido por dúvidas que o faziam adiar suas decisões. Nessa época, Jung já reconhecia o valor dos conteúdos oníricos de seus sonhos e referiu-se a dois deles que o ajudaram a tomar uma atitude estoica sobre a escolha do que deveria cursar. Vejamos a descrição do primeiro sonho que lhe despertou o desejo de se aprofundar no conhecimento sobre a natureza:

Sonhos – Conexões com seu oráculo anterior

> Caminhava através de uma floresta sombria ao longo do Reno. Chegando a uma pequena colina, na verdade um túmulo, comecei a cavar. Pouco depois, encontrei grandes ossos de animais pré-históricos. Vivamente interessado, compreendi no mesmo instante que devia estudar a natureza do mundo em que vivemos e todas as coisas que o cercam (Jung, 1975, p. 83).

No segundo sonho, Jung percebeu que se repetiu o mesmo motivo da floresta e, a partir de sua análise e interpretação, ocorreu-lhe que deveria optar pelo curso de medicina, pois a escolha dessa carreira, além de iniciar com estudos das ciências naturais, proporcionaria uma estabilidade futura. Eis o segundo sonho do radiolário gigante narrado em suas memórias:

> Encontrava-me de novo numa floresta. Havia córregos e no recanto sombrio vi, cercado por espessas brenhas, um açude circular. Da água, emergindo em parte, distingui uma forma singular muito estranha: era um animal redondo, multicor e cintilante composto de numerosas células pequenas, ou de órgãos semelhantes a tentáculos, um radiolário gigantesco, cerca de um metro de diâmetro (Jung, 1975, p. 83).

Jung ainda era estudante secundário, quando teve esses dois sonhos que supriram as suas dúvidas com relação à escolha por uma carreira profissional. Ambos os sonhos o impeliram a escolher o campo das ciências naturais. Uma vez definido o campo de conhecimento, imediatamente, sucedeu-lhe uma nova ideia considerada como luminosa: poderia tornar-se médico e, seguindo esse propósito, optou pelo curso de medicina. Logo após ter feito essa escolha, estranhou não ter ponderado antes esse pensamento, já que seu avô paterno havia se tornado um renomado médico na cidade da Basileia. Atribuiu que essa resistência se devia ao fato de não querer imitar ninguém, atitude comum aos jovens nessa fase de desenvolvimento (Jung, 1975, p. 84).

Marie Louise von Franz, grande colaboradora de Jung, comentou sobre esses dois sonhos anteriormente citados, assinalando que havia outros importantes significados nesses conteúdos oníricos para além do que a simples escolha profissional. Segundo von Franz, nesse período, Jung ainda não tinha conhecimento sobre os estudos alquímicos que só mais tarde veio adquirir e, por isso, não abarcou o significado universal do símbolo do radiolário. A imagem onírica do radiolário que se manifestou no sonho de Jung, para von Franz, expressou sob outros aspectos a imago *Dei*, isto é, a mesma força psíquica simbolizada pelo *fallus*-túmulo e pelo homenzinho esculpido por ele. Além disso, essa imagem do radiolário representava uma espécie de mandala que mais tarde se tornou um dos principais temas de estudos e pesquisas de Jung. Assim, esses três símbolos oníricos: a imagem do *fallus*, a imagem da fantasia do homenzinho e a imagem onírica do radiolário, que em muito mobilizaram os primeiros anos da vida de Jung, remetiam a um dos principais conceitos que o médico alquimista Paracelso denominou de *lumen naturae*, uma espécie de luz interna, invisível, de todo conhecimento da natureza, que permite o homem apreender essa fonte de conhecimento que se revela por meio dos sonhos. Em sua citação, von Franz fez a seguinte afirmação:

> A forma redonda radial indica não apenas uma ordenação que, por assim dizer, está oculta na escuridão da natureza. É mais uma vez a imagem de Deus tal como se manifesta na natureza. Imagem que agora saiu da terra, mas ainda se

mantém oculta, bem longe do mundo do homem, no seio da floresta. Jung não poderia conhecer essa ideia tradicional da luz da natureza na época do sonho, mas a conclusão a que os seus sentimentos o inclinaram – de que o sonho apontava para a natureza – era, evidentemente, correta. A partir de então, ele se sentiu comprometido com a luz da natureza e passou a se considerar um cientista empírico. Permaneceu fiel, por toda a vida, à convicção de que os fatos da natureza são o fundamento de todo conhecimento (Franz, 1975, p. 30).

Continuou von Franz, complementando sua análise sob o ponto de vista alquímico:

Na alquimia, o adepto deve começar por descobrir a prima matéria, a substância inicial, na qual encontra o espírito da natureza. No simbolismo alquímico de transformação, a prima matéria se desintegra, convertendo-se na nigredo, que representa as trevas da morte. Assim, o homenzinho negro esculpido por Jung simboliza a condição de nigredo do deus interior que lhe governaria a vida, tendo essa nigredo aparecido na consciência do rapaz como dúvida, depressões e incerteza (Franz, 1975, p. 31).

Jung chegou a estabelecer um certo paralelo entre ele e o filósofo Nietzsche, ao assinalar que enquanto Nietzsche descobriu sua personalidade número dois depois da segunda metade da vida, ele atentou para a sua, quando ainda estava com aproximadamente 12, 13 anos, na fase da sua pré-adolescência. Ponderou Jung: "Em alguma parte profunda de mim sempre soube que era duas pessoas" (Franz, 1975, p. 39). E, para ilustrar esse aspecto inusitado de suas duas personalidades guardadas como segredos até a fase adulta, Jung recordou um sonho significativo que se manifestou, trazendo-lhe sentimentos ambíguos de encorajamento e apavoramento, mas que, simultaneamente, ajudou-o a adquirir consciência de si mesmo. Esse sonho, considerado por ele como profético, continha um rico material que lhe esclareceu acerca das suas duas personalidades distintas que faziam reivindicações de formas opostas e em muito perturbavam a sua mente. Essa sensação conflituosa e desagradável perdurou até a sua entrada para a Universidade de Basileia, quando o sonho denominado de "lamparina acesa" lhe proporcionou um conhecimento que lhe era completamente desconhecido:

> Nessa época tive um sonho inesquecível que me apavorou e encorajou ao mesmo tempo. Era noite em algum lugar desconhecido, e eu fazia uma lenta e dolorosa caminhada contra um forte vento. Havia uma densa neblina em toda parte. Minhas mãos se aferraram numa tênue lamparina, que ameaçava se apagar a qualquer momento. Tudo dependia de eu manter acesa essa pequena luz. De súbito, senti que algo se aproximava de mim por trás. Olhei para trás e vi uma gigantesca figura negra que me seguia. Mas ao mesmo tempo eu sabia, apesar de meu terror, que devia levar minha lamparina através da noite e do vento, independentemente de quaisquer perigos. Quando despertei, percebi de imediato que a figura era um espectro do Brocken, minha própria sombra na neblina serpeante, produzida pela lamparina que eu levava. Percebi também que a luzinha era minha consciência, a única luz que tenho. O conhecimento de mim mesmo era o único e o maior tesouro que possuía (Jung, 1975, p. 86).

Nesse período em que Jung vivenciava momentos decisivos em sua vida, esse sonho veio a lhe revelar grandes esclarecimentos. Fazia-se necessário que ele compreendesse a tarefa que seu sonho lhe propunha e, para isso, tornava-se fundamental que ele identificasse a problemática manifestada para que fosse elaborada por sua consciência. A esse respeito, considerou Jung que efetivamente: "O verdadeiro problema consistia em saber por que esse desenvolvimento se dera e por que irrompera na consciência" (Jung, 1975, p. 87). O próprio Jung considerou esse sonho como uma verdadeira iluminação por ter-lhe produzido uma profunda transformação interior, permitindo-lhe reconhecer, de forma clara, os *múltiplos* aspectos da própria personalidade. Embora, naquela época, tenha sentido uma espécie de atordoamento ao tomar consciência de que, havia em si, duas personalidades distintas, ao mesmo tempo, pôde entender que quando predominava a personalidade número um, sentia-se como um colegial inseguro, ao passo que, quando a de número dois prevalecia, um sentimento dominante e poderoso de achar-se importante e de sentir-se uma grande autoridade predominava sobre ele. Associou ainda a segunda personalidade às características de um velho do século XVIII e diante de tais reflexões experimentou sentimentos inexplicáveis de nostalgia. Jung ressaltou que essa dinâmica psíquica em nada se comparava com os quadros de dissociação psiquiátrica ou de distúrbios anormais. Pelo contrário, tal situação, além de ser completamente normal, desenrola-se em todos os indivíduos no processo do desenvolvimento de suas vidas.

Ao recordar o início de sua vida universitária, Jung assinalou que a vivência de se sentir como se fosse dois, de perceber que havia em si essa dualidade de personalidades divergentes que se alternavam, foi essencial para seu entendimento de que a personalidade de número um representava o próprio ego, o estudante colegial do cotidiano, ao passo que a personalidade número dois personificava o inconsciente que vivenciou como se fosse o outro em si, com o qual se conectava. Ele fez menção que foi essa realidade estranha do inconsciente, com a qual a sua personalidade número dois se identificou, que motivou seus colegas do Liceu de Basilea a lhe apelidarem de Pai Abraão. Essa denominação é interessante, pois, mais tarde, continuou recebendo de seus críticos constantes referências de ser místico, profeta ou ocultista, coisas que o importunavam bastante. Mas foi, sobretudo, a partir da compreensão de seu sonho, o discernimento, que quando a personalidade número dois se manifestava, ela lhe trazia sentimentos de solidão que o distanciava do mundo dos homens e o tornava mais contemplativo, aproximando-se mais da natureza e de sua espiritualidade. Percebeu, então, a importante tarefa de renunciar, nesse período de sua vida, a toda a identificação com a personalidade número dois, uma vez que esta o distanciava do mundo cotidiano. Elaborou que os opostos luz e sombra de suas imagens oníricas evocavam precisamente duas personalidades contrastantes.

A constatação de Jung de que o grande tesouro, naquele momento crucial de sua vida, relacionava-se com um vasto conhecimento de seu próprio ser e que esse autoconhecimento implicava a conquista de novas atitudes de responsabilidade no sentido de uma exigência de mudanças para se estabilizar na vida. Inferiu que a imagem onírica da luz representava o seu ego consciente que correspondia a sua personalidade número um, que o conduzia para realidade externa. Interpretou a sombra gigantesca e negra que o seguia como a personalidade número dois, que o dirigia para caminhos da obscuridade do mundo inconsciente. Ao assimilar e elaborar os símbolos de seu sonho, Jung percebeu a importante tarefa que o sonho lhe advertia de que deveria redistribuir o investimento de sua libido para outras perspectivas naquele exato momento de sua vida. Dessa forma, era essencial que ele diminuísse os investimentos da libido na personalidade número dois, que simbolizava a instância de seu inconsciente, mas tendo o cuidado de não a negar. Em contrapartida, era fundamental investir mais energia na personalidade de número um, representante de sua consciência, lançando-se e focando mais atentamente na condução dos seus projetos exteriores de vida.

Nessa busca de autoconhecimento, Jung logo descobriu que era a sua personalidade número dois que se relacionava com a produção dos sonhos, com o atemporal, além de atribuir-lhe uma inteligência superior, transcendente. Ao adquirir o conhecimento de que o símbolo onírico da luz era representante de sua consciência, ele redirecionou toda a sua vida, tornando-a mais objetiva e prática. Foi a partir desse entendimento que o reconhecimento de sua percepção de mundo sofreu uma rotação de 90°, e essa mudança o instigou a um novo propósito futuro de vida a ser seguida. Desse modo, brotou um novo caminho mais pragmático, fazendo-o dedicar-se, com mais empenho, a sua carreira de médico.

Entre outras características importantes, Jung identificou a personalidade número um como espírito do tempo, apresentando aspectos positivos, como organização; e, por estar inserida no tempo e no espaço, o direcionava para o mundo externo. A personalidade de número dois era percebida como um espírito das profundezas que se conectava com o seu mundo interno: das fantasias, das imaginações, dos devaneios e dos sonhos. Posteriormente, Jung conceituou essas duas personalidades opostas, nomeando-as de persona e de sombra. Ambas estabelecem as relações entre o eixo consciência e inconsciência. A persona ou máscara designa o sistema de adaptação ou a função de relação com o mundo exterior, enquanto a sombra surge da parte inferior da personalidade, contendo os elementos psíquicos pessoais e coletivos que são incompatíveis com a vida consciente do indivíduo.

No ano de 1895, para o orgulho de seus pais, Jung, com 20 anos, prestou os exames para ingressar na Universidade de Basileia e foi aprovado com louvor. Apesar de se sentir feliz com a conquista do filho, Johann Paul Achilles, o pai de Jung, precisou enfrentar os problemas financeiros existentes. Tomou a decisão de solicitar à universidade uma bolsa de estudos para seu filho conseguir iniciar o curso de medicina. A obtenção da bolsa de estudos, para surpresa e vergonha de Jung, o melindrou bastante e um mal-estar se apoderou de si. O sentimento de vergonha devia-se ao fato de tornar-se pública a condição de pobreza de sua família além de imaginar de forma negativa que não seria visto pelos seus superiores com bons olhos, deixando-o vulnerável.

Mas, superados os obstáculos iniciais, em 18 de abril de 1895, Jung ingressou na renomada Escola de Medicina da Universidade de Basileia. O mundo universitário se abriu para ele, período de liberdade acadêmica, da busca de conhecimentos essenciais sobre a natureza humana e sobre outros pontos de vista: fisiológico, biológico, anatômico e, em especial, sobre o aprendizado das doenças que eram motivos, para Jung, de grandes estímulos. Um mês depois, no dia 18 de maio, Jung entrou para a Associação Estudantil Suíça de Zofingia, à qual seu pai também pertencera. Essa fraternidade estudantil era uma espécie de tradição intelectual que cultivava debates e conferências nos múltiplos campos da filosofia, teologia, psicologia e

Sonhos – Conexões com seu oráculo anterior

áreas afins. Em maio de 1933, Jung teve a permissão para divulgar e proferir conferências sobre psicologia e, dois anos depois, foi concedida a ele a qualificação de professor titular, tornando-se membro e presidente dessa sociedade onde fez diversas conferências no campo da psicologia moderna. Para Jung, era muito importante resumir seus ensinamentos sobre psicologia a um público interessado, pois esse conhecimento não podia ficar confinado às universidades. Em suas reminiscências, Jung recordou, com grande emoção, o primeiro ano de seu curso de medicina, quando se sentiu um entusiasta e guardou na lembrança a imagem feliz da presença de seu pai, que lhe pareceu muito alegre e satisfeito em acompanhá-lo em sua primeira excursão a uma região de vinhedos. De forma surpreendente, o pai de Jung, com entusiasmo e vivacidade, fez um discurso, contrastando completamente com a percepção que ele tinha do pai: um homem muito solitário, hipocondríaco e com humores depressivos. Sentiu-se comovido ao entrever o espírito jovial e exultante de seu pai naquela excursão e, simultaneamente, compreendeu que, provavelmente, a vida de seu pai havia paralisado ao fim de seus estudos. A cena de seu pai com ar de contentamento, discursando com uma taça de vinho nas mãos, naquela tarde de verão, foi para Jung a última lembrança vívida do pai, que lhe assemelhou a de um jovem estudante entusiasta e cheio de vigor, antes do que ele havia se convertido. Ainda durante o período do curso de medicina, em menos de um ano, dias árduos se apresentaram. Em 28 de janeiro de 1896, para tristeza de Jung e familiares, seu pai faleceu. Após, aproximadamente, um mês e duas semanas da morte de seu pai, Jung começou a ter sonhos recorrentes com a figura paterna e registrou alguns desses sonhos:

> Meu pai apareceu-me em sonho. Surgiu bruscamente diante de mim e disse que tinha voltado das férias. Tinha descansado e voltara para casa. Pensei que me censuraria, por ter-me instalado em seu quarto, mas ele não disse nada. No entanto, envergonhei-me por ter imaginado que ele tinha morrido. Alguns dias depois o sonho se repetiu: meu pai voltara para casa, curado, e eu me censurava por tê-lo julgado morto. Perguntava a mim mesmo: O que significa essa volta de meu pai nos sonhos? Por que tem um aspecto tão real? Esse acontecimento inesquecível obrigou-me, pela primeira vez, a refletir sobre a vida depois da morte (Jung, 1975, p. 93).

Com a morte de seu progenitor, os problemas financeiros aumentaram e, para que Jung desse prosseguimento com seu curso de medicina, seu tio paterno decidiu ajudá-lo financeiramente até a conclusão de seus estudos. Aos 25 anos, quando estava quase finalizando o curso de medicina, Jung intencionou especializar-se como médico cirurgião, mas, novamente, as questões financeiras o impediram. Para o contentamento de Jung, nesse período, seu professor, o Médico Friedrich von Muller, o convidou para ser seu assistente em Munique. Esse convite despertou em Jung a ideia de optar pela medicina interna, carreira valorizada e atraente naquela época. Seus interesses, então, dirigiam-se para os estudos da química psicológica, distanciando-se completamente da psiquiatria, pelo fato de seu pai estar ligado ao manicômio. Em 1888, o pai de Jung tornou-se capelão do hospital psiquiátrico Friedmatt, na Basileia, e havia demonstrado muito interesse pelo campo da psiquiatria. Recordou Jung:

Como todos os filhos, eu sabia que tudo aquilo em que meu pai estava interessado era errado e, por isso, eu o evitava com o maior cuidado possível. Eu nunca havia lido um livro sequer que tivesse a ver com psiquiatria; mas quando chegou meu tempo de fazer meu exame final, recebi um manual [...] o livro era de Krafft-Ebing (Jung, 2014a, p. 48).

Em 1899, próximo da conclusão de seu curso de medicina, Jung precisava optar pela área de sua especialização e, ao preparar-se para os exames finais, iniciou a leitura do *Manual de psiquiatria*, do psiquiatra alemão Richard von Krafft-Ebing, notável professor de psiquiatria na Universidade de Estrasburgo e pioneiro na introdução dos conceitos de sadismo, masoquismo e fetichismo. Jung foi completamente arrebatado pela leitura do livro de Krafft, considerando-o como sensacional. O que mais lhe chamou a atenção e provocou grande emoção foram algumas observações registradas pelo autor:

[...] a primeira referia-se à relativa subjetividade das percepções psiquiátricas e a segunda relacionava-se com a afirmação de que os distúrbios psicóticos são doenças da personalidade. De um modo admirável, todas indecisões de Jung quanto à futura profissão foram supridas, assimilando que sua vocação era tornar-se um psiquiatra, além de atentar que esta escolha representava, também, uma aliança benéfica entre as suas duas personalidades e, também, entre as suas duas áreas de interesse, radicalmente contrárias, mas que se convergiam, conforme ele declarou: Era intensa a minha agitação, pois ficara claro aos meus olhos, num relance de iluminação, que, para mim, o único objetivo possível era a psiquiatria. Somente em direção a ela poderia convergir as duas correntes que me interessavam [...] o campo empírico comum aos fatos biológicos e espirituais (Franz, 1975, p. 51).

Essa tomada de decisão de Jung não só surpreendeu a si mesmo, bem como desapontou seu professor de medicina interna, que o havia convidado para ser seu assistente em Munique. Seus amigos estranharam a escolha feita e ficaram desconcertados quando ele confirmou sua preferência pelo campo da psiquiatria. Para Jung, definitivamente, o maravilhoso livro de Ebing teve a função de uma verdadeira chave para o enigma, solucionando a questão que ele tentava dar conta naquela etapa de sua vida.

No último dia dos exames finais de seu curso de medicina, Jung recordou com satisfação o fato de que resolveu sair de férias no período dos dias primeiro a nove de dezembro de 1900. Empreendeu uma viagem para Stuttgart e Munique a fim de comemorar o encerramento de seu curso de medicina. Deu-se de presente a realização de um desejo considerado por ele como extravagante, há muito guardado e que por questões financeiras não podia se permitir. Comprou ingressos para ir pela primeira vez ao Teatro de Munique para assistir à brilhante ópera *Carmem*, de Bizet. De acordo com Jung, o drama encenado e as composições musicais foram tão fascinantes que o transportaram para um estado de embevecimento, gozando de sensações de êxtase, fazendo-o sentir a presença de uma espécie de um espírito de profundidade, embora *não conseguisse* apreender o sentido desse seu estado de encantamento.

No ano de 1900, Jung concluiu seus estudos de medicina com apresentação de sua dissertação *Sobre a psicologia e a patologia dos fenômenos chamados ocultos*, para obtenção da titulação de médico psiquiatra. Esse estudo estava totalmente inserido no contexto das investigações daquele período da primeira metade do século XX. Nessa época, houve um grande

Sonhos – Conexões com seu oráculo anterior

interesse pelas pesquisas dos fenômenos anômalos que foram difundidos por toda a Europa e pela América. Essas experiências sobrenaturais despertaram a atenção de leigos e de muitos cientistas na busca da compreensão psicológica da alma. Entre esses trabalhos, havia a dissertação de Jung, com enfoque na análise e na capacidade mediúnica de sua jovem prima de 15 anos chamada Hélène Preiswerk. Desde 1896, Jung e seu grupo de colegas do curso de medicina mantiveram-se interessados nas sessões de transes mediúnicos que se manifestavam em sua prima Hélène. Esses encontros ocorriam na residência dela, onde eles observavam e tentavam compreender a ocorrência dos diversos eventos: manifestação de diferentes personalidades já falecidas, fenômenos da escrita automática, fala em transe, visões etc. Desde 1898, Jung fez diversos registros dessas manifestações mediúnicas que formaram a base de sua dissertação. Esse trabalho inovador não só possibilitou a investigação psicológica de um campo inexplorado pela ciência acerca desses fenômenos espirituais, como também permitiu o uso de novas ferramentas e *insights* na inauguração de uma nova ciência, a psicologia experimental, que procurava observar as relações entre os diversos aspectos do comportamento humano e as múltiplas formas de expressões da psique humana.

No inverno, em 10 de dezembro de 1900, após apresentar sua dissertação médica, *Sobre a psicologia e a patologia dos fenômenos chamados ocultos*, Jung deixou a cosmopolita cidade de Basileia para trás, dirigindo-se a Zurique, onde ocupou a função de médico assistente no renomado Hospital Burghölzli. Apesar de ter que deixar a residência aconchegante de sua mãe Emilie e a companhia da irmã Gertrud em Basileia, por outro lado, sentia-se feliz por estabelecer-se nessa cidade, mesmo admitindo que a atmosfera espiritual de Basileia era superior em relação a Zurique, esta caracterizada pelas relações comerciais com o mundo. Jung tinha plena consciência de que o novo estilo de vida que se iniciava exigia sacrifícios, responsabilidades e deveres, especialmente, ao ingressar num claustro em que precisava submeter-se à vida e ao espírito de um asilo de alienados. Voltou seu foco para a execução de sua principal tarefa na área da psiquiatria, que era a busca da compreensão acerca do que se passava no interior da psique dos doentes e foi com esse propósito, que deu início à sua bela e renomada carreira no campo da psiquiatria.

A famosa clínica psiquiátrica do Burghölzli, graças, sobretudo, ao empenho de Bleuler, estava com os estudos e as pesquisas sobre a hipnose e a psicologia experimental bastante avançados naquela época. E foi nesse cenário de investigação científica, após dois anos no cargo de assistente, que Jung iniciou as suas primeiras pesquisas experimentais com os testes de associação de palavras (1902-1906), com o objetivo de demonstrar que certos retardamentos nas respostas das palavras-estímulos revelavam aspectos de um complexo desconhecido. O conceito complexo foi usado pela primeira vez em seu sentido psicológico, quando Jung aplicou os testes de associações de palavras em seus pacientes na investigação dos núcleos autônomos e emocionais dos complexos psíquicos. Suas descobertas o ajudaram na compreensão psicológica das diversas formas de manifestações esquizofrênicas, além de o aproximar das ideias de Freud que já vinha acompanhando. No período de 1902 a 1903, Jung foi para Paris aprofundar seus estudos sobre a psicopatologia teórica com o eminente Professor Janet, no famoso Hospital de Salpêtrière, considerado um dos grandes centros de estudos psiquiátricos mundialmente reconheci-

Sonhos – Conexões com seu oráculo anterior

do. Solidificou seus conhecimentos em várias fontes de saber como as concepções elaboradas por Ellenberger, Forel, Bleuler, Janet, Flournoy, William James e outros pensadores.

Tempos depois, Jung interessou-se e aprofundou-se nos estudos da psicanálise freudiana, embora já houvesse consolidado os elementos básicos de seus conhecimentos científicos sobre a psique inconsciente. Conforme a apreciação feita no capítulo anterior, averiguamos que foi a partir das primeiras trocas de livros entre Jung e Freud que se principiou a colaboração e, posteriormente, a amizade entre esses dois gênios da nova psicologia. Verificamos de que modo as sábias conexões de Jung com o seu oráculo interior; em particular, com seus sonhos significativos, evocaram imagens oníricas totalmente desconhecidas da consciência que já prenunciavam não só o fim da amizade e da colaboração com Freud, como também manifestavam como esses dois gênios seriam motivados e atravessados pela *compassio medici* por conta de uma grande paixão pela humanidade. No tocante aos estudos e pesquisas da interpretação científica do inconsciente, ambos decidiram seguir caminhos distintos na compreensão da dinâmica e estrutura dos processos psíquicos.

Em 1906, após três anos de trabalho com suas pesquisas psicológicas experimentais, Jung ainda se encontrava em sintonia com algumas das ideias de Freud e em seu artigo "A influência do complexo de tonalidade afetiva sobre a valência da associação", no livro *Psicogênese das doenças mentais*, ele registrou o próprio sonho que trazia como tema um cavalo para ilustrar as múltiplas manifestações de complexos afetivos. Tentando se preservar, preferiu tratar o tal sonho como se fosse de um amigo. O sonho dos cavalos içados, já citado anteriormente (OC 3).

Ao decidir registrar o próprio sonho, Jung teve como propósito demonstrar que as análises oníricas são importantes no que concerne à observação dos mecanismos da repressão e das exposições características dos complexos psíquicos afetivos que contam com expressões simbólicas. Interpretou seu sonho ainda sob a influência do método psicanalítico freudiano, revelando os desejos reprimidos e as várias expectativas do sonhador que ambicionava chegar ao topo de sua vida profissional. Além disso, demonstrou a existência de outros complexos inconscientes (paterno, materno, de inferioridade, de poder, entre outros) fundamentais que teriam grande influência na vida do sonhador. É importante verificarmos que as primeiras divergências existentes entre Jung e Freud já se apresentavam desde o início de suas colaborações. Enquanto Freud considerava que eram os sonhos a via régia para o inconsciente, Jung, por sua vez, conferia aos complexos o desempenho mais importante desse papel.

Um outro aspecto relevante, observado no capítulo anterior, trata-se do fato de Jung ter publicado que, em 1912, dois sonhos significativos relacionados a Freud que se manifestaram quando eles ainda trabalhavam em parceria. Esses dois sonhos, os quais a princípio ele não compreendeu de antemão, já indicavam claramente as diferenças existentes entre as suas concepções oníricas. Esses sonhos relevantes que em muito atormentaram Jung, anteciparam, em seus conteúdos, o abismo existente entre seus pensamentos e o inevitável afastamento entre ele e Freud.

É curioso percebermos que o início do relacionamento entre esses dois grandes pesquisadores da alma decorreu do envio de Jung de um livro seu, presenteado por ocasião do aniversário de Freud, mas foi também esse mesmo objeto, particularmente o livro: *Transformações e símbolos da libido*, na sua segunda parte, que se tornou um marco de um dos alvos principais do caminho de suas discórdias e que concorreu, decisivamente, para a separação entre ambos. Disse Jung: "Quando estava quase acabando de escrever 'Metamorfoses e símbolos da libido', eu sabia de antemão que o capítulo 'O sacrifício' me custaria a amizade de Freud" (Jung, 1975, p. 149). Etimologicamente, a palavra sacrifício, vem do latim *sacrificius*, composta por *sarce*, que significa sagrado; e por *facere-ficium*, que está associado ao ato de fazer, de manifestar o sagrado. Nas palavras de Jung, evidencia-se o quanto ele estava cônscio de sua inevitável renúncia à colaboração e à amizade de Freud que, para ele, fazia-se necessária. O ato de sacrificar representou a imolação real e simbólica da dedicação e da entrega de Jung ao movimento psicanalítico em benefício de algo que ele considerava sagrado, que era a liberdade de sua independência intelectual. Tal como nos ritos sagrados, a atitude de Jung significou o ato de passar da esfera do profano para a dimensão do sagrado, oferecendo um *sacrificius*, com vistas à obtenção de algo maior que fizesse sentido em sua vida. Dessa maneira, Jung pode ressignificar suas ideias e conceitos em prol da construção de uma nova psicologia profunda, denominada também de complexa. Entretanto, Jung já sabia de antemão, via a conexão dos seus sonhos com seu oráculo interior, que, para conquistar a dádiva da recompensa de sua liberdade intelectual, era necessário o voto de *privatio*, isto é, da pena de privação da continuidade da convivência entre ele e Freud, conforme assinalou: "'O sacrifício' representava o meu sacrifício" (Jung, 1975, p. 150).

Em 1913, Jung vivenciou momentos de excepcional lucidez diante de sua decisão irrevogável de ruptura com Freud, embora, para poder prosseguir o próprio caminho com liberdade intelectual, tenha sido tomado logo em seguida por sentimentos de incerteza. Foi um período crítico, conforme Jung reconheceu, ciente de que se encontrava numa posição de exposição desagradável, especialmente, por sentir que ainda não havia encontrado uma nova orientação para instruir seus alunos na universidade e por ainda não ter obtido uma nova atitude que tanto almejava em relação ao tratamento de seus doentes. Decidiu, então, aprofundar-se acerca dos processos psíquicos de si mesmo e de seus pacientes. Com objetivo de apurar a escuta e o entendimento desse material manifestado espontaneamente pelo inconsciente, Jung conectou-se, cada vez mais, com os próprios sonhos, com suas fantasias e devaneios espontâneos e, especialmente, com relatos dos sonhos de seus pacientes. Aos poucos intuitivamente descobriu que o certo era considerar, como base na análise e na interpretação, os sonhos tais quais eles se manifestavam espontaneamente. Desse modo, logo passou a sustentar com convicção que os sonhos não iludem, por isso não são disfarces como Freud havia afirmado. Os sonhos, sublinhou Jung, não fazem uso de artifícios para dissimular e exprimir de forma clara os seus conteúdos, os seus símbolos e os seus significados. Por serem esses símbolos totalmente desconhecidos da consciência, o sonhador passa a ter uma atitude de não os valorizar e de não os compreender.

Em 14 de fevereiro de 1903, Jung se casou com Emma Marie Rauschenbach, que morava na mesma cidade suíça de Schaffhausen, para onde o pai dele fora transferido a fim de exercer as suas funções de pastor numa casa paroquial. Emma, mu-

Sonhos – Conexões com seu oráculo anterior 187

lher culta e inteligente, era filha de uma rica família industrial suíça. O primeiro encontro entre eles foi muito rápido, Emma estava com apenas 14 anos e ele com 21 anos. Mas nem mesmo a diferença de sete anos de idade entre eles impediu o amor ágape, incondicional e verdadeiro que foi desfrutado até o fim de suas vidas. Aproximadamente seis anos depois, eles se reencontraram e decidiram se casar, após três negações de Emma em aceitar o compromisso. Em suas *Memórias, sonhos, reflexões*, de forma afetiva, ele contemplou esse primeiro encontro quando lembrou que foi visitar um colega que ainda morava na cidade suíça de Schaffhausen, onde residiu com seus familiares em sua infância. Atendeu ao pedido de sua mãe para que fosse visitar a Sra. Berta Rauschenbach, mãe de Emma, que também residia nessa cidade. As famílias de Jung e de Berta tinham boas relações de amizade desde os tempos em que a mãe de Emma ainda era solteira. Lembrou Jung que esse dia de sua viagem foi inesquecível:

> Obedeci e, ao entrar na casa, vi uma menina, de pé, no limiar; devia ter cerca de 14 anos e usava tranças. Imediatamente veio-me a ideia: eis minha mulher. Fiquei profundamente perturbado: apesar de tê-la visto num curto instante, tive a certeza absoluta de que viria a ser minha mulher. Lembro-me ainda hoje claramente de ter contado o fato a meu amigo. Naturalmente, ele riu de mim. Eu respondi: "Podes rir à vontade, depois verás". Quando seis anos depois, pedi a mão de Emma Rauschenbach, fui de início rejeitado, da mesma forma que meu avô. [...] Algumas semanas mais tarde, no entanto, uma página foi virada, o não se tornou sim e dessa forma minha personalidade nº 1 se afirmou (Jung, 1975, p. 348).

Emma Jung foi definitivamente a grande cúmplice e o pilar central de estabilidade na vida de Jung. Ele a reconhecia como sua rainha e alma destinada, da qual extraiu forças essenciais para a construção de sua vida e obra. Em agosto de 1899, aos 24 anos, em *Os livros negros*, Jung anotou, em seu diário, de modo sublime e poético, a confissão de seus sentimentos e questionamentos mais íntimos antes do ritual de seu casamento com Emma:

> E.R. Estou apaixonado; amo aquele anseio inquisitivo que Swedenborg descreve tão maravilhosamente: a expectativa do outro Si mesmo, a união que se prepara para tempos celestiais e eternos. Ela pensa em mim? Ela sabe? É possível que eu tenha me iludido? Ela não é a destinada? Não posso acreditar que meu sentimento tenha me iludido. Deve ser ela [...] E.R. Nas sombras escuras das árvores, nas salas claras da natureza ensolarada, vejo apenas ela, a mulher doce em sua figura familiar, em seu vestido alegre com fitas vermelhas, ela, que é tão intimamente semelhante à minha alma. Ela sabe? Ela sente o meu amor? Independentemente da extensão do espaço que nos separa? (Jung, 1913/2020, p. 69).

Após o matrimônio, o casal foi morar por nove anos no Hospital Mental do Burghölzli (1900-1909), onde Jung exercia a sua residência médica e lá nasceram as suas duas primeiras filhas: Aghathe e Grette. Posteriormente, a família se mudou para uma bonita residência construída por eles, em Küsnachat, onde nasceram seus três outros filhos: Franz, Marianne e Helene, totalizando cinco filhos. Jung dedicou-se e amou imensamente sua família, como ele mesmo revelou em suas memórias.

No ano de 1905, Jung foi promovido à função de médico – chefe da clínica psiquiátrica do Burghölzli e indicado a Priva-

Sonhos – Conexões com seu oráculo anterior

tdozent, professor conferencista da Universidade de Zurique. No entanto, no ano de 1909, um novo cenário de vida se descortinou para Jung e sua família. Ele se demitiu do Hospital do Burghölzli, indo morar em sua aprazível casa às margens do lago de Zurique, em Küsnacht, onde permaneceu até sua morte. Entendendo que o excesso de trabalho no hospital lhe impedia de se dedicar à sua clínica particular, que aumentara consideravelmente, e às novas pesquisas sobre mitologia, folclore e religião, que muito lhe interessavam, Jung resolveu demitir-se da função de chefe da clínica psiquiátrica do Burghölzli. E, mais tarde, no ano de 1913, após o rompimento com Freud, deu por encerradas suas atividades de docência na Universidade de Zurique, dedicando-se ainda mais aos atendimentos clínicos em seu consultório particular, além de centralizar seus estudos e pesquisas nas histórias dos simbolismos para obter maior conhecimento sobre as imagens espontâneas que emergiam do inconsciente. Essa árdua tarefa de confrontar o inconsciente parecia a Jung fundamental e deveria ser levada a termo. Ao mesmo tempo, representava a sua mais importante e solitária vivência (consigo mesmo) de confrontar o inconsciente, além de conceber tal procedimento como uma verdadeira experiência científica. Em suas *Memórias, sonhos, reflexões*, Jung recordou:

> Naquela época em que me consagrei às imagens do inconsciente, tomei a decisão de retirar-me da Universidade de Zurique onde ensinara como livre-docente durante oito anos. A experiência do inconsciente e tudo que vivenciara neste domínio me haviam perturbado intelectualmente em extremo (Jung, 1975, p. 171).

Investindo nos atendimentos de seus pacientes em sua clínica privada, Jung inicialmente, fez uso da hipnose, mas logo abandonou esse método por não lhe agradar e, particularmente, por não querer impor aos seus pacientes as suas próprias sugestões. Decidiu fazer uso minucioso do estudo das análises das manifestações espontâneas do inconsciente e, em especial, dos sonhos. Engendrou inúmeras descobertas relevantes com relação a diferença entre a pequena psicoterapia e a análise propriamente dita. Assegurou que é no processo de análise que as personalidades do analista e do analisando se apresentam em sua totalidade. Sublinhou ainda a importância do papel e do lugar do analista no envolvimento de cada caso clínico. Sustentou que o processo analítico exige que o analista considere a singularidade de cada caso, sem ficar obedecendo a este ou àquele método que aprisionará o analisando numa espécie de rede teórica. Segundo Jung, "a psicoterapia e as análises são tão diversas quanto os indivíduos" (Jung, 1975, p. 120). E a solução do problema é quase sempre pessoal, daí a importância de o analista ter uma atitude cuidadosa para tratar cada paciente na sua individualidade. Assinalou a importância de o analista prestar atenção e examinar os próprios sonhos, além de observar a si mesmo e, simultaneamente, ao doente no processo de transferência e contratransferência para a obtenção de um melhor resultado do tratamento terapêutico.

E, para ilustrar essa relação de profundidade entre analista-paciente, apresentou como exemplo dois sonhos que teve com duas de suas pacientes, que trouxeram em suas mensagens advertências e lhe revelaram novas estratégias na condução dos processos analíticos. O primeiro recorte clínico apresentado foi o de uma mulher muito inteligente, mas que na contratransferência lhe afigurava o contraditório. No início da análise tudo parecia estar em ordem, entretanto, num determinado momento do processo analítico, Jung percebeu que as interpretações que fazia dos sonhos de sua paciente pareciam superficiais, não atingindo o alvo. Além disso, sentiu-se insatisfeito sobre como seus diálogos trocados com a paciente lhe pareceram vazios. Certo de que algo tinha que ser transformado, resolveu, no dia seguinte, comunicar a sua paciente sobre o que estava ocorrendo naquele *setting*. No entanto, ao cair da noite, em seu sono profundo, Jung foi surpreendido por um sonho do tipo compensatório, que lhe confirmou ser necessário uma mudança de atitude em relação à paciente. Vejamos o sonho narrado por ele:

> [...] eu andava através de um caminho agreste num vale ao crepúsculo. À direita erguia-se uma colina abrupta. No alto, havia um castelo; na torre mais alta uma mulher estava sentada numa espécie de balaustrada. Para conseguir vê-la bem, precisava erguer a cabeça, forçando-a para trás. Acordei com a sensação de câimbra na nuca (Jung, 1975, p. 122).

O mais interessante foi que Jung percebeu, no próprio sonho, que a imagem onírica da mulher representava a sua paciente em questão. Ao analisar o significado de seu sonho, encontrou evidências de que a experiência onírica não dissimulava, mas ao contrário lhe trazia claramente um aviso de advertência. Compreendendo a recomendação onírica, tornou--se cônscio de que havia se colocado, na contratransferência, numa postura com ares de superioridade. Desse modo, entendeu que deveria urgentemente retificar sua atitude de olhar a sua paciente do alto, pois na verdade era ela quem deveria ser colocada numa posição de elevação. Ao decidir comunicar seu sonho e sua interpretação à sua analisanda, Jung observou o surgimento de uma mudança significativa na condução do processo analítico, o que possibilitou o restabelecimento de uma aliança terapêutica muito mais satisfatória.

Em uma outra ocasião, Jung exibiu, a título de exemplo, um outro recorte de uma situação clínica em que conferiu a importância aos sonhos iniciais que precedem um novo atendimento. Tais tipos de sonhos são capazes de direcionar e/ou redirecionar a relação terapêutica entre analista-paciente. É certo que algumas mensagens contidas nos sonhos iniciais podem trazer a indicação de uma orientação ao analista quanto ao diagnóstico e ao prognóstico do sonhador. E foi isso que ocorreu com Jung quando teve um sonho do tipo antecipatório, na véspera de um atendimento de uma nova paciente, que já revelava em seu conteúdo o diagnóstico psicológico:

> [...] uma jovem desconhecida apareceu para consulta. Ela me expôs seu caso e, enquanto falava eu dizia para mim mesmo: Não a compreendo, absolutamente, não sei do que se trata! Mas de repente veio-me ao espírito o fato de que ela sofria de um complexo paterno incomum (Jung, 1975, p. 126).

Para admiração de Jung, no dia seguinte, uma jovem mulher, elegante, judia, filha de um banqueiro suíço, o procurou para dar início a um processo de análise. A paciente sofria de uma grave neurose de angústia que se agravou quando seu ex-terapeuta interrompeu a análise devido a uma forte contratransferência amorosa. Mesmo empreendendo uma detalhada anamnese, Jung não conseguiu apreender a problemática de sua nova paciente. Mas, subitamente, lembrou-se do sonho que tivera na noite anterior e logo percebeu que a paciente repre-

Sonhos – Conexões com seu oráculo anterior

sentava a figura da garota desconhecida que se revelou em seu sonho. Ainda assim, continuou sem perceber nela algum traço de um complexo paterno como o sonho o havia indicado. Intuitivamente, Jung decidiu investigar sobre o avô da paciente e foi nesse ponto frágil que descobriu a presença do trauma na jovem. Seu avô fora um notório líder espiritual, uma espécie de rabino, Zaddik, muito reconhecido pela transmissão ortodoxa da tradição do judaísmo. Entretanto, o pai da jovem havia sido infiel à religião de seus ancestrais, rejeitando os ensinamentos básicos da doutrina judaica por considerá-los tolices, e com uma atitude céptica, renegou as próprias raízes. Jung percebeu que a paciente se encontrava, inconscientemente, em completa identificação com o pai, reprimindo sua função espiritual e, assim como o pai, perdera totalmente a fé. A identificação de uma pessoa com a figura paterna pode levar a inúmeros relacionamentos conflitivos e certamente será um entrave para o desenvolvimento do processo de individuação, pois a personalidade é parcial ou totalmente inautêntica.

Na noite seguinte, um outro sonho com essa mesma paciente voltou a se manifestar em Jung. Dessa vez, a nova mensagem portava um aviso de que a jovem nada tinha de superficial como ele concebia, ao contrário, a paciente trazia em sua essência uma espécie de santa que alude a tipos de personalidades consideradas justas, tal qual um guia espiritual. Vejamos o sonho narrado por Jung:

> Havia uma recepção em minha casa e, ó surpresa!, a mocinha lá estava. Aproximou-se de mim, perguntando: "O senhor tem um guarda-chuva? Está chovendo tanto!" Encontrei um e, abrindo-o com dificuldade, lhe ofereci. Mas o que aconteceu? Ao entregá-lo, pus-me de joelhos como se ela fosse uma divindade! (Jung, 1975, p. 127).

Novamente Jung relatou esse sonho à sua paciente e com essa atitude de cumplicidade gerou resultados muito positivos na relação terapêutica. Após oito dias, ele constatou que a neurose que ela manifestara inicialmente havia desaparecido por completo. Ao esclarecer à jovem que seu adoecimento estava associado a um sentimento de temor a Deus, que havia convertido numa espécie de neurose de angústia ou fobia, a paciente sentiu uma profunda ressonância emocional e se abriu para novas possibilidades de se reconectar de forma criativa com sua função espiritual. Desse modo, libertou-se do complexo paterno negativo, simbolizados pelas figuras religiosas ameaçadoras e se reconciliou com sua alma, adquirindo um sentido para sua vida. Em última instância, a linguagem simbólica do sonho que se revelou a Jung demonstrou o quanto era vital que a paciente que havia dissociado, assim como seu pai, de sua espiritualidade deveria incorporar e assimilar esses símbolos primordiais que foram reprimidos, restaurar o vínculo com o divino, com o transcendente, e dar uma nova significação em sua vida para a realização de sua verdadeira vocação. O mal-estar contemporâneo para Jung tinha raízes na alienação espiritual e isso só poderia ser superado quando o indivíduo desenvolvesse uma nova imago *Dei* em sua alma, renovando e edificando uma nova visão de si próprio e do mundo no seu processo transformador de individuação.

O extraordinário desses fatos narrados por Jung foi seu desejo de registrar e revelar o elemento subjetivo de sua obra, ao descrever algumas de suas vivências interiores significativas e de seus pacientes, por exemplo: os sonhos, as fantasias, os devaneios e as visões; as intuições e as imaginações ativas, além das suas experiências emocionais e as vivenciadas em sua clínica,

Sonhos – Conexões com seu oráculo anterior

permitindo-nos conhecer, em parte, a contemporânea arquitetura de sua psicologia dos sonhos. De outro modo, Jung descortinou suas experiências singulares de sua vida relacionadas ao seu processo de individuação, em que o inconsciente se manifestou via símbolos significativos e se realizou em termos de sua potência. Mediante essa profunda conexão com seu oráculo interior, no confronto com o inconsciente e na valorização dessas vivências simbólicas, ele evidenciou a capacidade criativa da psique inconsciente que orientou sua vida pessoal e impessoal, o que tornou possível a estruturação de novos paradigmas no engendramento de sua psicologia profunda.

Mas foi na véspera do Natal do ano de 1912, que dois sonhos relevantes se manifestaram a Jung, levando-o a deduzir, de forma distinta de Freud, que o inconsciente não seria só um reservatório de conteúdos reprimidos, mas que apresentava uma função criadora, espontânea e formadora de símbolos universais. Foi a partir do desenvolvimento dessas hipóteses que, nos anos seguintes, decorreu a construção da teoria dos arquétipos e de suas novas concepções sobre os sonhos. Vejamos o primeiro sonho que trouxe a Jung a convicção que o inconsciente não é simplesmente um reservatório de conteúdos reprimidos:

> Encontrava-me numa esplêndida *loggia* italiana, com colunas, piso e balaustrada de mármore. Estava sentado numa cadeira dourada de estilo renascentista, diante de uma mesa de uma rara beleza, talhada em pedra verde, semelhante à esmeralda. Sentado olhava à paisagem à distância, pois a *loggia* ficava situada no alto da torre de um castelo. Meus filhos também estavam sentados à mesa. De repente um pássaro branco baixou; era uma gai-

vota pequena ou uma pomba. Pousou graciosamente na mesa, perto de nós; fiz um sinal às crianças que não se movessem a fim de não assustar o belo pássaro branco. No mesmo instante a pomba transformou-se numa menina de cerca de oito anos, de cabelos de um louro dourado. Ela saiu correndo com meus filhos e, juntos, começaram a brincar nas maravilhosas colunatas do castelo. Eu continuava mergulhado em meus pensamentos, refletindo sobre o que acabara de acontecer. A menina voltou nesse instante e cingiu-me afetuosamente o pescoço com um braço. De repente desapareceu e em seu lugar surgiu novamente a pomba falando com voz humana e lenta: "só nas primeiras horas da noite posso transformar-me num ser humano, enquanto o pombo cuida dos doze mortos". Dizendo isto, levantou voo no espaço azul e eu despertei (Jung, 1975, p. 152).

No verão de 1914, Jung registrou em seu *Os livros negros*, que não havia encontrado uma decifração para a totalidade do enigma do próprio sonho. Entretanto, foi esse sonho, conforme mencionado por ele, que o fez ter certeza de assumir seu relacionamento afetivo com Toni Wolff, que havia conhecido há cerca de três anos: "Minha decisão estava tomada. Eu daria a esta mulher toda minha fé e confiança" (Jung, 1913/2020, p. 149). Consoante alguns relatos, a relação triangular entre Emma, Jung e Tony foi sofrida para todos eles. Por exemplo, Toni Wolff registrou em seu diário, que considerava o seu relacionamento com Jung como uma experiência da cruz. Entretanto, a despeito dos boatos e críticas, Emma continuou a desempenhar um papel central na vida de Jung, possibilitando que eles encontrassem uma forma de convivência respeitosa e íntegra.

Outros conteúdos simbólicos do sonho do pássaro branco pareciam obscuros a Jung naquele momento de sua vida. Mas, como era de seu hábito, ele deixou-os de lado, sem, contudo, esquecê-los. Sabiamente, ele aguardava espontaneamente que brotasse uma nova elaboração significativa para essas imagens pictóricas. Somente no ano de 1925, a partir da análise de inúmeros de seus sonhos, foi que Jung enfatizou com convicção a tese de que havia algo vivaz e animado no inconsciente, sublinhando que os sonhos são fenômenos naturais da psique, tais quais as forças vitais e as dinâmicas que provêm das profundezas da mente. Além disso, elaborou novas interpretações acerca do simbolismo da imagem onírica do pássaro branco, referindo-se às diversas personificações da figura anima que se manifestou com seus aspectos conscientes e inconscientes. Atribuiu também outras formas criativas de transformações desse arquétipo da anima, por exemplo, de estar relacionado com a sabedoria alquímica. Desse modo, tornou explícita a sua descoberta inédita de que o inconsciente é constituído conjuntamente por um material dotado de vida que não se reduz a elementos reprimidos, como Freud assim o concebeu.

No período entre 1913 e 1914, Jung foi atormentado por incessantes fantasias e visões recorrentes com temas sobre mortes, cadáveres ou algo que parecia estar morto, mas que, ao mesmo tempo, ressurgia. Logo, uma torrente de sonhos emergiu e se repetiu durante os três meses seguintes: abril, maio e junho. Essas novas séries de sonhos recorrentes, compunham-se de temas de um frio ártico, glacial, uma espécie terrificante de ar gélido implacável, que aparecia estranhamente no meio do verão congelando todo ser vivo. Bastante angustiado com a reincidência dos temas de seus sonhos, Jung suspeitou que poderia estar com alguma perturbação psicológica. Vejamos o conjunto dos sonhos com esses temas típicos assinalando as mortes e o frio avassalador:

> Eu estava numa região que me lembrava os Alyscamps, perto de Arles. Lá existe uma alameda de sarcófagos que remonta à época dos merovíngios. No sonho, eu vinha da cidade e via diante de mim uma alameda semelhante, orlada de uma fileira de túmulos. Havia pedestais encimados por lajes sobre as quais os mortos repousavam. Jaziam em suas roupagens antigas, as mãos postas sobre o peito, à maneira dos cavaleiros das antigas capelas mortuárias em suas armaduras, com a única diferença de que em meu sonho os mortos não eram pedra talhada, mas de modo singular, mumificados. Parei frente ao primeiro túmulo e observei o morto. Era um personagem dos anos 1830. Interessado, olhei suas roupas. De repente ele começou a mover-se e voltou à vida. Separou as mãos e compreendi que isso ocorrera porque eu olhara. Com um sentimento de mal-estar continuei a caminhar e me aproximei de um outro morto, que pertencia ao século XVIII. Aconteceu então a mesma coisa: enquanto o olhava, ele voltou à vida e moveu as mãos. Percorri toda a fila, até atingir o século XII. O morto era um cruzado que repousava numa cota de malha, de mãos postas. Seu corpo parecia talhado na madeira. Contemplei-o longamente convencido de que estava realmente morto. Subitamente, porém, vi que um dos dedos de sua mão esquerda começava, pouco a pouco, a se animar (Jung, 1975, p. 153).

O primeiro sonho foi para Jung o prenúncio de que ele deveria apreender que o inconsciente não é somente um reservatório de impressões e de conteúdos reprimidos como de início compartilhara com a tese de Freud. Mais do que isso,

Jung pôde perceber, no conjunto de seus sonhos, nas suas autoexperiências, o reencontro da sua alma, que o inconsciente é constituído de materiais *a priori* que nunca foram adquiridos individualmente e que se manifestam regularmente e são universais. A partir de novas investigações foi que ele fundamentou a sua revolucionária teoria dos arquétipos.

No início do verão de 1914, Jung descreveu um segundo sonho da série que apresentava um cenário dramático, catastrófico, que tanto o mobilizou, deixando-o num estado de muita angústia e de preocupação por se repetir por mais de três vezes:

> [...] no meio do verão, um frio ártico irrompia e a terra se petrificava sob o gelo. Uma vez, por exemplo, vi toda a região de Lorena, com seus canais, estava gelada. Fora abandonada pelos homens e todos os lagos e rios encontravam-se cobertos de gelo. Toda a vegetação viva congelara (Jung, 1975, p. 156).

No terceiro sonho dessa série, Jung observou novamente a frequência do tema da chegada de um frio glacial arrebatador. Verificou que este trazia novas imagens indicando que o ar gélido emanava dos espaços cósmicos que investiam contra a Terra e assim ele descreveu:

> Eu estava num distante país de língua inglesa. Era preciso que eu voltasse ao meu país o mais rápido possível num navio bem veloz. Cheguei rapidamente em casa. Em casa deparei-me com o fato de que em pleno verão havia irrompido um frio tremendo a partir do mundo ambiente, que congelou todo ser vivo. Havia ali uma árvore carregada de folhas, mas sem frutos, as folhas se haviam transformado, pela ação do gelo, em doces bagos de uva, cheios de suco medicinal. Colhi as uvas e as dei de presente a uma grande multidão que aguardava (Jung, 1913/2020, p. 35).

Um ponto importante e destacado por Jung foi a observação da conclusão do seu sonho, que apresentou novas perspectivas mais otimistas, propiciando-lhe uma certa tranquilidade. Considerou que as imagens oníricas em que colhia os frutos de uma árvore e os oferecia à grande multidão remetiam aos sinais do destino, isto é, às circunstâncias predeterminadas da vida. Ainda muito preocupado com sua saúde mental devido às fortes imagens oníricas e às visões tenebrosas que se manifestaram, Jung acreditava que elas se referiam a si próprio e por isso interpretou as imagens somente de forma subjetiva. Posteriormente, Jung confessou que, naquela época, jamais imaginou que a guerra das guerras estava prestes a irromper e que aquelas imagens terrificantes se referiam a situações catastróficas coletivas e futuras.

Por volta dos seus quase 40 anos, Jung inferiu que estava satisfeito com que o almejara em sua vida, sentiu que havia chegado no limite de sua ambição em aumentar seu patrimônio. Mas, ao mesmo tempo, depreendeu que trazia consigo uma espécie de sentimento de incompletude. De imediato, surgiu livremente em sua mente a lembrança de uma viagem que fizera de trem a Schaffhausen, cidade em que morou quando criança. Ao longo do trajeto, um estado de pânico se apossou dele e algumas visões assombrosas tomaram conta de sua mente. Essas visões anunciavam que toda Europa seria devastada por dilúvios catastróficos e repetiram-se por mais de duas semanas, deixando-o num grande mal-estar por não conseguir decifrá-las. Entretanto, o que mais o afetou foi uma voz interior que com muita convicção o alertou: "Observa bem, é totalmente real e assim será" (Jung, 1913/2020, p. 18).

Essas séries de visões, em conjunto com os temas recorrentes dos seus sonhos de morte, fizeram Jung, como psiquiatra, supor que estivesse ameaçado por uma espécie de psicose supercompensada. Conforme Boechat assinalou em *O livro vermelho de C. G. Jung*, tanto os desmaios histéricos de Freud quanto os estados alterados de consciência de Jung podem ser considerados como exemplos de doença criativa (Boechat, 2014, p. 30). Segundo Boechat, foi o psiquiatra e historiador Henri Ellenberger o primeiro intelectual a conceituar o termo doença criativa, definindo-a como a manifestação de um fenômeno de crise psicológica aguda, que tem como características os questionamentos e os isolamentos introspectivos. Ao que parece, é muito comum, após esse estado de inquietude, emergir uma série de novas ideias, de paradigmas geniais, além de criações originais nas diversas áreas do conhecimento científico, de obras literárias e de composições, que operaram mudanças profundas em contraste com as concepções predominantes de uma época.

Mais tarde, Jung considerou que sua transformação pessoal ocorreu na mesma época em que empreendeu uma reavaliação de valores em sua vida, levando-o a se reconectar com sua alma. Destacou essa fase de sua vida como exemplo do fenômeno da metanoia, em que, frequentemente, verifica-se, nesse processo de metamorfose fundamental, uma espécie de crise psicológica da meia-idade nos indivíduos, que demarca o princípio do processo de individuação. Além disso, ele verificou que inicialmente interpretou equivocadamente as suas visões avassaladoras e os enigmas de seus sonhos como puramente pessoais. Somente mais tarde, ao analisar as fantasias e as imaginações de sua autoexperimentação que pôde compreender que, na verdade, ele não estava ameaçado por nenhum transtorno psíquico, uma vez que esses conteúdos não exprimiam, exclusivamente, seus estados emocionais. Mais do que isso, ele deduziu que o material de suas visões retratava, de forma simbólica, eventos coletivos que se sucederiam no mundo. Daí em diante, as fantasias se constituíram, para ele, a via régia que possibilita conhecimentos que se referem aos mundos mítico e real. Diante desse novo entendimento, Jung considerou de suprema importância, daí para frente, a tarefa de discernir entre o significado correspondente de suas fantasias individuais e coletivas. Outras novas elaborações surgiram a partir de suas autoexperiências, denominadas de "descida ao inferno no futuro", quando pôde constatar a existência de dois tipos de loucura: a divina e a patológica ou profana. Inferiu que a primeira ocorre quando o indivíduo penetra no mundo do inconsciente, das imagens e experimenta uma espécie de colapso mental diante de suas expectativas. Ao passo que, na loucura patológica, a pessoa experimenta um tipo de embriaguez psicológica, tornando-se vítima por não conseguir integrar o material perturbador de suas fantasias. Consequentemente, o eu do indivíduo é devorado pelo inconsciente, pelo mundo interno, dissociando-se da vida cotidiana. Jung se empenhou nos estudos e na pesquisa histórica sobre esse tema da loucura divina e logo descobriu que esse fenômeno psíquico já havia sido muito investigado pelo xamanismo arcaico, pelos diversos filósofos e sacerdotes da Antiguidade que já sublinhavam as diferenças existentes entre esses dois tipos de estados mentais em que o inconsciente se torna ativado. Sob essa nova perspectiva, Jung muito feliz e aliviado escreveu "venci a loucura. Se não sabeis o que é loucura divina, renunciai ao julgamento e esperai pelos frutos" (Jung,

Sonhos – Conexões com seu oráculo anterior

2010, p. 136), esclarecendo que os seus autoexperimentos no confronto com o inconsciente em nada se comparavam com uma enfermidade patológica, mas que se assemelhavam à loucura divina. Considerou que pessoas do tipo intuitivas, como ele, têm fortemente, a possibilidade de se conscientizarem ao tentar elaborar e interpretar esse rico material simbólico ativado pelo inconsciente coletivo. Concluiu, afirmando que em alguns casos os indivíduos que obtivessem sucesso como ele, trariam resultados muito salutares.

Logo após o início da Primeira Guerra Mundial, em 1914, Jung foi acometido por sentimentos ambivalentes. Ao mesmo tempo que sentiu uma grande alegria por libertar-se do sentimento de angústia de que estaria desenvolvendo algum tipo de distúrbio psicológico, simultaneamente, experimentou um estado de horror com a eclosão da guerra. Tornou-se claro para ele que suas fantasias e visões, além de muito significativas, traziam mensagens premonitórias que mereciam sua mais completa atenção. Intuitivamente decidiu retomar o seu velho diário e registrar as suas novas fantasias e imaginações em seus detalhes, permitindo que o inconsciente se manifestasse de forma espontânea. Desse modo, foi que ele reencontrou sua alma que há muito havia perdido, conforme examinou. Tempos depois, Jung reconheceu que foi vital e necessário continuar com suas atividades do cotidiano, por exemplo: manter os atendimentos de seus pacientes, da autoanálise de seus conteúdos inconscientes, do desempenho de deveres para com a família e com o serviço militar, entre outras tarefas fundamentais que contribuíram em muito para a conservação de sua base psicológica manter-se estável. A partir dessas constatações, enfatizou a importância da conexão entre os mundos interior e exterior, que contribuiu em muito para a preservação do seu equilíbrio psíquico. Esse balanceamento o diferenciou, substancialmente, de outras pessoas que adoecem psiquicamente pelo excesso de irrealidade e perdem o interesse em continuar com suas responsabilidades e tarefas da vida cotidiana.

Com efeito, ao buscar em seus estudos um aprofundamento histórico sobre o tema da loucura divina, foi que *Jung* pode distinguir a diferença existente entre a loucura sagrada e a loucura patológica ou profana. Desse modo, inferiu que sua autoexperiência de penetrar no mundo do inconsciente coletivo o aproximou daquilo que os antigos chamavam de loucura divina e *sacratus*, no qual ocorre uma certa alteração da consciência em que a pessoa se torna vítima do inconsciente por não conseguir integrar essas imagens fascinantes. É fato bem conhecido em nossas clínicas que a observação desses estados psíquicos de forma superficial leva leigos e muitos profissionais da área de saúde mental a não conseguirem fazer um diagnóstico diferencial, julgando as duas formas da loucura doentia e divina como sendo o mesmo tipo de insanidade patológica. Em 17 de janeiro de 1914, Jung fez uma vigorosa crítica à psiquiatria contemporânea, sublinhando que era crucial contemplar essas duas formas de experiências com prudência, salientando que a psiquiatria atual apresentava uma certa incapacidade de diferenciar a loucura sagrada da loucura psicopatológica. Advertiu Jung: "*É indubitável: quando penetras no mundo da alma, ficas como doido, e um médico vai julgar-te doente*" (Jung, 2010, p. 238).

Daí em diante, pensou Jung que caberia a ele a complexa tarefa de tentar decifrar os próprios sonhos, as fantasias, as visões e as imaginações, para além das abstrações de seus pacientes, não mais só do ponto de vista pessoal, mas também do ponto de vista impessoal. Com base nas pesquisas desses fenômenos psíquicos, inferiu que a sua experiência pessoal estava plenamente interligada à da coletividade, embora, na época em que esses conteúdos involuntários se manifestaram, tenha admitido que: "queria entender tudo como acontecimento pessoal meu, não conseguindo por isso compreender tudo nem acreditar em tudo. Pois minha fé é fraca" (Jung, 1913/2020, p. 39).

Assim, as novas ideias e elaborações acerca do inconsciente promoveram nele motivação para registrar e desenhar minuciosamente as imagens de suas fantasias, dos sonhos e das imaginações que se ocultavam por meio de suas emoções. A princípio, por ter um tipo psicológico introvertido-pensamento intuitivo, ele não valorizou essa classe de material fantasioso por julgar preconceituosamente que eram formas de pensamentos não lógicos, não científicos e, portanto, não mereciam ser apreciados, concebendo-os como secundários.

Com o passar do tempo, em decorrência dos aprofundamentos das atividades autoanalíticas, Jung logo constatou a existência de certa desconexão com os próprios sentimentos em prol da valorização de uma atitude predominante de um pensar diretivo, característico da consciência. Diferenciou essas duas categorias de pensar, denominando-as como os pensamentos míticos, que são típicos das culturas da Antiguidade em oposição aos pensamentos lógicos e dirigidos, característicos da ciência e da contemporaneidade. Desse modo, após a eclosão da Primeira Guerra, instigado por um novo entendimento em relação a esse rico material que o inconsciente lhe transmitiu, Jung passou a investigar e registrar – em *Os livros negros* – com mais interesse esses produtos psíquicos que emergiam ou eram ativados de forma involuntária. Foi nessa árdua tarefa de encontrar as imagens correlatas aos seus estados emocionais e registrá-las que Jung se referiu como sendo "o livro de meu experimento mais difícil" (Jung, 1913/2020, p. 58).

Tempos depois, Jung transcreveu todo esse material para *O Livro vermelho – Liber Novus*, numa linguagem simbólica e poética de acordo como o inconsciente determinou. Essa obra tem como tema principal o reencontro de Jung com sua alma e a superação do mal-estar contemporâneo em relação à alienação espiritual, além de apresentar o modelo daquilo que ele concebia como processo de individuação e o desenvolvimento de uma nova cosmovisão psicológica. Essa vivência psicológica tão arriscada foi designada por meio do confronto com o inconsciente ou a busca da alma perdida. Todos os registros desse material do inconsciente foram tratados por ele como uma profunda experiência científica cuja finalidade se centrava na elaboração dos significados simbólicos desse rico material psíquico. Em relação a essas buscas científicas, Jung fez o seguinte comentário:

> [...] nunca me afastei de minhas experiências iniciais. Todos os meus trabalhos, tudo o que criei no plano do espírito provém das fantasias e dos sonhos iniciais. [...] Tudo o que fiz posteriormente em minha vida está contido nessas fantasias preliminares, ainda que sob forma de emoções e de imagens (Jung, 1975, p. 170).

Antes da eclosão da Primeira Guerra, no período da primeira metade da sua vida, Jung era considerado por muitos como bastante otimista em relação ao progresso que poderia favorecer muitas pessoas, mas essa atitude era característica não só de sua época, como também da sua geração. Segundo von Franz, Jung se aliou a Freud, porque: "acreditava que,

Sonhos – Conexões com seu oráculo anterior

juntos poderiam desenvolver um conhecimento novo, científico, da psique, uma empresa que não só beneficiaria muitas pessoas doentes como também transformaria toda a consciência da nossa cultura" (Franz, 1975, p. 90). Em 18 de dezembro de 1913, Jung teve um sonho que se assemelhava a um drama sobre o assassinato de um herói. Mas, apesar de tentar refletir sobre ele, não conseguiu inicialmente interpretar o rico material simbólico manifestado. Ele assim o descreveu:

> Encontrava-me numa montanha solitária e rochosa com um adolescente desconhecido, um selvagem de pele escura. Antes da aurora: o céu, no oriente, já estava claro e as estrelas começavam a apagar-se. Sobre as montanhas ecoou a trompa de Siegfried e compreendi então que precisávamos matá-lo. Estávamos armados com fuzis e ficamos de emboscada num caminho estreito. Súbito, Siegfried apareceu ao longe, no cume da montanha, ao primeiro raio do sol nascente. Desceu em louca disparada pelo flanco rochoso, num carro feito de ossos. Ao surgir numa volta, atiramos contra ele e o abatemos, caindo mortalmente ferido. Cheio de desgosto e remorsos de haver destruído algo tão belo, preparei-me para fugir, impelido pelo medo de que o crime pudesse ser descoberto. Desabou então uma violenta e copiosa chuva que, eu sabia, faria desaparecer todos os vestígios do atentado. Eu escapara do perigo de ser descoberto, a vida podia continuar, mas persistia em mim um sentimento intolerável de culpabilidade (Jung, 1975, p. 160).

Jung narrou que esse sonho, que lhe apresentou uma situação comovente, ocorreu em uma noite pavorosa. Acordou atordoado e tentou adormecer novamente, mas uma voz interna, com muita convicção, repetia-lhe:

> Se não compreendes o sonho, deves dar um tiro na cabeça! Logo em seguida, lembrou que tinha uma arma carregada em sua cômoda e um estado desespero apoderou-se dele. Passou, então, a refletir sobre as imagens oníricas de seu sonho, especialmente, com a figura do herói que o inconsciente produziu espontaneamente. A imagem do herói representa uma forma de transição ambivalente, em que o indivíduo está em busca, uma espécie de transformação da consciência. E subitamente, sobreveio-lhe um insight: Mas este é o problema que agita atualmente o mundo! Siegfried representa o que os alemães queriam realizar, isto é, a imposição heroica da própria vontade. Onde *há uma vontade, há um* caminho! (Jung, 1975, p. 160).

Em verdade, esse sonho traduzia simbolicamente o que Jung justamente mais almejava nesse momento de sua vida: renovação! A busca de um novo caminho! Desde o rompimento com as ideias da psicanálise e de sua colaboração com Freud, ele desejava adquirir uma nova atitude em relação aos próprios pontos de vista e em relação aos pacientes e aos alunos da universidade em que lecionava. E, para reorganizar o curso de sua nova vida, Jung precisou passar por um processo profundo de morte e renascimento simbólico que implicou sacrificar os véus de Maya, isto é, seus ideais de outrora. Assinalou Jung: "Precisava, em primeiro lugar, apresentar a prova da prefiguração histórica dessas experiências interiores, isto é, devia responder à pergunta: Onde se encontram minhas premissas, minhas raízes na história?" (Jung, 1975, p. 177).

Ao tecer alguns comentários sobre o próprio sonho, ele observou que o tema abordava elementos típicos do mito do herói e do deus Sol, os quais se referem a um tipo de drama simbólico da morte e da renovação, cuja revelação é a ideia primordial do renascimento. Nos seminários de 1925, Jung referiu-se a esse sonho comentando que não tinha afinidade com o personagem central da *Saga dos Volsungos*. Siegfried era conhecido como príncipe heroico das antigas fábulas germânicas e nórdicas e Jung não entendeu como a sua psique fora atraída por esse personagem de Wagner, que era extremamente extrovertido, exatamente seu oposto. No entanto, percebeu que algo lhe havia afetado, pois sentiu uma profunda compaixão pela morte do herói. Depreendeu que Siegfried tinha correspondência consigo mesmo e que personificava a sua identidade secreta com o herói que ele não considerava. Além disso, fazia-se necessária uma mudança da atitude heroica e Jung deveria sacrificar o seu ideal de herói por não mais corresponder com suas novas convicções e atitudes conscientes. Do mesmo modo que o mito do deus Sol, representante do coletivo, aludia que a imposição de uma atitude heroica obsoleta deveria ser aniquilada. Portanto esse sonho, para Jung, fazia referências a si próprio, mas também, ao drama coletivo do sofrimento humano quando lhe é imposta uma tarefa que o constrange e sacrifica o seu ideal. E, para Jung, era indispensável delimitar essa identidade com o ideal do herói, uma vez que há outros valores mais nobres que a vontade do eu, aos quais são importantes nos submetermos. Essa prévia elaboração do sonho lhe proporcionou um estado de satisfação interna, fazendo-o adormecer novamente.

Novas buscas de interpretações desse sonho continuaram, embora Jung entendesse que não era possível a compreensão da totalidade da significação dos símbolos. Aludiu que Siegfried personificava não só a sua atitude otimista, como também a do povo alemão daquela época, que acreditava no poder da vontade e dos ideais individuais. A imagem onírica do jovem selvagem representava a sombra primitiva do homem arcaico que permanecia sob o comando de seus instintos; ao passo que a chuva exprimia o símbolo da liberação da tensão entre as instâncias psíquicas conscientes e inconscientes que se assemelhavam ao processo de compensação das unilateralidades, revelando um estado de sensação de bem-estar devido às forças inconscientes fluírem livremente. Esse tipo de sonho, para Jung, é típico da meia-idade, quando frequentemente há um retorno do homem para a busca de sua alma, principalmente se as metas de adaptação e realização social já foram alcançadas. Desse modo, a imagem simbólica do herói significa uma renovação de atitudes de vida. Ao perceber os seus estados interiores por meio de metáforas oníricas, Jung assinalou a relevância da tarefa do analista em encontrar analogias simbólicas para compreender o efeito que o mito exerce por meio das fascinantes imagens do inconsciente, e citou como exemplo o motivo da renovação que corresponde à metáfora em que o sol de meio-dia deve fenecer para o surgimento de uma nova vida (Jung, 1975, p. 161).

Após a análise do sonho do herói Siegfried, Jung entregou-se, cada vez mais, ao seu processo de *katábasis* (descida), que ele denominou de "confrontação com o inconsciente", objetivando penetrar nos extratos mais profundos da psique para apreender e ampliar seus conhecimentos acerca de suas fantasias, das imaginações, dos devaneios e de seus sonhos. Nesse processo de transformação que comparou como uma viagem à lua ou uma descida ao espaço vazio "[...] eu tinha a sensação de estar na terra dos mortos" (Jung, 1975, p. 181). Assim, ele conectou-se profundamente com o mundo das imagens do inconsciente, deparando-se com as complexas simbologias das imagens primordiais e de diversas personificações como as do velho sábio; da sombra e da *persona*; do animus e anima; e do *self*, símbolo da totalidade psíquica que representavam, em parte, expressões do próprio inconsciente. Desde sua decisão consciente de levar a termo a experiência viva do aprofundamento do inconsciente, Jung percebeu claramente a necessidade de se esforçar para demonstrar que os conteúdos de suas vivências não apresentavam somente caráter pessoal, mais do que isso, eram representações psíquicas coletivas de processos que se repetem de tempos em tempos em toda a existência humana.

Passando a utilizar novos procedimentos para cultivar as imaginações e as fantasias que posteriormente ele denominou de método de imaginação ativa, ou seja, a suspensão da faculdade crítica para evocar as imaginações, as fantasias, os afetos, os pensamentos ou as imagens oníricas do inconsciente. Em princípio, Jung dialogou com as diversas personificações que surgiram involuntariamente e que lhes ensinaram a perceber a realidade psíquica como algo vivo. Depois passou a ensinar e incentivar seus analisandos a fazerem uso dessa nova forma de lidar com o inconsciente. Em 1929, ao ler o livro taoísta chinês *O segredo da flor de ouro*, Jung descobriu que a técnica da imaginação ativa desenvolvida por ele, embora apresentasse certas diferenças, estava profundamente enraizada em diversas práticas de meditação oriental budista e de alquimia taoísta. Ele apresentou um outro paralelo psicológico como ilustração da técnica da imaginação ativa, com os *Exercitia spiritualia*, de Santo Inácio de Loyola, que instrui o indivíduo a ver com os olhos da imaginação, sendo essas práticas de visualização muito adotadas pela Igreja Católica até hoje. Posteriormente, desenvolveu e promoveu o uso de novas técnicas expressivas, não verbais, como pinturas, desenhos, esculturas etc., ainda totalmente desconhecidas pela psicoterapia daquela época. Observou em si próprio e em seus analisandos que a técnica verbal se tornava obsoleta em certas situações difíceis, como se o indivíduo estivesse numa espécie de labirinto. Assim, Jung contribuiu para o desenvolvimento de um novo modelo de psicoterapia ao fazer uso dessas novas metodologias. Importante destacar que ele considerou ambas as técnicas verbais e não verbais como ferramentas fundamentais a serem utilizadas no processo de investigação dos conteúdos do inconsciente. Assinalou Jung: "Fantasias podem ser objetivadas por meio de do seu registro escrito, por meio do desenho, da pintura ou (o que é mais raro) da dança alusivas a elas" (Franz, 1975, p. 93).

Ainda no período da Primeira Guerra Mundial, Jung prestou o serviço militar na Region Anglaise des Internés de Guerre, quando passou a desenhar num caderno de notas, todas as manhãs, várias formas espontâneas de mandalas que emergiam de sua mente. Tempos depois, deu-se conta de que os seus desenhos espelhavam os diversos estados da sua mente interior. Logo, percebeu que, quando se encontrava de mau humor ou em harmonia, a simetria das mandalas, do mesmo modo, alternavam-se.

Em 1927, Jung teve um novo sonho que considerou valioso, pois ilustrava a sua situação subjetiva daquele momento, além de compreender que tudo se direcionava para um centro. Essa constatação reconheceu as suas hipóteses acerca do arquétipo do *self*, como centro organizador e representante da totalidade da psique. A representação onírica de um círculo mágico contida em seu sonho tanto o mobilizou que ele sentiu a necessidade imensa de pintar a imagem do mandala e a nomeou de "janela para a eternidade". Logo depois desse sonho, ele não pintou nem mais teve tendências para desenhar imagens de mandalas. Esse sonho foi narrado por ele em suas memórias:

Encontrava-me numa cidade suja de fuligem. Chovia e a atmosfera estava carregada: era uma noite de inverno em Liverpool. Com cerca de seis companheiros suíços, eu caminhava através de ruas escuras. Tinha a impressão de que vínhamos do mar, do porto, e que a verdadeira cidade ficava no alto, sobre os penhascos. Para lá nos dirigíamos. A cidade lembrava-me Basileia: o mercado é embaixo e há uma ruela que sobe chamada Totengaesschen (ruela dos mortos), conduzindo a um planalto onde fica a Praça de São Pedro e a grande igreja do mesmo nome. Quando chegamos ao planalto, encontramos uma vasta praça fracamente iluminada por lampiões onde muitas ruas desembocavam. Os quarteirões da cidade eram dispostos radialmente em torno da praça. No meio, encontrava-se um pequeno lago, no centro do qual havia uma pequena ilha. Embora tudo estivesse mergulhado na chuva, na neblina, na fumaça, numa noite frouxamente iluminada, a ilhota resplandecia à luz do sol. Nela se erguia uma árvore solitária: uma magnólia coberta de flores avermelhadas. Era como se a árvore estivesse ligada à luz do sol e como se, ao mesmo tempo, fosse a própria luz. Meus companheiros faziam observações sobre o tempo terrível e evidentemente não viam a árvore. Falavam de um outro suíço que habitava Liverpool, espantados de que ele tivesse se estabelecido nessa cidade. Eu me sentia transportado pela beleza da árvore em flor, pela ilha ensolarada e pensava: Eu bem sei por quê, quando despertei (Jung, 1975, p. 175).

Graças a esse sonho radiante, Jung atinou para a noção de finalidade, em que todos os fenômenos psíquicos têm um sentido de propósito inerente, compreendendo também que o *self* é um arquétipo da totalidade da personalidade e um centro de orientação e do sentido da psique e aí residiria a sua função curativa. Disse Jung: "A partir dessa percepção tive um primeiro vislumbre do meu mito pessoal" (Franz, 1975, p. 118).

No capítulo "Gênese da obra", em suas memórias, Jung relatou que alguns sonhos prenunciaram seu encontro apaixonante com a alquimia antes de mergulhar nos seus estudos. Recordou alguns aspectos dos sonhos recorrentes com o mesmo tema da casa, em que aparecia com frequência uma espécie de construção anexa que lhe parecia estranha e desconhecida. Eis o sonho descrito:

> Tive um sonho no qual me dirigia à ala desconhecida. Lá encontrei uma biblioteca maravilhosa, que provinha em grande parte dos séculos XVI e XVII. Havia nas estantes numerosos fólios encadernados de couro de porco. Alguns entre eles eram ilustrados com gravuras de cobre, de natureza estranha, e as imagens representavam símbolos singulares, como jamais havia visto. Não sabia, nessa época, a que se referiam esses símbolos, e só muito mais tarde reconheci que eram símbolos alquimistas. Nos sonhos, sentia a fascinação indescritível que emanava deles e de toda a biblioteca. Era uma coleção medieval de incunábulos e de gravuras do século XVI (Jung, 1975, p. 179).

Em sua interpretação, Jung percebeu que essas imagens oníricas se relacionavam com aspectos mais íntimos de sua personalidade que até então lhes eram desconhecidos. E, assim, considerou que:

> A ala desconhecida era uma parte de minha personalidade, um aspecto de mim mesmo. Representava algo que fazia parte de mim, mas de que eu ainda não tivera consciência. Esse edifício e, em particular, a biblioteca, relacionava-se com a alquimia que nessa época me era desconhecida, e o estudo da qual me consagrei incessantemente. Cerca de quinze anos mais tarde, reuni, na realidade, uma biblioteca semelhante à do sonho (Jung, 1975, p. 179).

Mas, foi por volta de 1926, que Jung mencionou um outro sonho curioso que ele considerou como complementar e de-

Sonhos – Conexões com seu oráculo anterior

cisivo por revelar-lhe seu encontro definitivo com a alquimia. Eis o sonho:

> Estou em Tirol do Sul, durante a Guerra. Encontro-me no *front* italiano, prestes a retirar-me com um homenzinho, um camponês, na carroça do qual achamos. Em torno explodem obuses (peça de artilharia) e sei que é preciso nos afastamos tão rapidamente quanto possível, pois nos encontramos em perigo. Tínhamos que atravessar uma ponte e depois um túnel, cuja abóboda tinha sido parcialmente destruída pelos obuses. Chegando ao fim do túnel, vimos uma paisagem ensolarada: reconheci a região de Verona. Mais abaixo estava a cidade iluminada pelo sol. Senti-me aliviado enquanto nos dirigimos para a planície lombarda, verdejante e florida. A estrada serpenteava através de belas paisagens primaveris e admiramos arrozais, olivais e vinhedos. De repente, avistei, interceptando a estrada, um edifício grande, uma casa senhorial de grandes proporções, semelhante a um castelo de algum príncipe da Itália do Norte. Era uma morada senhorial característica, com muitas dependências e edifícios anexos. Tal como no Louvre, a rua levava ao castelo através de um grande pátio. O cocheiro e eu atravessamos um portal e pudemos, então, de onde nos encontrávamos, perceber de novo a paisagem ensolarada, através de um segundo portal mais adiante. Olhei em torno: à direita, a fachada da morada senhorial; à esquerda, as casas dos empregados e as cavalariças, as granjas e outras construções anexas que se estendiam ao longe. Enquanto permanecíamos no meio do pátio, diante da entrada principal, ocorreu algo inesperado: com um baque surdo, os dois portais se fecharam. O camponês saltou do banco do carro e gritou: eis-nos agora prisioneiros do século XVII! – resignado, pensei: sim, é isso! mas que fazer? Eis-nos prisioneiros por muito tempo! Depois tive um pensamento consolador: algum dia, depois de passados esses anos, poderei sair (Jung, 1975, p. 179).

Sem mais esperar, Jung dedicou-se com devotamento às leituras dos velhos escritos alquímicos, tentando compreender acerca do simbolismo que ele sentia como um segredo venerável e de vital importância.

No ano de 1928, Jung sentiu um profundo desejo de conhecer as obras dos principais alquimistas. Encomendou a um livreiro de Munique uma coletânea seleta de livros clássicos alquímicos. Ao receber a volumosa coleção dos tradicionais livros, deparou-se com o extraordinário livro *Artis auriferae volumina duo*, que provocou em Jung muita inquietação por observar as belas gravuras alquímicas e não compreender a significação daqueles símbolos. Intrigado, dedicou-se à leitura sobre a história do mundo, das filosofias e religiões e logo foi envolvido de modo fascinante pelas imagens e pelos textos. Surpreendeu-se, sobretudo, quando descobriu que os alquimistas engendravam antigos símbolos já conhecidos por ele. Entretanto, reconheceu que se fazia necessário compreendê-los com consistência e profundidade. Numa certa noite, completamente absorto pela riqueza das obras dos alquimistas, um sonho repetitivo se revelou. Considerou esse sonho como anunciador, pois exprimia um tema de aprisionamento que ele já conhecia. Nesse sonho, ele era um prisioneiro do século XVII, inferiu que nesse mesmo século foi o período do desaparecimento da alquimia e, assim, concluiu que uma das mensagens que seu sonho lhe anunciava era de aprofundar-se na nova tarefa de estudar essa pseudociência: "Eis-me condenado a estudar e a dedicar-me a toda alquimia desde o início" (Jung, 1975, p. 180).

No período entre 1946 e 1956, Jung descobriu a conexão histórica existente entre a alquimia e a psicologia complexa. A evidência de presença de um substrato histórico psíquico passou a ser, para ele, uma questão central em seus estudos e pesquisas. Buscou objetivamente demonstrar as analogias existentes entre as ciências alquímica e psicológica e, em particular, as dificuldades presentes na psicoterapia relacionadas à questão da transferência. Mediante os seus estudos alquímicos durante quase 20 anos, Jung chegou a um dos conceitos centrais de sua obra, o processo de individuação, além de verificar a correspondência simbólica do processo alquímico da *conjunctio*, isto é, da união de opostos e o surgimento de novas possibilidades, com o processo de transferência de análise como um fenômeno universal. Assinalou Jung: "Todos os problemas que me preocupavam humanamente ou cientificamente foram antecipados ou acompanhados por sonhos; o mesmo aconteceu em relação ao problema da transferência" (Jung, 1975, p. 187). Dessa maneira foi que ele registrou um longo sonho que novamente evocava essa mesma questão:

> Sonhei de novo que minha casa tinha uma grande ala na qual jamais havia entrado. Finalmente fui visitá-la. Cheguei em uma grande porta de dois batentes. Ao abri-la, encontrei-me num espaço onde havia sido instalado um laboratório. Diante da janela havia uma mesa cheia de todos os tipos de recipientes de vidro e todo o aparelhamento de um laboratório zoológico. Era o local de trabalho de meu pai. Mas ele não estava lá. Nas paredes, cabides suportavam centenas de vidros que continham todas as espécies de peixes imagináveis. Estava assombrado: Então meu pai se ocupa de ictiologia! Enquanto estava lá e olhava em torno, vi que uma cortina de vez em quando se inflava ao sopro de um vento forte. De repente apareceu Hans, um rapaz do campo; pedi-lhe que fosse ver por detrás da cortina se não havia alguma porta ou janela aberta. Ele obedeceu e, ao voltar, vi que estava transtornado. Uma expressão

de terror lia-se em seu rosto. Disse simplesmente: Sim, há uma coisa. *É um fantasma*! Fui então para outra peça e encontrei uma porta que se comunicava com o quarto de minha mãe; não havia ninguém. A atmosfera era opressiva e o quarto era muito grande. No teto havia duas fileiras de cinco caixas suspensas, cerca de meio metro do chão. Pareciam pequenas cabanas de jardim, com uma superfície de mais ou menos dois metros quadrados; em cada uma havia dois leitos. Sabia que nesse local minha mãe, que na realidade morrera há algum tempo, era visitada e lá instalara leitos para os espíritos. Eram espíritos que vinham aos pares; casais de espíritos, que lá passavam a noite ou mesmo o dia. Em frente ao quarto de minha mãe havia uma porta. Eu abri e encontrei-me num imenso *hall*; lembrava-me o *hall* de um grande hotel, com cadeiras, mesas, colunas e todo o luxo habitual. Uma orquestra com instrumentos de metal tocava espalhafatosamente. Antes, já ouvira a música ao longe, sem saber, entretanto, de onde vinha. Não havia ninguém no *hall,* só a fanfarra executando canções, danças e marchas. A orquestra de metais, no *hall* do hotel, indicava divertimento e mundanidade ostensiva. Atrás dessa fachada barulhenta, ninguém teria suspeitado que existia um outro mundo na casa. A imagem onírica do *hall* seria, portanto, uma caricatura de minha bonomia e jovialidade mundana. Mas isso era apenas o lado exterior; atrás, encontrava-se algo completamente diferente, sobre o qual seria impossível discorrer, ouvindo a orquestra de metais: o laboratório de peixes, e o quarto onde estavam suspensas as armadilhas de espíritos. Meu sentimento era este: aqui vive a noite, enquanto no *hall* representa o dia e a agitação superficial do mundo (Jung, 1975, p. 187).

Todas essas projeções simbólicas de seu sonho foram consideradas como significativas por Jung, porque exprimiam não só o problema da *coniunctio* ou transferência, como também reve-

Sonhos – Conexões com seu oráculo anterior

lavam as suas atuais reflexões acerca dos aspectos simbólicos da Era de Peixes e da figura de Cristo. Psicologicamente, para Jung, o inconsciente havia ativado uma imagem latente do início da era cristã que só poderia emergir numa época posterior e tornava-se fundamental a assimilação e conscientização de seu sentido. Posteriormente, em seu livro *Aion: Estudos sobre o simbolismo do si-mesmo*, Jung tratou do simbolismo e da fenomenologia do arquétipo do si mesmo, em conformidade com o surgimento da figura de Cristo e com o início da Era de Peixes como sendo exemplo de um fenômeno de sincronicidade.

Um outro grande sonho evocado por Jung ilustrou em seu conteúdo e imagens o mesmo motivo do prenúncio de uma nova era. Nesses conteúdos ativados pelo inconsciente, ele percebeu a aparição de um conjunto de imagens de Cristo e da nova Era de Peixes, que envolviam seus sonhos recorrentes. Assim, entendeu que estava predestinado a lançar-se em um novo projeto que implicava os estudos psicológicos do cristianismo e suas bases históricas. Considerou que as questões religiosas apresentavam analogias com sua psicologia das profundezas, em que um dos objetivos era penetrar no segredo da personalidade. Vejamos o longo sonho descrito por Jung que enunciou a natureza paradoxal da imago *Dei* e suas consequências no drama psicológico vivenciado pelo justo e piedoso Jó:

> [...] eu visitava meu pai, morto há muito tempo. Ele morava no campo num lugar desconhecido. Vi uma casa do estilo do século XVIII. Parecia muito espaçosa e era flanqueada por grandes construções anexas. Anteriormente fora um hotel de uma estação de águas; sabia também que, ao longo dos séculos, hospedara personalidades notáveis, celebridades e príncipes. Dizia-se por outro lado, que alguns dentre eles ali haviam morrido e seus sarcófagos

haviam sido colocados na cripta que fazia parte da casa. Meu pai era o guardião. Entretanto, como descobri logo, ele não era apenas o guardião, mas um grande sábio, em contraste com a realidade sua vida passada. Encontrei-o em seu escritório; estranhamente, lá estava também o Dr. Y [...] – mais ou menos da minha idade – e seu filho, ambos psiquiatras. Depois, não sei se por causa de uma pergunta minha, ou querendo explicar espontaneamente alguma coisa, meu pai apanhou uma grande Bíblia da estante, um grosso infólio, semelhante à Bíblia de Merian, que tenho em minha biblioteca. A Bíblia que meu pai tomara nas mãos era encadernada em couro de peixe brilhante. Abriu-a no Velho Testamento, no Pentateuco (suponho) e pôs-se a interpretar uma passagem. Mas falava tão rapidamente e com tal erudição, que eu não conseguia segui-lo. Observava simplesmente que suas palavras denotavam uma quantidade de conhecimentos de toda a espécie: suspeitei vagamente de sua importância, sem compreendê-la ou apreciá-la. Vi que o Dr. Y... não compreendia absolutamente nada, e seu filho pôs-se a rir. Pensavam que meu pai estivesse numa espécie de excitação senil e que se comprazia num fluxo de palavras destituídas de sentido. Parecia-me claro, entretanto, que não se tratava de uma agitação doentia, nem de um discurso insensato, mas de uma argumentação de tal forma inteligente e sábia que a nossa ignorância simplesmente não conseguia apreendê-la. Tratava-se, ao contrário, de algo muito importante que fascinava meu pai. Por isso, invadido por pensamentos profundos, falava com tal intensidade. Encolerizei-me ao pensar quão profundamente triste era o fato de que falasse diante de três imbecis como nós. Os dois psiquiatras representam o ponto de vista médico limitado, que me caracterizava, igualmente, enquanto médico. Representam de alguma forma a minha sombra, em primeira e segunda edição, como pai e filho. Depois, a cena mudou: meu pai e eu estávamos diante da casa, e à nossa frente havia uma espécie de granja onde certamente haviam armazenado reservas de lenha. De lá vinham ruídos surdos, como se grandes feixes de lenha caíssem ao chão ou fossem lançados a um canto. Tinha a impressão de que pelo menos dois homens ali trabalhavam, mas meu pai fez-me compreender que se tratava de fantasmas. Eram duendes que dominavam o lugar. Depois entramos na casa e percebi que as paredes eram muito grossas. Subimos por uma escada estreita ao primeiro andar e então vimos um espetáculo estranho: a sala era muito alta, uma reprodução exata do Diwân-i-kaas (sala do Conselho) do sultão Akbarem Fatehpur Sikri. A sala era redonda com uma galeria ao longo da parede; dela partiam quatro pontes que levavam ao centro, cuja forma era a de uma bacia. Esta repousava numa enorme coluna e constituía o trono circular do sultão que, sentado, falava aos seus conselheiros e filósofos; estes sentavam-se na galeria ao longo das paredes. O conjunto era uma gigantesca mandala, e correspondia exatamente ao Daiwân-i-Kaas que eu visitara nas Índias. No sonho, percebi de repente que do centro se erguia uma escada muito íngreme até o alto da parede – o que não correspondia mais à realidade. No alto da escada havia uma pequena porta. Meu pai disse: Vou levar--te agora à mais alta presença! Era como se me tivesse dito *highest presence*. Depois ajoelhou-se e tocou o solo com a fronte; eu o imitei muito emocionado. Entretanto não sei por que não conseguia encostar minha fronte no chão. Faltava talvez um milímetro entre a fronte e o solo. Acompanhara o gesto do meu pai e, de repente, soube, talvez por ele mesmo, que atrás da porta, no alto, numa peça solitária, habitava Úrias, o general do Rei David. Este último traíra vergonhosamente Úrias por causa de Betsabá, sua mulher. Davi ordenara aos seus soldados que o abandonassem ao inimigo (Jung, 1975, p. 191).

Jung intuiu que esse sonho do tipo premonitório lhe revelava provas difíceis que teria que suportar, por exemplo, a morte de sua querida esposa Emma. "Alguma coisa em mim dizia: tudo bem, mas não inteiramente" (Jung, 1975, p. 139). Em seguida, ele continuou descrevendo outras cenas de seu sonho: "Depois desse malogro seguimos pela rua para o outro lado, onde os duendes parecem trabalhar" (Jung, 1975a, p. 192).

A imagem dos duendes foi associada por Jung como referindo-se aos temas típicos que são ativados comumente na fase da adolescência, portanto, relacionavam-se com sua atitude de imaturidade e de inconsciência. E continuou a detalhar a cena onírica: "o quadro hindu ilustra o outro lado" (Jung, 1975a, p. 192).

Esse cenário lhe remeteu à viagem que havia feito à Índia, quando ficou bastante impressionado com a estrutura do Forte Vermelho, construído em 1648, usado para audiências privadas do imperador. A arquitetura desse conjunto monumental de fortificações em Déli, o Diwân-i-Kaas, é em forma circular, e Jung considerou essa estrutura uma metáfora de um conteúdo em relação a seu centro (*self*). Além disso, o sonho exibia a imagem da natureza paradoxal de Deus como um *complexio oppositorum*, conforme assim se revelou, como Javé no Antigo Testamento.

Na primavera de 1924, no capítulo intitulado de "A Torre", em suas memórias, Jung descreveu um novo sonho que se manifestou e lhe pareceu estranho, quando ele estava vivenciando um estado de solitude em sua casa de Bollingen, espaço de retiro, conforme ele mesmo considerava:

Durante a noite, passos leves me despertaram: alguém caminhava em torno da torre. Uma música longínqua aproximava-se cada vez mais e ouvia vozes, risos, conversas. Pensei: Quem será? O que significa isso? Só há um atalho ao longo do lago, e é raro que alguém passe por ele. Refletindo, acordei completamente e fui à janela; abri as venezianas: tudo estava em silêncio, não havia ninguém; nenhum ruído, nada. Não ventava, não havia nada, nada, absolutamente nada. Que coisa estranha, pensei. Estava certo de que os ruídos de passos, os risos e as conversas tinham sido reais. Mas o que parecia real fora apenas um sonho. Voltei à cama e comecei a refletir acerca de nosso poder de ilusão. Como fora possível que eu tivesse um tal sonho? Adormeci de novo e o mesmo sonho recomeçou. Ouvi novamente os passos, as conversas, os risos e a música. E, ao mesmo tempo, tive a representação visual de centenas de pessoas vestidas de escuro, talvez jovens camponeses com suas roupas domingueiras, vindos da montanha, numa multidão que passava pelos dois lados da torre, batendo os pés, rindo, cantando e tocando sanfona. Irritado, pensei: É de se mandar ao diabo! Pensei que se tratasse de um sonho e eis que agora é de verdade! Acordei, emocionado. Levantei-me depressa, abri as janelas e venezianas, mas tudo estava como antes: noite enluarada e silêncio de morte. Pensei, então: São simples fantasmas! (Jung, 1975a, p. 205).

Ao despertar, como era de seu hábito, Jung refletiu sobre qual seria o significado de seu sonho, observando que se tratava de um gênero diferente dos sonhos comuns. Esse sonho lhe dava a impressão de ser totalmente real e isso o deixou muito intrigado quanto à sensação de discriminar entre as duas realidades: a onírica e a real. Passou a meditar sobre o grande poder da ilusão e investigou qual seria o sentido profundo de seu sonho. Tempos depois, ao ler uma crônica de Cysat, jesuíta suíço que publicou diversas obras sobre o folclore de Lucerna, no século XVIII; que fazia alusão ao fenômeno da solidão, Jung reconheceu seu sonho como representante dos fenômenos compensatórios e de sincronicidade psíquica, exibidas em seus conteúdos e nos acontecimentos do mundo interno que tinham correspondências com a realidade exterior. Segundo Jung, esse sonho perdurou por um longo tempo em sua imaginação.

No início de 1920, Jung aceitou o convite de um dileto amigo para viajarem juntos para a África Setentrional. Desejoso de conhecer um país com outra cultura e tradição histórica diferente da europeia e que tivesse uma outra concepção de mundo, ele e o amigo empreenderam sua viagem para Argélia, no mês de março, seguindo depois para as cidades mediterrâneas de Túnis e Sousse. Após deixarem essas localidades, decidiram ir para o sul, ao longo da costa, para visitar as cidades dos oásis de Sfax, Saara, Tozeur e Nefta. Ao retornar a Túnis, na véspera de seu retorno a Marselha, uma enxurrada de impressões e pensamentos atordoaram a mente de Jung, conforme ele mesmo registrou em carta enviada para sua esposa Emma: "Esta África é inaudita! [...] Tudo é excessivo" (Jung, 1975a, p. 320).

À noite, Jung teve um sonho que muito lhe impressionou, pois, além de simbolizar a síntese do seu estado emocional naquele momento, relacionava-se também com suas fascinantes experiências vividas naquelas exóticas cidades. O encontro de Jung com essas diferentes civilizações e culturas o afetou de forma impactante, conforme ele mesmo descreveu em seu extenso sonho:

Sonhei que me encontrava numa cidade árabe; havia, como na maior parte dessas cidades, um forte, o casbah. A cidade se achava numa vasta planície, completamente cercada por um muro. Seu plano era quadrado, com quatro portas. O casbah no interior da cidade – o que não é usual nessas regiões – era cercado por um fosso largo, cheio de água. Eu estava diante de uma ponte de madeira que atravessava a água e conduzia a uma porta sombria em forma de ferradura. Ela estava aberta. Desejoso de ver o interior do forte, transpus a ponte. Quando me encontrava mais ou menos no meio dela, veio em minha direção, pela porta, um belo árabe de albornoz branco, porte elegante, pele escura, quase real. Sabia que esse jovem efebo era o príncipe residente. No momento em que se aproximou de mim, atacou-me, tentando lançar-me ao chão. Lutamos. Durante o combate, fomos de encontro à balaustrada, que cedeu e caiu num fosso; ele tentou mergulhar minha cabeça na água para afogar-me. Não, disse eu, isso já é demais! Então mergulhei a cabeça dele na água. Consegui fazê-lo, pois embora sentisse grande admiração por ele, não estava disposto a morrer. Não tinha a intenção de matá-lo, mas apenas de fazê-lo perder a consciência, tornando-o incapaz de lutar. Depois o cenário do sonho mudou: o jovem árabe encontrava-se comigo no meio do forte, numa grande sala octogonal, com o teto em forma de abóbada. O recinto era inteiramente branco, muito simples e impressionante. Ao longo das paredes de mármore claro havia sofás; diante de mim, no chão, havia um livro aberto com letras negras, belíssimas, traçadas em pergaminho branco como leite. Não era escrita árabe, parecia muito mais com a escrita oiguri, do Turquestão Ocidental, que eu conheci através de fragmentos maniqueus de Turfã. Não conhecia seu conteúdo, mas sentia, entretanto, que era o meu livro, que eu o havia escrito. O jovem príncipe, com quem acabara de lutar, estava sentado no chão à minha direita. Expliquei-lhe que era preciso, agora que o vencera, ler o livro. Ele se negava. Abracei-o e o obriguei afinal, com bondade paterna, e com paciência, a lê-lo. Sabia que isso era indispensável, e ele acabou por concordar (Jung, 1975a, p. 216).

Jung apresentou alguns paralelos históricos na interpretação desse sonho, especialmente, na primeira parte, quando mencionou uma correspondência *bíblica* de uma situação destrutiva, simbolizada na luta entre *Jacó e Anjo*. Subjetivamente, essa situação representava uma certa ameaça à sua consciência europeia em ser absorvida por forças inconscientes. Para Jung, essa mensagem de advertência foi motivo de grande perplexidade, pois conscientemente ele desconhecia totalmente esse contexto perturbador que o sonho lhe revelou. Pelo contrário, naquele momento da viagem, ele experimentava um certo sentimento de superioridade "porque a cada passo, lembrava-me do meu europeísmo" (Jung, 1975a, p. 217). Somente anos mais tarde foi que ele elaborou a verdadeira razão daquela situação perturbadora que o sonho lhe havia prevenido. Os conteúdos oníricos chamavam atenção de Jung para a sua atitude inconsciente de negar a África, mas, ao mesmo tempo, a mensagem sugeria que ele deveria preservar a sua personalidade europeia. Os sonhos de advertência são tentativas de o inconsciente revelar e ajudar a identificar, de forma mais ampla, a sombra que há em nós. Graças à sensibilidade de Jung em valorizar seus sentimentos e suas intuições como ele mesmo acentuou: "na verdade não sei o que a África me diz, mas ela me fala" (Jung, 1975a, p. 321), foi que ele pôde discernir que a sua nova incumbência seria alcançar uma composição equilibrada entre o mundo europeu e o mundo africano. Desse modo, as outras

Sonhos – Conexões com seu oráculo anterior

viagens que Jung fez à África, com grupo de amigos, além de considerar como muito significativas, ajudaram-no no entendimento como ele próprio disse de: "uma *imitatio* das supostas origens da consciência" (Jung, 1913/2020, p. 90).

No ano de 1938, Jung empreendeu uma nova viagem à Índia, a convite do governo inglês, para comemorar as festividades do 25º jubileu da Universidade de Calcutá. A jornada para a Índia despertou nele sentimentos de contínua busca pela própria verdade. Lera bastante sobre esse país, conhecia profundamente a filosofia indiana e sua história religiosa, além de sentir um imenso respeito e valor à sabedoria oriental. A questão agora que lhe preocupava e que se tornara central estava relacionada com a da natureza psicológica do mal. Inferiu que precisava refletir sobre essa complexa problemática para consolidar seus conhecimentos. Logo após sua chegada a Calcutá, ele permaneceu cerca de dez dias internado num hospital para se recuperar de uma crise de desarranjo intestinal. Ao se restabelecer, retornou ao hotel e ao adormecer teve o seguinte sonho:

> [...] estava numa ilha desconhecida, provavelmente perto da costa do sul da Inglaterra, em companhia de alguns amigos e conhecidos de Zurique. A ilha era estreita, pequena e quase desabitada, e se estendia perto de trinta quilômetros na direção norte-sul. Na costa rochosa, ao sul, elevava-se um castelo medieval, no pátio do qual formávamos um grupo de turistas. Diante de nós erguia-se uma imponente torre; através de seu portal podia-se ver uma larga escada de pedra e perceber que desembocava numa sala de colunas, fracamente iluminada pela chama das velas. Ouvi dizer que era o castelo do Graal e que à noite haveria uma celebração. Essa informação parecia ter um caráter secreto pois um professor alemão que se

encontrava entre nós, extremamente parecido com o velho Mommsen, nada sabia a respeito. Tive com ele uma conversa muito animada e fiquei impressionado por sua erudição e brilhante inteligência. Mas havia um detalhe que me perturbava: ele falava sem cessar de um passado morto e expunha sabiamente as relações entre as fontes inglesas e francesas da história do Graal. Aparentemente não tinha consciência do sentido da lenda nem percebia sua presença viva, o que não acontecia comigo. Dava a impressão de ignorar também o ambiente imediato e real: comportava-se como se falasse numa sala de aula, diante dos estudantes. Procurei inutilmente chamar sua atenção para a situação particular em que estávamos. Ele não via a escada, nem as luzes de festa na sala. Um tanto desamparado, olhei em torno de mim e descobri que me achava contra a parede de uma alta dependência do castelo cuja parte inferior parecia coberta por uma latada. Não era de madeira, como acontece em geral, mas de ferro negro, artisticamente trabalhado, em forma de vinha com folhas, sarmentos e cachos de uvas. De dois em dois metros, nos ramos horizontais, havia casinhas parecendo pequenos nichos, também de ferro. De repente, percebi uma agitação na folhagem; pensei que fosse um rato, mas logo vi nitidamente um homenzinho encapuzado em ferro, um *cucullatus* (extinta família de pombos) que passava de uma casinha para outra. Pois bem! – disse em voz alta, admirado, dirigindo-me ao professor – o senhor está vendo. [...] Houve um hiato no sonho e a cena mudou. Nós nos encontrávamos – o mesmo grupo de antes, menos o professor – fora do castelo, num lugar rochoso, sem árvores. Eu sabia que algo ia acontecer, pois o Graal ainda não se achava no castelo e sua festa deveria ser naquela mesma noite. Dizia-se que ele estava ao norte da ilha, escondido numa casinha desabitada, a única que havia lá. Pensei que devíamos buscá-lo; num pequeno grupo de seis pessoas,

Sonhos – Conexões com seu oráculo anterior

> pusemo-nos a caminho, rumo ao norte. Depois de uma caminhada extenuante que durou várias horas, chegamos à parte mais estreita da ilha; descobri que um braço do mar a dividia em duas metades. Em sua parte mais estreita, a largura do braço de mar era mais ou menos de cem metros. O sol se pusera, caía a noite. Fatigados, deitamo-nos no chão. Não havia mais ninguém nesse lugar deserto. Nem árvores nem moitas: apenas erva e rochedos, sem nenhuma ponte, nenhum barco! O frio era intenso e meus companheiros adormeceram um a um. Refleti sobre o que deveria fazer e cheguei à conclusão de que devia atravessar o canal a nado em busca do Graal. Quando ia me despedir, acordei (Jung, 1975a, p. 246).

As imagens hindus exerceram em Jung uma atração magnética e ele logo percebeu que havia sido arrebatado por esses símbolos fascinantes. Entretanto, contraditoriamente, notou que seu sonho mobilizou energias, modificando percepções que transformaram sua atitude consciente. Segundo Jung, esse sonho era essencialmente europeu, porque trazia em seu conteúdo o tema da lenda do Santo Graal, um mito que surgiu muito antes da Era Cristã. No século XII, o escritor Chrétien de Troyes foi pioneiro ao fazer uso da lenda do cálice sagrado em suas histórias medievais, particularmente, nas peripécias do Rei Arthur da Inglaterra. Assim, Jung logo observou que se tratava de mais um sonho de advertência que lhe indagava: "Que fazes nas Índias?" Como se estivesse indicando que não era aquele o seu caminho e a tarefa que deveria executar. Ao analisar o símbolo cristão que fora ativado em sua psique, Jung rapidamente percebeu que o aviso contido no sonho o prevenia de que deveria retornar aos seus estudos dos símbolos alquímicos conforme ele discerniu e acolheu na mensagem onírica:

No início da primavera, comecei a viagem de retorno, de tal modo subjugado por minhas impressões que não desci em Bombaim, mas permaneci mergulhado nos meus textos alquimistas latinos. Entretanto as Índias deixaram vestígios em mim que vão de um infinito a outro infinito (Jung, 1975a, p. 249).

No início de 1944, em seu livro *Memórias, sonhos, reflexões*, no tema sobre visões, Jung recordou que passou por momentos difíceis, mas que foram necessários para se elevar e refletir sobre os propósitos da vida. Ao acidentar-se, fraturou o perônio e logo em seguida sofreu um enfarte, permanecendo num estado delicado e em perigo de morte. Nesse estado de transitoriedade, ocorreram-lhe inúmeras visões e delírios. As imagens eram tão violentas que ele concluiu que estava prestes a morrer. Vivenciou um estado de totalidade atemporal, em que passado, presente e futuro se condensavam numa unidade. Nesse todo indescritível, nada lhe parecia estar cindido no tempo, nem podia ser mensurado por conceitos temporais. Lembrou que, por ocasião da morte de sua esposa Emma, em 27 de em novembro de 1955, teve um sonho semelhante a uma visão e narrou:

> Ela me apareceu em sonho como se fosse uma visão. Postara-se a alguma distância e me olhava de frente. Estava na flor da idade, tinha cerca de 30 anos e trajava o vestido que minha prima, a médium, lhe fizera, talvez o mais belo que jamais usara. Seu rosto não estava alegre e nem triste, mas expressava conhecimento e saber objetivos, sem a menor reação sentimental, além da perturbação dos afetos. Sabia que não era ela, mas uma imagem composta ou provocada por ele em minha intenção. Nessa imagem estava contido o início de nossas relações, os acontecimentos de nossos 35 anos de casamento e o fim de sua vida. Diante de tal totalidade, permanecemos mudos pois

dificilmente podemos concebê-la. A objetividade vivida nesse sonho e nas visões pertence à individuação que se cumpriu (Jung, 1975a, p. 258).

Foi a partir da vivência de suas visões que Jung intuiu a objetividade psíquica, espécie de um estado de totalidade inexprimível e indescritível de plenitude impossível de concebê-la fora do pensamento onírico. Explicitou o sonho acima descrito com sua esposa Emma como exemplo dessa objetividade vivida em suas visões e sonhos. Entendeu que essas vivências estão para além das complexidades afetivas e que pertencem ao processo de individuação ocorrido. Segundo Jung, somente esse conhecimento objetivo se converte na verdadeira *conjunctio*.

Ainda em suas memórias, no capítulo "Sobre a vida depois da morte", Jung nos apresentou alguns sonhos que o fizeram refletir e tratar sobre o tema da imortalidade, o qual necessita de pesquisas e de maior compreensão daquele que está pesquisando. E para esse intento, é essencial estar em conexão com o inconsciente, valorizando os sonhos que se comunicam por meio de metáforas, indicações, orientações e respostas a essa complexa questão. A título de exemplo, Jung se referiu particularmente aos sonhos que trazem conteúdos premonitórios, fenômenos de sincronicidade, pressentimentos e intuições que transmitem algo que pela lógica da consciência não podemos alcançar. O ceticismo de algumas pessoas para Jung é uma atitude compreensível, mas, ao mesmo tempo, é preconceituoso, pois não permite a investigação da essência de um determinado fenômeno psíquico. Ao verificarmos a história do desenvolvimento dos sonhos e das tradições míticas, torna-se óbvio que devemos não só dar atenção a esses tipos de sonhos, como transformar esse questionamento em ideias a seu respeito, ainda que estas se tornem hipóteses difíceis de serem observadas.

Jung recordou uma situação, por ocasião da Segunda Guerra Mundial (1939-1945), quando retornava de sua casa de Bollingen para sua residência em Küsnacht e experimentou uma forte sensação de que algo não estava bem e isso muito o inquietou. Durante o trajeto da viagem de trem, não conseguia se livra desse pressentimento, tentou descontrair e ler o livro que trouxera. Mas, de repente, surgiu espontaneamente em sua mente a lembrança dolorosa do acidente de um colega de trabalho que havia se afogado. Muito angustiado com essa imagem do afogamento, que continha forte carga emocional, ele perguntou a si próprio: o que ocorreu. Teria acontecido alguma desgraça?

Logo ao descer do trem e entrar em sua casa, sentiu o ambiente pesado e pensou sobre o que estava acontecendo. Rapidamente teve como resposta que seu neto mais novo, Adriano, que não sabia nadar; havia caído nas profundezas do lago, afogando-se, mas salvo pelo irmão mais velho. Esse fato surpreendente para Jung é exemplo de um acontecimento típico de sincronicidade, pois o acidente com o neto ocorreu exatamente no mesmo momento em que que foi atravessado pela lembrança opressiva, no trem de volta para Küsnacht. Depreendeu que o inconsciente lhe enviara um aviso e, por meio dessas considerações, sentiu um profundo respeito por tais experiências, mantendo-se, cada vez mais, numa atitude de conexão com seu oráculo interior que sabiamente lhe transmitia novas informações e esclarecimentos.

Um outro episódio semelhante, em que o inconsciente lhe enviara um sinal, foi relatado por Jung, quando, em uma ocasião delicada, ocorreu a morte da prima de sua esposa. Teve um sonho considerado por ele como estranho que lhe anunciou o falecimento de uma mulher. Eis o sonho:

Sonhos – Conexões com seu oráculo anterior

> Sonhei, então, que o leito de minha esposa era um fosso profundo com paredes mal cimentadas. Era um túmulo que despertava lembranças da Antiguidade. Ouvi nesse momento um profundo suspiro, como o de um agonizante. Uma forma que se assemelhava à de minha mulher ergueu-se da tumba e elevou-se nos ares. Trazia uma veste branca tecida de curiosos signos negros. Despertei, acordei também minha mulher e olhei o relógio. Eram três horas da manhã (Jung, 1975a, p. 263).

No mesmo dia, ao acordar por volta das sete horas da manhã, chegou a notícia de que uma prima de Emma falecera exatamente às três horas da madrugada, conforme o sonho havia prenunciado. Para Jung, esses tipos de sonhos premonitórios sempre estiveram presentes em sua vida e de seus pacientes. Um outro exemplo de sonho do tipo premonitório que lhe antecipou a notícia funesta da morte de uma mulher foi registrado por ele:

> [...] sonhei que me encontrava participando de uma festa. Percebi minha irmã, o que me espantou bastante, pois morrera havia alguns anos. Um de meus amigos, também falecido, estava na recepção. Os outros convidados eram pessoas vivas na época. Minha irmã se encontrava em companhia de uma senhora que eu conhecia muito bem, e já no próprio sonho concluíra que ela parecia como que tocada pela morte. Ela estava marcada, dizia a mim mesmo. No sonho sabia exatamente quem era essa senhora e que morava na Basileia. Quando despertei, embora tivesse o sonho inteiro diante de meus olhos e em toda sua vivacidade, *não pude, apesar da melhor boa vontade do mundo, recordar-me de quem se tratava. Passava em revista todos os meus conhecidos da Basil*eia; esforçava--me, agindo assim, em descobrir alguma ressonância em mim. Em vão! (Jung, 1975a, p. 263).

Ao acordar, Jung esforçou-se em vão para entender o aviso que o sonho lhe comunicara, mas somente algumas semanas depois, quando recebeu a notícia de que uma senhora do círculo de suas relações familiares fora vítima de um acidente fatal, ele associou que a senhora se tratava da mesma pessoa da qual ele não recordou de imediato e que fora uma das suas primeiras pacientes que permaneceu no processo de análise até um ano antes de sua morte.

Ao analisar uma multiplicidade de sonhos em que sobrevieram motivos sobre a morte ou alusões de espíritos de pessoas falecidas, Jung sentiu grande consideração pela potência e pelas capacidades do inconsciente que, ao enviar essas comunicações, abre novas perspectivas em relação ao que ocorre depois da morte. Apesar de não existir a possibilidade de se chegar a certezas, devido ao tema ultrapassar nossa compreensão e por sermos limitados por nossa estrutura inata, ele aludiu sobre a hipótese de uma sabedoria eterna, presente na natureza do inconsciente, que se manifesta nos sonhos e nas tradições míticas, que, além de propor questões às quais não sabemos responder de imediato, indicam que a alma é susceptível de evolução *post mortem*.

A atitude de observar os próprios sonhos e de seus pacientes instigou Jung a um forte desejo de desvelar algo sobre o tema da continuidade da vida após a morte. Ele admitia que a proximidade da morte, para algumas pessoas, proporciona a indispensável liberdade de penetrar na essência dessa questão com mais consciência. Assim, a tarefa de desvendar se haveria ou não uma existência após a morte tornou-se, para ele, o novo centro de interesse de seus estudos e pesquisas. Arquitetou diversas hipóteses a respeito de uma sobrevida e configurou

Sonhos – Conexões com seu oráculo anterior 235

novas concepções nesse vasto campo de certezas relativas. Dentro desse contexto, apresentou um sonho intrigante no qual ilustrou sua experiência viva de evolução da alma após a morte. Eis o sonho:

> Foi assim que me aconteceu uma vez sonhar que visitava um amigo falecido quinze dias antes. Quando vivo, só conhecera uma concepção convencional do mundo e nunca se apartara dessa atitude desprovida de reflexão. Sua residência ficava numa colina semelhante à de Tüllingen, perto da Basileia. Aí se eleva um velho castelo cujos muros circulares cercavam uma praça, com uma pequena igreja e algumas construções menores. Esse local lembrava-me a praça perto do castelo de Rapperwil. Era outono. As folhas das árvores estavam já douradas, um doce raio de sol iluminava a paisagem. Meu amigo estava sentado à mesa com sua filha que fora estudante de psicologia em Zurique. Eu sabia que ela lhe dava esclarecimentos psicológicos indispensáveis. Estava meu amigo de tal maneira fascinado pelo que ela dizia que me saudou apenas com um rápido gesto de mão, como se quisesse dar entender: "Não me perturbe". Sua saudação estava me despedindo! (Jung, 1975a, p. 268).

Ao analisar o próprio sonho, Jung percebeu que as enriquecedoras imagens oníricas sugeriam a existência de diversos níveis de desenvolvimento da vida pós-morte, considerou que elas tinham semelhanças às diversas analogias relacionadas aos santos anacoretas, que vivem na solidão, entregues à vida contemplativa. Valendo-se das análises e das elaborações dos próprios sonhos e das visões dos inúmeros sonhos de seus pacientes, percebeu certas evidências que demonstram que uma parte da psique está para além das leis do tempo e do espaço, chegando à conclusão de que:

> [...] se há uma existência consciente após a morte, parece-me que ela se situaria na mesma direção que a consciência da humanidade, que possui em cada época um limite superior mais variável. Muitos seres humanos, no momento de sua morte, não só ficam aquém de suas próprias possibilidades, mas sobretudo muito distantes daquilo que outros homens ainda em vida tornaram consciente, daí sua reivindicação de adquirir, na morte, esta parte da consciência que não adquirem em vida (Jung, 1975a, p. 268).

Um ano após a morte de sua esposa Emma, um outro sonho significativo se manifestou, fazendo com que Jung refletisse profundamente acerca da evolução da alma após morte. Ele assim o registrou:

> Acordei repentinamente uma noite e soube que fora até onde ela estava, no sul da França, na Provença, onde tínhamos passado um dia inteiro juntos. Ela fazia nessa região estudos sobre o Graal. Isso me pareceu muito significativo, porque ela havia morrido antes de terminar o trabalho que empreendera sobre esse assunto (Jung, 1975a, p. 268).

Uma das análises elaborada por Jung de seu sonho fora de que sua *anima não havia* terminado a missão a ela imposta. Contudo essa ideia já era clara de certa forma para ele, porque sentia que ainda não havia completado a sua tarefa vital transpessoal. Outra significação surpreendente que ele percebeu em seu sonho foi a de que Emma parecia continuar a dedicar-se ao processo de desenvolvimento espiritual. Esse conhecimento intuitivo, transmitido pelo sonho, pareceu tão pleno de significados a Jung que ele sentiu seu sonho como promovedor de paz, de serenidade e de harmonia. Essa visão onírica foi tão significativa para Jung, que ele pediu de imediato a sua fiel co-

Sonhos – Conexões com seu oráculo anterior

laboradora e amiga von Franz para dar seguimento no projeto de publicação do livro *A lenda do Graal*, em que Emma havia se dedicado por quase 30 anos e que fora interrompido com o falecimento dela. Segundo Jung, apesar de ser improvável apresentarmos evidências a respeito da sobrevivência da alma depois da morte, existem experiências sincronísticas que manifestam *um continuum* espaço-tempo, psiquicamente relativo, que devem ser consideradas e que dão motivos ao que se ponderar.

Um outro fato relevante na vida de Jung e que foi registrado por ele no livro de suas memórias sucedeu antes da morte de sua mãe Emilie. No dia do falecimento, ele estava na cidade de Tessin, na Alemanha, quando recebeu a notícia inesperada. Jung ficou muito abalado e lembrou que, na noite anterior, tivera um sonho que considerou espantoso e assim o descreveu:

> Encontrava-me numa floresta sombria e espessa; blocos de rochedos fantásticos e gigantescos jaziam entre árvores enormes, como uma floresta virgem. Era uma paisagem heroica, primitiva. De repente ouvi um silvo estridente que parecia repercutir através do universo. Meus joelhos tremeram. Em seguida, na mata, ouvi um estrépito e um monstruoso lobo de faces ameaçadoras saiu correndo. Vendo-o, meu sangue congelou-se nas veias. Passou por mim rapidamente e logo compreendi: o Caçador Selvagem lhe ordenara que trouxesse um ser humano. Acordei numa angústia mortal e na manhã seguinte recebi a notícia de morte de minha mãe (Jung, 1975a, p. 272).

Segundo Jung, esse sonho o transtornou bastante, pois ele continha a ideia bizarra de que o diabo viera apropriar-se da *mãe*, caso fosse feita uma interpretação de forma muito superficial. Entretanto, ao analisar com profundidade as imagens desse sonho por meio do método de amplificação, percebeu que a personificação do caçador selvagem era a representação simbólica de Wotan, o deus germânico, senhor da vida e da morte, que viera juntar sua mãe aos seus ancestrais. Outros paralelos *míticos* constatados por Jung, baseado no seu estudo comparativo das imagens oníricas, proporcionaram-lhe um estado de grande serenidade e de grande convicção de que o sonho lhe havia anunciado que a alma de sua mãe se encontrava acolhida na totalidade da natureza, isto é, na imensidão do "si-mesmo".

Um ano antes do óbito de sua mãe, começou a ter uma série de sonhos que anteciparam esse acontecimento. Em setembro de 1922, ele descreveu um sonho com função complementar, do tipo premonitório, que o deixou num estado de grande consternação, pois lhe anunciou, quatro meses antes, a morte ocorrida em janeiro de 1923. Ele o descreveu:

> Este sonho dizia a respeito ao meu pai e me causou grande impressão: desde sua morte – em 1896 – jamais sonhara com ele e eis que me aparece num sonho como se tivesse voltado de uma longa viagem. Parecia rejuvenescido e não manifestava qualquer autoridade paterna. Estava ao meu lado, em minha biblioteca e eu me alegrava extraordinariamente por saber que ele chegara. Sentia-me particularmente feliz por lhe apresentar minha esposa, meus filhos e contar-lhe tudo o que tinha feito, mostrando-lhe o homem que me tornara. Queria também falar do meu livro "Os tipos psicológicos", recentemente publicado, mas imediatamente notei que esses assuntos o importunavam porque parecia preocupado. Tinha o ar de quem esperava qualquer coisa. Eu percebi e por isso me mantive reservado. Disse-me então que por ser eu psicólogo gostaria de consultar-me sobre a psicologia do casamento. Dispunha-me a dissertar longamente a respeito das complicações da união conjugal, mas nesse momento acordei (Jung, 1975a, p. 273).

Ao despertar, Jung não compreendeu a significação do seu sonho prontamente, porque não atentou que havia uma conexão com o anúncio da morte de sua mãe. O entendimento desse sonho só foi possível, após o falecimento *súbito* dela, quando ele pôde assimilar a mensagem simbólica contida. Observou que esses tipos de sonhos que contêm a temática sobre a morte, trazem em si a alternância de sentimentos ambivalentes: de tristeza e de luto, de um lado; de alegria e de serenidade, do outro. A explicação de Jung sobre esses contrastes afetivos manifestados nos sonhos se deve ao fato de que quando a morte é sentida pela perspectiva do eu, ela se assemelha a uma tragédia de aniquilamento de um ser humano, provocando intensas angústias e amarguras, podendo levar até mesmo à descrença da dimensão espiritual. Entretanto, quando o tema da morte *é* analisado sob do ponto de vista da alma, será sentida como uma festa, como um acontecimento alegre, um verdadeiro *mysterium conjunctionis* (mistério da união), porque a alma se acoplará à metade faltante, tornando-se a totalidade.

Por volta de 1958, questões acerca dos temas: o homem intemporal, o si-mesmo e o homem terrestre, relacionadas no tempo e no espaço continuavam instigando a mente de Jung na busca de maiores esclarecimentos. Inúmeras hipóteses e intrigantes questionamentos enigmáticos surgiram, ansiando por respostas. Nessa época, confessou Jung, manifestaram-se dois grandes sonhos que o conduziram a alguns esclarecimentos psicológicos a respeito da inversão total do eixo entre a consciência do eu e o inconsciente. O primeiro desses sonhos ocorreu em outubro do mesmo ano e assim ele o relatou:

[...] notei, de minha casa, dois discos de metal brilhante em forma de pequenas lentes; iam em direção ao lago, por sobre a casa, descrevendo um arco de fraca luz. Eram dois U.F.O. (Unidentified Flying Objects). Em seguida, um outro corpo parecia dirigir-se para mim. Era uma pequena lente circular como a objetiva de um telescópio. A quatro ou cinco metros de distância, o objeto imobilizou-se por um instante e em seguida desapareceu. Imediatamente após, um outro corpo chegou, atravessando os ares: uma pequena lente de objetiva com um prolongamento metálico que terminava numa caixa, uma espécie de lanterna mágica. A sessenta ou setenta metros de distância, parou no ar e me fitou. Acordei, tomado por um sentimento de espanto. Ainda no meio do sonho uma ideia me atravessou o espírito: sempre acreditamos que os U.F.Os. fossem projeções nossas; ora, ao que parece, nós é que somos projeções deles. A lanterna mágica me projeta sob a forma de C.G. Jung, mas quem manipula o aparelho? (Jung, 1975a, p. 279).

O comentário de Jung a respeito desse sonho foi que ele já havia constatado que tivera vários sonhos que se referiam às conexões existentes entre o si-mesmo e o eu. Imediatamente recordou-se de um sonho extraordinário e inesquecível que teve no início do ano de 1944, quando estava com 69 anos. Recordou-se que, durante suas caminhadas solitárias, ele escorregou na neve, fraturando o osso da perna, o perônio, e teve de submeter-se a uma delicada cirurgia. Passados dez dias da intervenção cirúrgica, Jung sofreu um enfarte, permanecendo, por algum tempo, num estado de inconsciência. No decorrer desse estado em que não conseguia interagir com o mundo exterior, ocorreram-lhe vários acontecimentos psíquicos, como delírios e visões extáticas, que se manifestaram quando, provavelmente, Jung estava em perigo de morte. Tempos depois, ao escrever sob o ponto de vista psicológico da vida *post mortem*, ele narrou alguns de seus

Sonhos – Conexões com seu oráculo anterior

sonhos em que o inconsciente fazia alusão a um centro interior, que se expressava por meio de imagens oníricas, tais quais: as mandalas, os quatérnios, a criança divina, o velho sábio, os psicopompos (condutores, guias), entre outras personificações, como se uma personalidade superior guiasse a vida psíquica. Jung denominou esse arquétipo de *self* (si-mesmo), que simboliza concomitantemente o centro organizador e a totalidade psíquica. Após a recuperação de sua enfermidade, relatou um outro sonho notável, carregado de intensa carga afetiva que acreditou ser muito especial, pois lançou luz às relações existentes entre o eixo *self* e a consciência do eu. Foi nesse tipo de grande sonho descrito abaixo, que Jung percebeu com sua grande sensibilidade e intuição a mensagem onírica numinosa que lhe revelou o prenúncio do fim da própria vida. Eis o sonho:

> Eu já sonhara certa vez sobre as relações entre o si-mesmo e o eu. Nesse sonho de outrora, eu caminhava por um atalho; atravessava uma região escarpada, o Sol brilhava e tinha sob os olhos, à minha volta, um vasto panorama. Aproximei-me de uma capelinha, à beira do caminho. A porta estava entreaberta e entrei. Para meu grande espanto, não havia nenhuma estátua da Virgem, nem crucifixo sobre o altar, mas simplesmente um arranjo floral magnífico. Diante do altar, no chão, vi, voltado para mim, um iogue, na posição de lótus, profundamente recolhido. Olhando-o mais de perto, vi que ele tinha meu rosto; fiquei estupefato e acordei, pensando: "Ah! Eis aquele que me medita. Ele sonha e este sonho sou eu". Eu sabia que, quando ele despertasse, eu não existiria mais (Jung, 1975a, p. 280).

Essa experiência onírica para Jung foi sentida como uma epifania, conferindo ao simbolismo desse sonho o valor de uma parábola que não dissimulava, mas instruía-lhe que o seu si-mesmo havia entrado numa espécie de estado meditativo, tal qual um iogue quando assume uma atitude contemplativa e passa a refletir sobre a sua forma humana de permanência. Esse paradoxo revelado em sua visão onírica evidenciava uma espécie de inversão entre as conexões do eixo da consciência do eu e do inconsciente-*self*, parecendo anunciar que o mundo consciente seria uma espécie de *maya*, de ilusão, enquanto o mundo inconsciente seria a verdadeira existência real, tal qual as concepções professadas pelas culturas orientais. A bem da verdade, esse estado de ambiguidade de Jung de querer alcançar a quem ou a que lugar se deveria imputar a realidade já é possível de ser percebido desde a infância dele, no período entre os 7 e os 9 anos, quando brincava sozinho com uma espécie de jogo de pensamentos, sentado numa pedra, e meditava:

> Eu estou sentado nesta pedra. Eu em cima, ela, embaixo. Mas a pedra também poderia dizer eu e pensar: Eu estou aqui neste declive e ele está sentado em cima de mim. Então, imediatamente surgiu a questão paradoxal: Sou aquele que está sentado na pedra ou sou a pedra na qual ele está sentado? (Jung, 1975a, p. 32).

Para Jung, esses enigmas que surgiram já na época de sua infância lhe causavam certas inquietações, mas, ao mesmo tempo, traziam sentimentos de perplexidade que o fascinavam, pois ficava imaginando quem era o quê naquele momento de reflexão.

Continuando a análise dos conteúdos de seu sonho transcendental, Jung associou a personificação onírica do iogue na posição de lótus ao símbolo de sua totalidade psíquica inconsciente, o si-mesmo, e comparou essa figura à personalidade número dois ou o espírito das profundezas, o outro lado em nós. Observou também que o seu ego consciente se expressava como projeção do *self*, um centro interior mais profundo e amplo, como se estivesse sonhando a vida consciente da personalidade número um. Em última instância, essa imagem pic-

Sonhos – Conexões com seu oráculo anterior 243

tórica assemelhava-se a uma extraordinária unidade objetiva intemporal que, de forma intrínseca, estava amalgamada uma à outra, de tal modo que uma não existiria sem a outra. Como, a imago onírica do iogue, que em seu sonho simbolizava a totalidade psíquica, o *self*; e, ao mesmo tempo, seria o criador da sua pessoa empírica em sua forma terrestre.

Esse enigma aponta para os múltiplos mistérios dos fenômenos da psique, que pouco conhecemos e que, por mais que façamos conjecturas, deduções, jamais conseguiremos ultrapassar o caráter hipotético. Ao descrever a sua vivência sensível do *unus mundus*, Jung recordou que teve o sentimento de que tudo se afastava:

> [...] tudo que me dirigisse, tudo o que eu desejasse ou pensasse, toda fantasmagoria da existência terrena desaparecia ou era afastado de mim [...] já não havia nada que eu quisesse ou desejasse. Eu existia numa forma objetiva; eu era o que eu tinha sido e vivido (Jung, 1975a, p. 254).

Nesse estado de beatitude, Jung confessou que sentiu muita resistência e sofreu para retornar ao confinamento do corpo, da sua existência terrena, quando voltou a se restabelecer.

No ano de 1959, à medida que Jung se aproximava do fim de sua vida, percebeu que o seu inconsciente lhe dava indícios acerca dos mistérios sobre a morte. Chegou a confidenciar com seu grande amigo Miguel Serrano que foi visitá-lo sobre o motivo da *coniunctio* e em seguida contou um sonho cujas imagens oníricas manifestavam um "casamento sagrado" . Observa-se que esse sonho, que muito o mobilizou e o deixou com a sensação de sentir-se "perdido", inicia no tempo dos contos de fada, lugar das profundezas da alma, dos estratos mais profundos da psique, no lugar mítico dos bem-aventurados... Vejamos o sonho que ele narrou ao seu amigo Serrano:

> Era uma vez, em algum lugar, uma pedra, um cristal, um rei, um palácio, um amante e sua amada, e isso foi há muito tempo, numa ilha em algum lugar do oceano, há cinco mil anos [...]. Eis o amor, a flor mística da alma. Eis o centro, o *self* [...]. Ninguém compreende o que quero dizer [...] só um poeta poderia começar a entender [...] (von Franz, 1975, p. 227).

Em 1961, poucos dias antes de sua morte, Jung contou ainda um último sonho que conseguiu comunicar que apresentava, novamente, diversos símbolos do motivo do "casamento sagrado" e da ressureição. Eis o sonho:

> Ele viu uma pedra redonda num lugar alto na praça vazia, estando gravada nela as palavras: "E isso será para ti um sinal de totalidade e de unidade". Então ele viu vários cálices à direita numa praça aberta e num quadrângulo de árvores cujas raízes davam volta na terra e o envolviam e havia entre as raízes brilhantes fios de ouro (von Franz, 1975, p. 227).

Em suas memórias, com 83 anos de idade, Jung destacou o importante componente subjetivo de sua obra, relatando algumas das vivências interiores mais significativas. Deu ênfase preponderantemente aos sonhos, visões, intuições, imaginações e experiências emocionais vivenciadas por ele e seus pacientes, que permitiram fundamentar em parte a construção da sua psicologia dos sonhos. O autoconhecimento fez com que Jung reconhecesse e afirmasse a sublime declaração: "Minha vida é a história de um inconsciente que se realizou" (Jung, 1975a, p. 19). Mediante a valorização dessas vivências simbólicas, Jung descobriu o potencial criativo de sua psique inconsciente, que orientou toda a sua vida e trouxe a luz para compreensão e construção de sua psicologia profunda.

Verifica-se desse modo o quanto foi importante o reconhecimento e a conexão de Jung com seu oráculo interior ao estabelecer relações íntimas com seus sonhos e imaginações espontâneas. Foi a partir da valorização dessas ocorrências interiores que ele equacionou algumas das situações conflitivas de sua vida pessoal e profissional. Os sonhos, certamente, representaram a pedra angular que orientaram e forjaram os cursos do destino da vida de Jung e se constituíram na base criativa do desenvolvimento vanguardista de suas concepções.

A maior parte de seus conceitos teóricos foram intuídos ou esclarecidos por meio das séries de sonhos, por exemplo o conceito de inconsciente coletivo, arquétipos, *self*, sombra, anima e animus, entre outros. Ao descobrir o potencial criativo da psique inconsciente, Jung quebrou antigos paradigmas, propondo uma nova teoria, denominada por ele de psicologia analítica. E nada melhor, finalizar este capítulo com as sensatas ponderações que ele fez a respeito de si próprio:

> A diferença entre a maioria dos homens e eu reside no fato de que em mim as paredes divisórias são transparentes. É uma particularidade minha. Nos outros, elas são muitas vezes espessas, que lhes impedem a visão; eles pensam, por isso, que não há nada do outro lado. Sou capaz de perceber, até certo ponto, os processos que se desenvolvem no segundo plano, isso me dá segurança interior. Quem nada vê não tem segurança, não pode tirar conclusão alguma, ou não confia em suas conclusões. Ignoro o que determinou a minha faculdade de perceber o fluxo da vida. Talvez tenha sido o próprio inconsciente, talvez meus sonhos precoces, que desde o início marcaram meu caminho (Jung, 1975a, p. 307).

4 Sonhos na concepção da psicologia analítica

Não saias, é no interior do homem
que habita a verdade (Jung).

Sonho: como fenômeno natural

A psicologia analítica de Jung considera que a compreensão dos fenômenos oníricos é uma tarefa árdua e laboriosa, apesar de ser extremamente atraente. Essa tarefa, segundo Jung, exige a colaboração multidisciplinar de pesquisadores na busca da investigação desses fenômenos naturais. A ideia da psicanálise de que o inconsciente representa, apenas, um depósito de memórias do passado é refutada por Jung. O inconsciente descrito por Jung é um sistema vivo, autônomo e inteligente, com leis próprias, que contêm pensamentos novos e ideias criadoras que nunca foram conscientes. Dessa forma, Jung concebe os sonhos como um produto natural e espontâneo da psique inconsciente, que se expressam sob a forma de imagens simbólicas.

Diferentemente da abordagem da psicanálise, Jung afirma que os sonhos não são disfarces ou substitutos deformados de conteúdos inconscientes, cujos significados se ocultam à consciência. A hipótese de que esses fenômenos oníricos são apenas realização de desejos infantis constitui um quadro restrito para compreensão da natureza dos sonhos. Para ele, a linguagem arcaica das imagens e dos símbolos expressos nos sonhos não pretende distorcer nem dissimular, mas revelar algo que até então o ego desconheceria e, portanto, não compreenderia.

A abordagem da psicologia junguiana dos sonhos elaborada por Jung é inovadora, pois amplia e restabelece, entre outros, os valores históricos, mitológicos, religiosos, artísticos, culturais e transcendentes. Esses se expressam como símbolos oníricos que são atributos universais da espécie humana. Daí porque ele sublinha as limitações de uma teoria dos sonhos concebida apenas sob o ponto de vista de sua causalidade, como fundamentava Freud.

Os sonhos, sob a luz da psicologia analítica, mantêm uma fraca conexão com os conteúdos da consciência e, devido a isso, são percebidos pelo sonhador como fugazes, especialmente, quando escapam à tentativa de rememoração. São relativamente poucos os sonhos cuja estrutura se apresenta de forma bem definida, com sentido evidente, e que possam ser reproduzidos na sua forma integral. A dificuldade de compreendê-los deve-se ao fato de eles apresentarem características de um texto em que as imagens oníricas parecem estranhas e contraditórias aos esquemas do pensamento lógico da consciência. É provável que seja por esse fato que os sonhos sejam qualificados como absurdos e desprovidos de valor. Mas, apesar de os sonhos e seus contextos causarem certas estranhezas, isso não impede que eles tenham funções próprias, significativas e que exprimam algo que o eu desconhece e não compreende.

Ao pesquisar a psicologia dos sonhos, Jung investigou os motivos pelos quais certos modelos de compreensão dos sonhos foram elaborados em teses que apontavam ter significações ocultas nos conteúdos manifestos. Concluiu que certos pesquisadores se valiam de dois argumentos principais para esclarecer o sentido oculto dos sonhos. No primeiro modelo, os pesquisadores consideravam apenas a forma indutiva ou empírica, desconsiderando a forma dedutiva. Já no segundo modelo, eles tentavam comparar as fantasias oníricas com as imaginações do estado vígil. Apesar de conter um sentido aparentemente superficial, tais imaginações apresentavam uma significação psicológica profunda. Um exemplo esclarecedor dessa questão se encontra nas antigas narrativas imaginativas das fábulas, dos contos e dos mitos. Embora possam parecer superficiais e não convincentes, já que objetivamente são irrealizáveis, em geral, eles contêm um ensinamento, uma ética e uma moral nas entrelinhas. Daí o reconhecimento de Jung de que os sonhos têm significações que vão além da mera assimilação de dados passados, o que o levou a pesquisar uma segunda questão importante que se impôs em relação ao processo analítico, a saber: seriam os sonhos regidos por leis diferentes de outros eventos psicológicos?

A partir de inúmeros estudos e pesquisas, ele inferiu que, sendo o sonho um processo natural, regulador, semelhante a qualquer outro processo mental, sua natureza e destino obedecem às leis análogas das outras operações psicológicas. Desde 1902, trabalhando com pesquisas das associações de palavras, ele já destacava a existência de relações compensatórias entre o consciente e os complexos autônomos, o que levou a deduzir que os impulsos inconscientes poderiam ser orientados tanto para causalidade como para finalidade. Assim, assentou sua metodologia da análise dos sonhos sob duplo ponto de vista: de sua causalidade e de sua finalidade.

Para Jung, o método causal parte do princípio de que os conteúdos oníricos, por meio das associações livres, chegam a um complexo reprimido, inconsciente, sendo este resultante de acontecimentos psíquicos precedentes. No entanto, ele verificou que seria insuficiente submeter os componentes da imagem onírica apenas a um exame causal, pois isso consistiria em reduzir o conteúdo manifesto a uma codificação fixa dos símbolos e de seus significados. Diferentemente, quando o fenômeno onírico é explicado quanto à finalidade, busca-se apreender, no simbolismo dessas imagens, não só um valor que lhes é próprio, mas uma multiplicidade de significações dirigidas para uma finalidade futura.

Faz-se necessário sublinhar que Jung nunca propôs que se abandonassem ou que se negassem os aspectos causais do sonho, especialmente, em casos indicando que certos componentes da neurose podem estar enraizados em complexos relacionados a eventos passados. Mas é indiscutível que o ponto de vista finalista proposto por Jung, em oposição à concepção de Freud, implica uma nova forma de conduzir a interpretação dos materiais associativos do sonho. Nesse sentido, o analista deve submeter esse material onírico à conjugação das duas abordagens: causal-redutiva e final-construtiva. Assim, o analista alcançaria uma melhor compreensão dos significados simbólicos do sonho, de seus antecedentes causais e de novas ideias subjacentes que os símbolos oníricos querem comunicar.

Numa primeira etapa, mediante as associações do sonhador, investigam-se as reminiscências vividas e seus antecedentes. Enquanto, na segunda etapa, o procedimento consistirá em agrupar o material onírico por meio do método comparativo de amplificações, verificando o que ele quer expressar, qual sua intenção e sua finalidade. Desse modo, o analista reconhecerá o elemento criativo que poderá ser acrescentado à situação psíquica consciente do sonhador, possibilitando atitudes e comportamentos adequados na busca de seu processo de individuação.

Em síntese, além de Jung refutar a ideia de que os sonhos sejam disfarces ou fachadas, ele concebeu esses fenômenos oníricos como expressões de símbolos vivos, ou seja, a melhor forma de expressão de um fenômeno que enuncia ou significa algo que pode ser pressentido ou relativamente conhecido. Em sua essência, representará o indizível e o desconhecido. Ao apresentar essa concepção simbólica, Jung considerou os sonhos análogos às parábolas, às alegorias que podem ter o valor de uma ideia diretriz que não dissimula, mas que ensina e orienta para o desenvolvimento psicológico futuro. Disse Jung:

> Sei que vão perguntar-me que vantagem pode o sonhador tirar do sonho, uma vez que ele não é capaz de compreender. Como resposta, temos que notar que a compreensão não é um fenômeno puramente intelectual e a experiência prova-nos que imensas coisas incompreendidas, intelectualmente falando, podem influenciar e até mesmo convencer e orientar o homem de modo decisivo. Basta lembrar a eficácia dos símbolos religiosos (Jung, 1975b, p. 252).

Em última instância, alguns símbolos oníricos não são compreensíveis de imediato, necessitando de uma análise profunda e cuidadosa e, para isso, são indispensáveis as associações do sonhador. Mas a aplicação do método da livre associação, que consiste em deixar que o sonhador associe livremente suas imagens oníricas, conduz aos complexos inconscientes e às ideias com fortes cargas emocionais. Por essa razão, a aplicação unicamente desse método distancia o sonhador do contexto e das imagens do sonho. O mais importante é a compreensão do que os sonhos querem expressar sobre seus complexos, e não quais seriam esses complexos. A partir dessas observações, Jung desenvolveu um novo método psicológico de interpretação, no qual as associações são empregadas no sentido de sua finalidade e dirigidas de forma circum-ambular, isto é, reflete-se em torno da imagem onírica sob vários ângulos. O emprego dessa nova técnica conduz o sonhador a não se distanciar do tema específico, da imagem onírica, enfim, da essência do sonho em si. Outro ponto fundamental é que esse novo método, denominado por Jung de construtivo ou sintético, trata o produto inconsciente como expressão simbólica que antecipa uma fase do desenvolvimento psicológico do sonhador. O método construtivo faz uso de materiais comparativos, como a mitologia, a história das religiões, os folclores, os contos, a alquimia, entre outros. Todos esses materiais comparativos têm como função estabelecer correspondências com as imagens oníricas. A elaboração dos conteúdos simbólicos se faz a partir do encadeamento desse conjunto de associações dirigidas para um propósito, que são as imagens oníricas e para os paralelos simbólicos. Esse método, que também é denominado intuitivo, tem como meta estabelecer um sentido da expressão simbólica inconsciente, visando a atitudes futuras do sonhador. Sucede que a interpretação não deve se tornar meramente intelectual, uma vez que o valor emocional do conteúdo simbólico tem sempre um efeito iluminador.

A partir da análise de aproximadamente dois mil sonhos, Jung verificou a existência de sonhos com qualidades e intensidades distintas. Percebeu que os povos primitivos já distinguiam os pequenos sonhos dos grandes, então, apresentou um modelo de classificação em que diferencia os sonhos considerados banais ou comuns dos sonhos significativos ou arquetípicos.

Os sonhos arquetípicos provêm das camadas profundas do inconsciente coletivo, sendo raros e carregados de energia psíquica, de tal forma que atingem o sonhador intensamente. Chamados de numinosos, surgem em momentos decisivos do processo de individuação ou em situações críticas na vida do sonhador. Eles podem ser reconhecidos pelo fato de apresentarem em seus conteúdos simbólicos, figuras bizarras, seres mágicos e mitológicos, que em nada têm em comum com as experiências da vida cotidiana e que são completamente desconhecidos para o sonhador.

Para compreensão do significado desses tipos de sonhos, não é suficiente se elaborar um inventário sobre a vida pessoal do sonhador, mais do que isso, torna-se necessário adquirir conhecimentos específicos sobre a história dos símbolos. Eles se caracterizam por apresentar motivos típicos de grande importância, permitindo comparações com temas da mitologia que, frequentemente, apresentam uma significação próxima à dos sonhos de muitos sonhadores.

A comparação entre os temas dos sonhos e os seus motivos mitológicos permite supor que o pensamento onírico é um remanescente arcaico, filogenético, que antecederia a forma de pensar atual. Essa nova concepção dos sonhos desenvolvida por Jung possibilitou um novo modelo de psicologia comparada, resultando numa melhor e mais ampla compreensão do desenvolvimento da estrutura da psique. Portanto, para Jung, a linguagem figurativa dos sonhos não só comunica de forma simbólica desejos, tendências, pensamentos, fantasias inconscientes que permanecem reprimidas, como constela um material inconsciente, selecionado e associado em função do estado momentâneo da consciência.

Funções oníricas na visão de Jung

O sonhar, de acordo com Jung, já é uma atividade eficaz e saudável que favorece o equilíbrio compensatório da personalidade como um todo. O sonhar, em si, possibilita restabelecimentos, articulações e ajustes das atitudes unilaterais da personalidade do sonhador. Assim, é de extrema importância saber qual a situação momentânea da consciência do sonhador, pois o sonho não só retifica a situação consciente, como também acrescenta o material complementar, que possibilita atitudes mais condizentes com a individualidade de quem sonha.

A primeira função dos sonhos diz respeito ao caráter compensador em relação aos conteúdos da consciência. Compensar os distúrbios de equilíbrio da consciência é a função geral dos sonhos, que trazem conteúdos complementares e compensadores. Assim, uma série de sonhos não se apresenta como um conjunto de acontecimentos desconexos e isolados, mas como um processo de desenvolvimento e de organização denominado de processo de individuação.

Por ser a atividade da consciência selecionadora e diretiva, esse sistema exclui todos os conteúdos que considera irrelevantes, caindo no inconsciente. É isso que Jung chama de unilateralidade da consciência. Em consequência dessa unilateralidade, a tensão se intensifica e esses conteúdos inibidos passam a se expressar por meio dos sonhos ou das fantasias, na tentativa de se comunicarem com a consciência. Assim, se a atitude consciente do sonhador estiver extremamente unilateral, o sonho se manifestará de forma contrastante ou oposta à tendência da consciência. No entanto, em situação normal, a compensação atua de forma inconscientemente reguladora sobre a atividade consciente, e os sonhos coincidirão com essa tendência, mas sem perder sua autonomia. Por fim, nos casos de distúrbios psíquicos, nos quais o inconsciente se opõe intensamente à atitude da consciência em que a compensação parece ficar prejudicada, uma das funções do processo analítico é a tentativa de possibilitar ao sonhador uma ampla conscientização dos conteúdos inconscientes que se encontram dissociados.

Faz-se necessário observar, também, as condições do inconsciente do sonhador. O sonhar, em si, constitui-se numa atividade eficaz que, segundo Jung, favorece um equilíbrio da personalidade como um todo, possibilitando restabelecimentos, articulações e ajustes das atitudes unilaterais da personalidade do sonhador.

O significado compensador dos fenômenos oníricos há muito já fora conhecido e constatado. O Antigo Testamento ilustra os sonhos do Rei Nabucodonosor, que os narrou ao profeta Daniel. A interpretação que o profeta faz aos símbolos oníricos do rei é um excelente exemplo de uma situação de compensação psicológica do delírio de grandeza do rei, a qual pareceu ter evoluído para uma psicose. Portanto, a compreensão dos conteúdos simbólicos dos sonhos acrescenta algo ao eu, que amplifica o campo da consciência do sonhador. Dessa forma, os sonhos demonstram com clareza que quanto mais extrema a unilateralidade da atitude consciente, maior a possibilidade de surgirem sonhos contrastantes indicando a autorregulação do sistema psíquico. Mas Jung adverte que não é tão fácil estabelecer regra em relação ao tipo de compensação onírica, pois as possibilidades de composição são múltiplas e inesgotáveis. Para Jung, a teoria da compensação não é a única teoria válida para a compreensão dos sonhos, pois esses fenômenos são complexos tanto quanto os fenômenos da consciência. Em geral, acredita-se que a vida consciente é mais importante que a inconsciente. No entanto, quanto mais se aprofunda na compreensão dos fenômenos do inconsciente, mais se percebe que se tem pouco conhecimento dele. Isso significa que a participação do inconsciente na atividade geral da psique é tão ampla quanto a da consciência.

É nesse sentido que não se deve considerar apenas a função do inconsciente como compensadora e relativa no confronto com o conteúdo da consciência, mas esse conteúdo deve ser considerado como correspondente ao conteúdo inconsciente momentaneamente constelado. Sendo assim, a orientação para uma finalidade e uma intenção seriam possíveis tanto da consciência quanto do inconsciente. Com efeito, o sonho equivale à ideia diretriz de valor superior aos conteúdos da consciência momentaneamente constelados. Essa possibilidade concorda com o consenso dos povos da Antiguidade, que concebiam os sonhos análogos aos oráculos que transmitiam verdades.

Outra função importante que Jung distinguiu da compensatória é a função prospectiva. Enquanto a compensatória visa a uma autorregulação equilibrada do sistema psíquico, a função prospectiva se manifesta sob a forma de antecipação, que surge do inconsciente para futura atividade da consciência. É uma combinação de probabilidades ou um esboço para solução de conflitos que podem estar de acordo, ou não, com a situação

Sonhos – Conexões com seu oráculo anterior

momentânea do sonhador. Mas a função prospectiva não deve ser qualificada como profética, pois as mensagens de sonhos proféticos concordam rigorosamente, nos mínimos detalhes, com os conteúdos de suas mensagens. Enquanto a função prospectiva implica formas de percepções inconscientes, antecipadas, de futuras atividades. O termo prospectivo para Jung se refere à ideia de algo construtivo, sintético e preparatório. Os sonhos considerados como prospectivos têm como característica particular a capacidade de preceder manifestações da vida do sonhador e, nesse sentido, são apropriados e eficazes para diagnósticos e prognósticos.

De acordo com Jung, o inconsciente tem uma outra função denominada redutora. O objetivo dessa função é dar uma orientação de regressão aos processos básicos, isso se dá por meio de: reminiscências de fatos já ocorridos; desejos infantis, pensamentos e sentimentos recalcados e de representações arcaicas e coletivas que afetam o funcionamento psíquico. Nesse caso, o produto inconsciente adquire valor de sintoma ou sinal de um processo que não é considerado sob o aspecto de expressão simbólica. A eficácia da função redutora do sonho está na possibilidade de promover a dissolução dos sintomas e dos conflitos, já que tem como característica retornar a um passado, reintegrando seus antecedentes históricos.

Os sonhos redutores são típicos no sentido de apresentar em seus conteúdos aspectos depreciativos, destrutivos, desagregadores e de diminuição com o objetivo de reduzir sentimentos de supervalorização que o sonhador nutre por si mesmo ou por outras pessoas. Em vista disso, a introjeção e a assimilação desses conteúdos seriam extremamente salutares para o sonhador, cuja atitude consciente se encontre de forma unilateral.

Jung distinguiu uma outra espécie importante de sonhos da atividade da psique denominados reativos. Os sonhos reativos propiciam ao sonhador reviver os acontecimentos traumáticos. São sonhos que se repetem de forma autônoma e visam despotencializar os conteúdos traumáticos. Esses tipos de sonhos podem conter um aspecto simbólico que escapou ao sonhador, e esse seria o fator determinante da repetição. Mas só a partir da análise e da interpretação cuidadosa é que se distinguirá se a reprodução da cena traumática seria expressão de um sonho reativo ou se é a simbolização de uma situação traumática. Via de regra, a repetição de um sonho reativo continua mesmo quando se procede à interpretação, pois a reprodução reativa não é afetada pela análise dos sonhos. Contudo, se a reprodução expressar a simbolização de uma cena traumática, então a repetição se extinguirá desde que a interpretação seja adequada.

Há outro tipo de sonhos denominados telepáticos e que estão numa categoria de fenômenos considerados complexos por provocarem estranhezas, especialmente, em pessoas que relutam em admitir uma suposta capacidade sobrenatural inerente à psique. Entretanto, isso não impede, quer agrade ou não, o reconhecimento da realidade universal desses sonhos.

Os fenômenos telepáticos apresentam uma sincronicidade ou coincidência significativa entre um evento psíquico e um acontecimento físico sem que estejam relacionados de forma causal.

Finalmente, Jung verificou que há outros tipos de sonhos em que os fenômenos telepáticos exercem grande influência no sonhador e, desde os tempos remotos, esse aspecto já foi sublinhado e reverenciado pelos povos da Antiguidade. Os sonhos telepáticos parecem ter relação com processos arquetípicos do inconsciente coletivo e, geralmente, antecipam acontecimentos com forte carga emocional no tempo e no espaço de forma sincrônica. Como exemplo desses sonhos telepáticos, citam-se aqueles casos que tratam temas de morte de pessoas que são considerados relevantes. Mas, mesmo havendo, ainda hoje, questionamentos acerca desses tipos de sonhos com características telepáticas, eles existem e desafiam todos a aceitar sua realidade.

Em 1933, Jung apresentou diversas palestras temáticas sobre a psicologia dos sonhos no Instituto Federal de Tecnologia de Zurique (ETHZ). Nesses seminários, dedicou-se à análise e à interpretação dos sonhos de infância recordados pelos adultos participantes. Ele sublinhou que uma das dificuldades na compreensão e na revisitação desses tipos de sonhos de infância é que não podemos lançar mão de meios para ampliar certas questões diretamente com a criança, sendo importante nos apropriarmos de outros meios. A falta de associações é uma das características da natureza desses tipos de sonhos infantis, pois são fenômenos que emanam das profundezas do inconsciente que se encontram fora do tempo e têm grande poder de fascinação. Daí, que Jung os denominou de sonhos cósmicos, pois são pouco familiares, deixam o sonhador num estado de perplexidade devido à numinosidade das imagens arcaicas que se manifestam. Essas imagens arquetípicas devem ser compreendidas em relação ao seu significado geral, são de natureza impessoal, pois desempenham papel coletivo.

A seguir, ilustraremos como a abordagem junguiana procede ao analisar esses tipos de sonhos significativos, seguindo um esquema geral que decompõe a sua estrutura dramática clássica em partes. Vejamos o exemplo de um sonho que Jung nos apresentou nos seminários de sonhos de crianças:

O sonhador encontra-se em uma casa simples com uma camponesa. Conta para a mulher sobre uma longa viagem a Leipzig. No horizonte aparece um caranguejo enorme que é ao mesmo tempo um sáurio e que pega o sonhador com suas pinças. Por alguma razão incrível, o sonhador segura uma pequena vara com a qual toca a cabeça do monstro. Este cai morto (Jung, 2014a, p. 37).

Para conhecermos os símbolos e motivos mitológicos, precisamos fazer uso do método comparativo, denominado etnopsicológico, para lidar com esse tipo de material dos sonhos que são impessoais. Inicialmente, devemos comparar o sonho a um drama e reconhecer os símbolos dentro de seus contextos psicológicos mais vastos, analisando cada elemento do sonho. Deve-se examiná-lo sobre os seus quatro aspectos estruturais. Por exemplo, qual é o local ou lugar? Qual é o cenário onírico? No sonho em questão, o lugar é uma casa simples. Quais são os personagens do drama? Trata-se do sonhador e de uma camponesa. Em seguida, vamos averiguar a exposição, isto é, qual o problema que o sonho apresenta? No sonho descrito, a exposição demonstra que a situação inicial do sonhador se relaciona com os seus planos ambiciosos em relação ao seu futuro, a sua ascensão. Em seguida, analisamos a peripécia, isto é, como se dá o desenrolar da história, se apresenta uma possível transformação ou infortúnio. Nesse caso, expressa um evento inesperado, pois é o caranguejo que captura o sonhador com suas pinças. A fase final, diz respeito ao resultado ou solução final da ação do sonho. Nessa fase, verificamos se o desfecho do sonho faz sentido ou não e deve-se observar a apresentação da natureza compensatória do enredo do sonho. No desfecho desse sonho, o monstro cai morto.

Na interpretação causalista da psicanálise, os sonhos são considerados prioritariamente como realização de desejos inconscientes. No entanto, posteriormente, o próprio Freud percebeu que havia sonhos que não podiam ser, por alguma razão, reduzidos a essa categoria de realização de desejos. Supôs que haveria um censor que teria a função de inibir esses conteúdos e, por alguma razão, eles seriam censurados, impossibilitando a concretização do desejo. Mas, por que o sonho encobriria o desejo? Segundo Freud, para não atrapalhar o sono, em vista de que os desejos são incompatíveis com a consciência e, para o sonhador não despertar, o censor agiria, protegendo o sono. Contudo foi verificado que essa hipótese de que o sonho tem a função de proteger o sono é incompatível, pois existem tipos de sonhos de angústia que não só interrompem o sono como, muitas vezes, impossibilitam o sonhador de dormir por horas e até mesmo causam insônias ou terror noturno. Foram essas e outras dificuldades que levaram Jung a se contrapor à teoria dos sonhos de Freud e chegar à conclusão, empiricamente, de que os sonhos não são expressões de disfarces, de fantasias desejosas, de um *reductio in primam figuram,* mas são fenômenos independentes, criativos e espontâneos da natureza do inconsciente.

Embora Jung discordasse desses pressupostos da psicanálise dos sonhos, ele reconheceu a existência e a importância do ponto de vista de causa e efeito em determinados sonhos que devem ser considerados. Elaborou a própria tese científica de que é indicado partir do pressuposto que a psique é também de natureza finalista, isto é, orientada para um fim de modo inconsciente. Portanto, o trabalho de análise e interpretação deve resultar da análise das conexões causais portadoras de sentido e das conexões finalistas, orientadas para um fim. E, para obter um real sentido do sonho, apresentou um esquema geral dividido em quatro partes. Nessa técnica junguiana de compreender o significado do sonho deve-se observar: (1) o local ou lugar; os personagens do drama; (2) a exposição; (3) a peripécia; e (4) *lysis*. A partir da decomposição do sonho em partes, colhem-se as associações se forem tipos de sonhos de natureza individual. As associações que circum-ambulam as imagens oníricas, buscam conexões com o conteúdo do sonho em contraposição às associações livres que são lineares e se afastam das imagens do sonho. Jung designou esse método de amplificação pessoal, isto é, amplificar uma imagem manifestada pelo sonho até ela se tornar visível com sentido. Necessitamos, portanto, do contexto de uma imagem para entender o que aquela imagem onírica, em particular, quer significar.

Na análise do sonho descrito acima, podemos questionar sobre o que existe de típico? A resposta seria a existência da personagem da camponesa que, para um homem contemporâneo, é algo primitivo ou mais arcaico. O fato de o sonhador em questão precisar sonhar com uma camponesa mais velha tem algum sentido? Seria sua mãe? Além disso, no sonho, ele conta para ela seu plano de viagem para Leipzig. Haveria uma relação causal entre esses dois personagens do sonho? O encontro de ambos traz à tona um plano a ser realizado. Onde existem narrativas da relação entre a suposta mãe muito simples e um grande plano a ser realizado? Nas fontes da literatura, há diversos exemplos, como Parsifal na lenda do Graal, Édipo e Jocasta, Cibele e Átis e em outros clássicos cujo tema central trata da complexa relação mãe-filho. São temas arquetípicos da grande mãe que apresentam um quadro complexo, negativo de seu aspecto devorador, de mães que não querem libertar seus filhos e os paralisam no seu processo de desenvolvimento de sua individuação.

No sonho em questão, os grandes planos do menino só podem ser realizados se a mãe o liberar para tal tarefa; e quanto mais ele estiver vinculado à mãe, mais difícil será seguir a sua viagem e separar-se dela, pois permanecer com a mãe significa conservar-se num estado inconsciente de deleite e de irresponsabilidades. Seguir o próprio caminho, arquitetar os planos pessoais e sociais com independência implica sacrifícios, um distanciar-se dos desejos e dos projetos projetados pelos pais, e isso é sentido como um movimento dessacralizante, para trás, uma espécie de sacrilégio. A conclusão é de que, no sonho, os planos do filho para os acontecimentos futuros se encontram estreitamente associados ao vínculo materno e esse esquema básico já está delineado desde muito cedo no sonho de infância que provém da totalidade da personalidade do sonhador. O sonho fala a respeito da personalidade do sonhador que ainda tem reações infantis.

Nesse sonho de criança, observamos que os dois símbolos "mulher" e "plano" são acompanhados de um terceiro elemento: "o monstro". Após o sonhador narrar seu plano, surge um enorme "caranguejo-lagarto", que o toma com suas garras. Essa terrível imagem onírica corresponde à mãe destrutiva que traz a morte. A imago materna apresenta respectivamente dois aspectos: o da vida, ou seja, o cuidado, a criação e a proteção; e o da morte, caracterizado pela destruição. Logo que o filho manifesta o desejo de partir, a mãe terrível se manifesta e o devora. Ela é a vida, mas também é a morte. No contexto desse sonho, a mãe devoradora aparece como monstro e o sonhador poderá não ser capaz de superá-la. Inicialmente, ele tenta fazer um procedimento mágico, tocando com uma pequena vara a cabeça do monstro na tentativa de se salvar, mas essa atitude não é suficiente. Esse drama eterno da relação mãe-filho repete-se e tem efeitos diversificados, conforme vão aparecendo em um filho ou em uma filha. No caso desse sonhador, em particular, ele tinha planos demasiadamente ambiciosos, queria ir longe demais, mas na realidade ainda não era capaz de desvencilhar--se de seus anseios nostálgicos de fixar-se no passado e, por isso, sucumbiu. No fim do sonho, o monstro cai morto. Indica a solução criativa do inconsciente, contém o aspecto que deverá ser assimilado e conscientizado. Psicologicamente, o sonhador deverá abandonar o calor do ninho da infância, separar-se da mãe e renascer num tipo distinto de relacionamento. Caso isso não ocorra, ele poderá ser devorado pela mãe, fixando-se na dependência infantil e no incesto psicológico.

Esse exemplo ilustra como podemos analisar alguns tipos de sonhos arquetípicos quando não obtemos associações pessoais. A partir desse método objetivo que poderá se tornar a base para o desenvolvimento da estrutura dramática, alcançaremos o entendimento de certos símbolos e dos mistérios contidos nos sonhos. Os sonhos nos ensinam como encontrar sentidos na vida, cumprir nosso próprio destino e exteriorizar o potencial que habita em nós.

5 Análise e interpretação junguiana dos sonhos

Os sonhos influenciaram todas as mudanças importantes em minha vida e em minhas teorias (Jung).

Nas últimas décadas, houve um memorável incremento de pesquisas sobre sonhos narrados em processo de análise tanto com pacientes considerados normais quanto pacientes em estados psicológicos regressivos. Jung destacou a importância que os sonhos desempenham na prática clínica, uma vez que eles revelam conteúdos inconscientes que têm certas qualidades e funções que orientam o potencial de vida que há no sonhador. Enfatizou que os sonhos no processo analítico devem receber a mesma atenção que qualquer outro material comunicado pelo analisando.

Os conteúdos inconscientes trazidos pelos sonhos revelam uma ou diversas funções oníricas. Além dessas múltiplas funções que se manifestam nos sonhos, o analista deve dar especial atenção aos sonhos iniciais.

Esses tipos de sonhos; os iniciais, que geralmente são relatados no começo do processo analítico, fornecem uma gama de informações significativas na condução do processo terapêutico. Pode-se considerar como tipos de sonhos iniciais aqueles concebidos recentemente pelo sonhador, sobretudo aqueles ocorridos antes ou depois da decisão do analisando em procurar um atendimento psicológico. Além desses, os sonhos recorrentes, narrados nos encontros iniciais, são também classificados nessa categoria.

Certos sonhos iniciais descrevem aspectos das condições íntimas da vida do sonhador, do qual o consciente desconhece ou só aceita a contragosto. Explica-se, assim, por que eles são importantes para o esclarecimento do fator etiológico das neuroses. Isso, porém, não consiste numa regra geral, pois há sonhos iniciais cuja etiologia é impossível ser percebida, uma vez que, em determinadas neuroses, a etiologia só é possível ser diagnosticada no fim do tratamento.

Outra contribuição dos sonhos iniciais é de serem excelentes instrumentos de ajuda na elaboração de diagnóstico diferencial e/ou de prognóstico a ser considerado na avaliação clínica. Esses sonhos são de grande valia, já que interferem na situação analítica, revelando estratégias terapêuticas, como exemplo, o uso ou não de medicamentos; assim como as relações de transferências e contratransferências entre analista e analisando.

No decorrer do processo analítico, frequentemente, os sonhos iniciais se apresentam de forma clara e, por conterem forte carga emocional, produzem impacto na consciência, exigindo uma compreensão e significação de seus conteúdos. Mas, à medida que o processo analítico prossegue, a tendência dos sonhos será de tornarem-se confusos e obscuros, dificultando a interpretação. Quando isso ocorre, não se deve interpretá-los de imediato, nem julgá-los como resistência do analisando. O analista deverá considerar esses sonhos como algo novo, como fonte de informações que remetem a condições desconhecidas. Portanto, a atitude apropriada será o analista reconhecer sua incompreensão e aguardar o momento adequado em que o significado psicológico será alcançado por consenso, como resultado das reflexões entre analista e analisando.

Os sonhos são percebidos, muitas vezes, como confusos, sobretudo, por expressar a projeção da própria incompreensão do sonhador. Mas, mesmo na presença de sonhos obscuros, não se deve atribuir a eles a ideia de que enganam, distorcem ou mascaram a mensagem dita, como considera a psicanálise. Para Jung, o indicado seria compará-los a um texto enigmático, fragmentado, cuja escrita pictórica se desconhece, sendo necessário aprender sua leitura. Por conseguinte, cada tentativa de interpretação será sempre uma construção de hipótese, como se fosse uma tentativa de decifrar um texto desconhecido.

Jung sublinhou que os sonhos não devem ser interpretados de forma unilateral, isto é, sem que haja a concordância do sonhador, pois tal atitude sugestiva pode ser considerada arbitrária. Um preceito básico para empreender uma análise interpretativa, na psicologia junguiana, é obter a colaboração do sonhador, cujo papel será fundamental, mediante suas associações, delimitando a multiplicidade de significações que se expressam nas imagens simbólicas dos sonhos. A interpretação unilateral do sonho narrado pelo sonhador é um exemplo que ocorre quando o analista parte de uma preconcepção ou juízo, conforme uma doutrina em que o analista acredita e aceita, mas com a qual o analisando discorda e, portanto, o paralisa.

É certo, para Jung, que há tipos de sonhos que apontam para um passado distante, que realizam desejos ou apreensões, e outros que se revestem de aspectos antecedentes ou prospectivos sendo de natureza desconhecida para o analisando/analista. No caso de serem interpretados apenas sob o ponto de vista causal, perderão em muito o sentido de seu significado simbólico. O método de amplificação desenvolvido por Jung estabelece paralelos com os símbolos oníricos. Por exemplo, quando um sonhador relata um sonho que se desconhece o significado das imagens simbólicas apresentadas, o analista deverá investigar as associações e qual o contexto daquela imagem para o sonhador. Pode ser que o analista se surpreenda com a infinidade de respostas, mas, em cada caso, será possível descobrir uma estrutura na qual as associações estão inseridas. Será necessário, antes de abordar o sonho, estabelecer uma sequência com histórias de sonhos anteriores e com outros que se seguirão. Essas conexões possibilitam a observação da continuidade existente entre eles e, ao mesmo tempo, a verificação mediante as associações do sonhador, dos motivos e imagens arquetípicas, tais quais: herói, anima/animus, *puer*/velho-sábio, *self* e outras personificações, que surgem para indicar paralelos simbólicos. Portanto, relatar ou interpretar sonhos de alguém que não forneceu associações ou de alguém que não se conhece constitui uma tarefa injusta, antiética, na medida em que só se pode especular sobre o sonho, considerando o ponto de vista simbólico.

O procedimento da análise e da interpretação dos sonhos constitui uma tarefa complexa e, ao mesmo tempo, interessante. Não devendo ser uma mera aplicação prática de um método ensinado ou aprendido. O trabalho interpretativo requer essencialmente que o analista tenha passado pelo processo de análise para que esteja capacitado a discriminar a psicologia do analisando da sua própria e que esteja conscientizado dos conteúdos mais importantes de seu inconsciente, a fim de que suas projeções não interfiram no seu julgamento. O trabalho de interpretação dos sonhos exige outras qualidades do analista, como: experiência de vida e treinamento e conhecimentos nos diversos campos das histórias comparadas. Essas qualidades contribuirão na compreensão do processo de individuação que está na base da compensação psicológica dos sonhos. Ademais, a arte de interpretar sonhos pressupõe outros requisitos, tais quais: a intuição, a empatia entre analista/analisando, conhecimento da vida pessoal do sonhador, certa sabedoria do coração e que se rejeite, principalmente, qualquer ideia estereotipada ou preconcebida.

Faz parte do trabalho do analista motivar o analisando a registrar seus sonhos. Com isso, a interpretação alcançará segurança relativa durante a série de sonhos em que os anteriores corrijam os erros das interpretações já analisadas. A percepção da sequência de sonhos, pelo analisando, propicia que os temas e motivos oníricos adquiram maior compreensão do desenvolvimento do seu processo de individuação. Além disso, possibilita relacionar as imagens dos sonhos atuais com certas imagens de sonhos passados, observando-se as metamorfoses das imagens oníricas. A importância em capacitar os analisandos para reconhecerem os contextos de seus sonhos e, numa fase mais avançada, encarregá-los de propor uma interpretação torna-se fundamental no processo analítico junguiano. Desse modo, o analisando aprende a conectar-se com seu oráculo interior, tornando-se independente de seu analista.

Jung sugeriu que o analista, ao proceder à análise de um sonho, deveria perguntar-se qual a atitude consciente que seria compensada pelo sonho. Ao adotar tal conduta, o analista estabelece uma investigação cuidadosa entre o sonho e a situação consciente do sonhador, pois o sonho não é um acontecimento isolado. Dessa forma, a avaliação dos conteúdos inconscientes exige um delicado modo de proceder do analista, por exemplo, não perguntar o porquê da causa do sonho, pois isso sobrecarregaria a consciência do analisando. O mais indicado seria perguntar qual a finalidade do sonho que se apresentou ao analisando. Essa pergunta sobre a finalidade do sonho requer uma reflexão como resposta que o inconsciente pretende comunicar à consciência do sonhador, que seria uma forma compensadora da situação psíquica atual. Daí ser indispensável para o processo de interpretação o conhecimento da situação da consciência e quais as convicções morais, religiosas e filosóficas do sujeito consciente.

Na prática analítica, os símbolos oníricos não devem ser considerados de forma semiótica, isto é, como sintomas ou sinais. Esses símbolos são expressões de conteúdos que a consciência não apreendeu e estão em função da situação psíquica momentânea do sonhador. No entanto, é muito comum que alguns analisandos, durante o processo interpretativo, relacionem os símbolos oníricos às coisas conhecidas ou com sinais de significação fixa. É por isso que, na prática, deve-se renunciar a todo saber antecipado e investigar, profundamente, o que determinados *símbolos* significam para aquele analisando em relação a sua vida, como se esses lhes fossem totalmente desconhecidos.

É certo que existem sonhos repetitivos ou série de sonhos que manifestam um caráter nefasto em seus conteúdos aos quais o analista deve estar atento, pois essas alusões podem indicar, entre outras coisas, situações de perigo, de suicídios, de dissociações, de doenças orgânicas e de depressões. Há situações em que os sonhos não devem ser interpretados ou deve-se ter o cuidado de retardar sua interpretação. Mas, de modo geral, há dois indicadores importantes a serem considerados. O primeiro é quando o sonho revela algo verdadeiro sobre o analisando e que o analista reconhece ser verdadeiro, com base em outras observações, mas que o analisando se mostra despreparado para introjetar e assimilar esse conteúdo. O segundo é a situação em que o ego vígil necessita da experiência afetiva do sonho mais do que uma compreensão analítica. Assim, é necessário observar as transformações tanto do ego onírico quanto do ego vígil como indicadores do desenvolvimento do processo analítico. A consciência do eu é apenas uma parte da psique e não sua totalidade. No entanto, quanto mais o ser humano se identifica com este eu consciente/vígil, mais se separa do coletivo que ele é e até fica em oposição a ele. Esta atitude unilateral da consciência é corrigida e compensada para integrar o inconsciente na consciência, e com isso assimilar o eu a uma personalidade mais ampla. Como temos um inconsciente pessoal e coletivo é deste último que provêm os sonhos importantes, os grandes sonhos. Estes sonhos têm uma força e beleza incomum e, em geral, ocorrem em momentos cruciais da vida do sonhador, como na aproximação da morte (cf. OC 8/2).

Deve-se saber que há uma diversidade de temas oníricos que são identificados pelo sonhador, como pesadelos, angústias, perseguições, ansiedades, mortes, lutos e outros. Esses tipos de sonhos necessitam ser analisados sempre no contexto de vida do sonhador, para que se possa descobrir suas possíveis conexões.

É fundamental para a tarefa de interpretação reconhecer que nem todos os sonhos têm a mesma importância. Deve-se saber distinguir os sonhos banais ou comuns que derivam da esfera subjetiva e pessoal dos grandes sonhos ou significativos. A significação desses tipos de sonhos banais é limitada ao âmbito da história pessoal do sonhador, enquanto os grandes sonhos – ou significativos – são aqueles que permanecem por toda a vida e apresentam conteúdos impessoais, arquetípicos. A interpretação destes últimos só é possível por meio das correlações com os temas da mitologia comparada, da história das religiões, do folclore, enfim das histórias comparadas. Fato interessante é que, geralmente, o sonhador não tem noção da correspondência entre esses paralelos simbólicos e suas imagens oníricas.

Nas várias pesquisas e estudos sobre os sonhos, observa-se que eles se apresentam de formas variáveis. Alguns sonhos se manifestam como uma espécie de fragmentos, enquanto outros, como se fossem *flashes* em que nada é percebido ou deixam rastros de cenas oníricas ou de sentimentos. Mas há uma categoria de sonhos que apresenta um texto com início, meio e fim, em que se reconhece uma estrutura que se assemelha a um drama. Esses tipos de sonhos apresentam quatro fases distintas que devem ser examinadas pelo analista. Na primeira fase, denominada exposição, os conteúdos oníricos indicam a situação inicial, isto é, a apresentação do problema, o lugar da ação ou cenário e os personagens que estão atuando. A segunda fase é caracterizada pelo desenvolvimento da ação, ou seja, há uma certa tensão vivenciada pelo sonhador por não saber como a ação se desenrolará. Na terceira fase, denominada peripécia, ocorre algo de decisivo ou uma mudança na situação onírica. Finalmente, a quarta fase, chamada *lysis*, que apresenta a solução final ou o resultado produzido pelo trabalho do sonho. Embora em alguns sonhos, essa fase possa não ocorrer, representando um problema especial, que deverá ser observado pelo analista.

Jung propõe um outro ponto importante a ser observado no que se refere à interpretação dos sonhos que é diferenciar a interpretação no plano do sujeito e no plano do objeto.

Segundo Jung, a projeção dos conteúdos inconscientes é um processo totalmente natural e normal, pois é a tendência de o indivíduo transferir para os objetos ou pessoas características que lhes são próprias. Entretanto, ao projetar nos outros ou nos objetos a própria psicologia, o indivíduo cria um conjunto de relações mais ou menos imaginárias. Dessa forma, quando uma pessoa percebe o outro graças às suas projeções, esse outro passará a ser constituído como uma imago ou um suporte de símbolo. Apenas quando conseguir diferenciar-se de suas projeções é que o sujeito conseguirá perceber em cada objeto/pessoa suas próprias particularidades e sua realidade interior.

Na medida em que as imagens são parte constitutiva da psique, e que as projeções do sonhador são imagens que se reproduzem nos sonhos de modo subjetivo para exprimir sentido e não ocorre por motivos exteriores, mas pelos movimentos íntimos e incompreensíveis, Jung concluiu que: "Toda a elaboração onírica é essencialmente subjetiva, e o sonhador funciona, ao mesmo tempo, como cena, ator, ponto, contrarregra, autor, público e crítico" (OC 8/2, § 509).

Partindo dessa proposição do significado onírico, ele considerou que todas as imagens dos sonhos ou fantasias devem ser interpretadas no plano do sujeito e no plano do objeto. O plano do sujeito é quando a interpretação dos personagens ou das relações que se manifestam nos sonhos se refere aos aspectos subjetivos pertencentes à própria personalidade do sonhador. Sendo assim, todos os símbolos oníricos são vivenciados como representações de situações internas do sonhador.

Em oposição ao plano do sujeito, Jung propôs o plano do objeto, no qual a interpretação em que pessoas ou situações que se manifestam nos sonhos são consideradas objetivamente reais. Nesse caso, os símbolos oníricos se referem às situações ou realidades externas da vida do sonhador. Entretanto, para analisar qual o aspecto predominante da imagem do objeto, que é, ao mesmo tempo, condicionada objetiva e subjetivamente, deve-se investigar a princípio se a imagem é reproduzida no sonho por causa de seu significado objetivo ou subjetivo. Sendo assim, quando o sonhador, por exemplo, relata que sonhou com alguém com quem, na realidade, tem um relacionamento íntimo, a interpretação mais adequada é a do plano do objeto. Contudo, quando uma pessoa sonha de forma afetiva com alguém que na realidade lhe é distante e indiferente, a interpretação no plano do sujeito é a mais adequada. Pode acontecer que o sonhador substitua a pessoa indiferente por alguém com quem tenha um laço afetivo. Nesse caso, deve-se proceder à interpretação no plano do sujeito, pois a substituição é um trabalho do sonho equivalente a um recalque da reminiscência desagradável. A interpretação subjetiva indicará o afeto existente no sujeito, embora este afeto esteja despersonalizado, já que a carga libidinal a ele correspondente tenha se tornado impessoal. O analista, ao processar a interpretação do sonho no plano do sujeito, permitirá que o sonhador seja orientado no sentido de reconhecer seu conflito real, percebendo suas projeções e procurando entendê-las como relativo a si próprio.

Ao estudar e pesquisar a psicologia dos sonhos, Jung enfatizou que o *opus* do analista consiste em possibilitar que o sonhador vivencie simbolicamente seu sonho para que os símbolos oníricos se revelem em suas formas: redutivo-causais e prospectivo-sintéticas.

As pesquisas sobre os fenômenos oníricos, para Jung, trouxeram valiosas contribuições sobre a natureza da psique, apesar de deparar-se com a existência de inúmeras questões de caráter religioso, filosófico, místico, enfim problemas de que se tem apenas uma tênue ideia. Não se deve esquecer a afirmação de Jung que, ainda, não se conhece o suficiente acerca do inconsciente e a tentativa de conhecê-lo implica um trabalho que demanda paciência e isenção de ideias preconceituosas. Na pesquisa da busca de conhecimento do inconsciente, todos os estudiosos da psicologia poderão contribuir. Porém, o objetivo não será criar uma única teoria, mas gradualmente compreender melhor essa instância psicológica. Para Jung, na interpretação dos sonhos, muitas teorias oníricas podem e devem ser usadas, não sendo possível apresentar uma única universalmente satisfatória para investigar fenômenos tão complexos como os sonhos.

6 Sonhos na clínica junguiana contemporânea:
conexões com o oráculo interior

*Deixo meus pacientes encontrarem suas próprias
expressões simbólicas, sua mitologia (Jung).*

Durante o exercício de mais de 30 anos de prática clínica, constatei o quanto a afirmação de Jung em relação à análise e à interpretação dos sonhos constitui um dos métodos mais essenciais na condução de um processo analítico.

Os sonhos como vias de acesso à mente inconsciente permitem desvendar as mensagens que essa instância quer comunicar à consciência do sonhador por meio de seus conteúdos e imagens simbólicas. Essa correlação constitui-se uma das principais metas do processo terapêutico. Desse modo, passei a fazer uso, de forma constante, do método de análise e interpretação dos sonhos, na minha práxis, como um dos instrumentos de grande valia na investigação da simbologia produzida espontaneamente pela mente humana.

Partindo da premissa de que, como analista, devo ser cuidadosa com a atitude de presumir que se sabe quase tudo sobre os analisandos ou de ter a solução para os problemas que eles nos apresentam, segui fidedignamente as contribuições sobre a aplicação terapêutica da análise e da interpretação dos sonhos que Jung expôs em sua obra. Em meu trabalho clínico, na fase inicial, ainda nas primeiras entrevistas, como diretriz, peço ao analisando que me relate algum sonho recente ou recorrente que tenha permanecido em sua mente. Essa atitude será cada vez mais estimulada, no sentido de ajudar o analisando a um voltar-se para si mesmo, para o seu mundo interno, vivenciando, cada vez mais, uma conexão com seu oráculo interior, possibilitando a captação dos símbolos que os sonhos lhes revelam e que deverão ser assimilados cada vez mais, para serem analisados e interpretados em sequências.

Como enfatizado, os sonhos iniciais são relevantes na medida em que orientam o analista no desenvolvimento do processo terapêutico do sonhador. Eles são como guias nas estratégias de atendimento, indicando possíveis soluções para as dificuldades que o sonhador nos apresenta. Vejamos algumas ilustrações do tipo de sonhos iniciais e prenunciadores de analisandos que, previamente, autorizaram a publicação destes relatos e contribuíram de forma significativa para maior compreensão da práxis da oniromancia, numa abordagem junguiana contemporânea.

O primeiro exemplo é de um jovem de 25 anos, solteiro, que me foi encaminhado para darmos início ao processo analítico. Ainda por telefone, comunicou-me que gostaria de marcar um horário de atendimento comigo, porque havia tido, duas semanas antes, um forte sonho em que eu estava presente. Na primeira entrevista, o jovem, um pouco tímido, relatou-me que seu sonho trazia a indicação de que deveria iniciar seu processo de análise comigo devido a minha presença em seu sonho e, nesse contexto, concluiu: "devo iniciar o meu processo terapêutico com você". Ao pedir-lhe que relatasse o seu sonho inicial, ele imediatamente, narrou o seguinte sonho: "Sonhei que vinha aqui, no seu consultório, para fazer terapia com você e vinha acompanhado de meu pai para a gente ter uma conversa com ele".

Nesse sonho inicial, já é possível observar como o analisando chegou no meu consultório com sentimentos e laços de afetos denotando uma transferência positiva já nos primeiros contatos, especialmente, ao projetar em mim a figura com quem ele desejava estabelecer um *vínculo interpessoal* de confiança, condição básica para todo desenvolvimento de um trabalho analítico bem-sucedido. Faz-se necessário que o analista tenha conhecimentos sobre as várias formas e dinâmicas da transferência, sua recondução e resolução no tratamento. Esse fenômeno tanto poderá projetar-se em seu aspecto positivo ou apresentar-se no seu aspecto negativo, impedindo o andamento do processo terapêutico. Quanto ao sonho do jovem, verifica-se que a mensagem onírica é uma manifestação clara e espontânea do inconsciente, no sentido de que ela apresenta um começo, meio e fim. Pode-se indagar o porquê e a finalidade de o sonho inicial apresentar ao jovem rapaz ou questionar sobre qual a mensagem que o inconsciente pretendeu transmitir à consciência do sonhador, algo que o ego dele desconhecia. Além de ser possível refletir sobre questões pertinentes e a intencionalidade do sonho.

É óbvio que uma das tarefas principais que o sonho transmitiu, ao jovem, foi que ele deveria iniciar imediatamente o seu processo de análise. E o sonho lhe advertiu claramente que essas confissões não deveriam ser em um local público, mas em um recinto privado, como o do consultório, o *temenos*, lugar sagrado e protegido onde se elaboram os segredos mais íntimos da alma. Além do mais, conforme o contexto revelado pelo sonho, o analista deveria cuidar e preservar esse ambiente acolhedor para que se estabelecesse uma íntima comunicação com a imago paterna constelada e em paralelo com o complexo paterno negativo vivenciado pelo sonhador na realidade.

Foi iniciado o processo analítico e o jovem passou a discorrer sobre diversos aspectos de sua vida pessoal, suas fantasias, crenças, idealizações e dificuldades e seus sofrimentos. Ao longo do processo, percebia-se que estava visivelmente aliviado, rememorou as fases de sua tenra infância e adolescência, quando se deparou com seus dramas mais íntimos, seus preconceitos, medos e raivas, além de outras emoções desconhecidas que expressavam suas frustrações e inseguranças. Num determinado momento adequado, comecei a trabalhar com a análise e a interpretação de seus sonhos iniciais e dos recorrentes, em busca de significações. Ao comentar sobre o conteúdo do primeiro sonho inicial, ele reconheceu dois aspectos importantes da mensagem: o primeiro, referiu-se ao *insight* de que deveria de imediato começar sua análise pessoal; o segundo, que experimentou uma sensação estranha e forte de que as imagens oníricas lhe sugeriam que deveríamos abrir um espaço para os diálogos, em especial, com a imago paterna constelada. Ao lidar com as próprias imagens internas, o sonhador constatou que, de fato, o seu sonho era como um *espelho* refletindo as suas duas realidades: a interna e a externa. Após algum tempo de processo, mais descontraído e motivado, o jovem reconheceu que, ao longo de sua vida, negava a situação perturbadora da separação de seus pais e a problemática que se desenvolveu entre ele e o pai. O divórcio ocorreu quando ele tinha aproximadamente oito anos e foi considerado por ele uma experiência muito traumática, pois não havia sequer percebido essa possibilidade: "ninguém me falou dos problemas existentes!" Após a decisão da separação, o analisando continuou morando na mesma residência com seu pai e seus irmãos, enquanto sua mãe foi morar em outro lugar. Diversos fatores, como o afastamento da mãe, a vivência de sentimentos de abandono, de rejeição, de raiva, de culpa, entre outros motivos contribuiu de forma negativa para o desenvolvimento psíquico e emocional do jovem. Em seu livro *Terapia familiar. Mitos, símbolos e arquétipos*, Paula Boechat enfatiza que:

> Cada elemento da família determina as condições para expressão e realização dos outros membros. Assim como o social mais ampliado dos nossos colegas de trabalho, vizinhos, amigos, conterrâneos etc. vai determinar as dificuldades ou facilidades para nossa realização como seres únicos que somos (Boechat, 2005, p. 22).

O trauma psicológico da separação dos pais é um evento angustiante que deixa marcas profundas na memória e no processo de construção da identidade de uma pessoa. Essa experiência traumática, além de alterar toda a dinâmica familiar, gera, sobretudo, problemas no desenvolvimento emocional, corporal e psíquico-social. A criança vivencia os impactos com muito estresse e mal-estar na medida em que necessita reorganizar seu mundo interno e elaborar a vivência de seu luto. Assim, o jovem, diante de seu sofrimento, reprimiu seus sentimentos mais íntimos, evitando pensar ou falar sobre essas dolorosas e desagradáveis lembranças por sentir-se culpado.

Na fase da adolescência, os conflitos com o pai se acentuaram, dificultando ainda mais a convivência entre eles. Percebia o pai como rígido, distante, superficial e castrador, avaliando a relação como sendo complicada, gerando muitas discussões e rancores. Nesse dramático cenário, a ausência de um vínculo afetivo positivo entre pai e filho foi refletida em comportamentos de agressividade, de isolamento e de distanciamento entre eles. De forma ambígua, essa ausência paterna por vezes era sentida como um certo alívio, uma vez que eles só falavam banalidades. De outro modo, era exigida, de ambas as partes, maior aproximação e diálogos aprofundados. O jovem ouvia as reclamações do pai acerca do frágil relacionamento entre eles, e se irritava, pois exigia do pai mudanças comportamentais. Dizia sentir-se impotente para mudar tal situação. Trazia consigo alguns questionamentos: "Que tipo de pai é esse? Ele não compartilha nada de sua própria vida pessoal comigo. Como vou me relacionar com ele? O mundo do jeito que está, como vou conseguir me impor?"

A partir da fase de esclarecimentos, ao reviver seus conflitos latentes por meio do processo de transferência e de projeções, novas atitudes de elaboração e reflexão foram ativadas, tornando o jovem mais seguro de si. Do mesmo modo, desenvolveu sua capacidade de perceber e integrar suas projeções, seus anseios e idealizações; suas atitudes e seus comportamentos infantis que estavam contaminados por manifestações de sentimentos negativos e sombrios, especialmente, em relação ao pai. As novas elaborações possibilitaram ao jovem uma diferenciação psíquica que se fazia necessária e, num determinado momento do processo, o jovem visivelmente mais confiante tomou a feliz decisão de que faria a sua parte para possibili-

Sonhos – Conexões com seu oráculo anterior

tar uma melhor convivência com seu pai. Essa atitude positiva contribuiu significativamente para a diminuição das condições vexaminosas existentes diante dos acontecimentos desagradáveis que ocorriam com regularidade entre eles. Ao mesmo tempo, era notório que sua autoestima, aos poucos, estava sendo resgatada e sua afetividade transformada. Outro fator importante foi a motivação do jovem na busca de novos projetos que fizessem sentido em sua vida e que o ajudassem a sair da passividade em que se encontrava. No início do processo, ele parecia estar petrificado em seu passado, não conseguindo sequer planejar o seu futuro. Somente com o passar do tempo, tornou-se mais consciente de seus desejos infantis e passou a ressignificar as suas relações com os membros de sua família, amigos e, em especial, com seu pai. Desse modo, o inconsciente compensou uma atitude unilateral da consciência do sonhador que, com resistência, impedia que lembranças dolorosas fossem rememoradas, causando as amnésias sistemáticas. A partir do momento que esse material reprimido foi revelado, desenvolveu-se uma maior expansão do campo de sua consciência, uma vez que os conteúdos dissociados foram integrados, viabilizando transformações psicológicas da personalidade do sonhador em seus vários aspectos.

A imagem idealizada que fazia de seu pai e de si mesmo, ao ser desconstruída e restaurada, conferiu ao pai certa credibilidade, permitindo uma renovação criativa no elo pai-filho. Nessa atmosfera mais saudável e descontraída, seguiram-se atitudes de maior respeito e de flexibilidades nos acordos entre ambos. Pouco a pouco, o jovem se tornou mais extrovertido e assumiu novas responsabilidades em contraste com seu estado de estagnação, que lhe gerava conflitos morais. Com o surgimento do *logos*, princípio masculino, cuja função é discriminar, o analisando passou a assimilar algumas identificações com seu pai e valorizar novos projetos que antes percebia como tentativas de fracassos. A partir da reconstrução de sua autoimagem e de novos valores, estabeleceu uma relação cordial com o pai que foi se consolidando de forma mais consistente e saudável. Ao confrontar-se com seus conflitos internos e externos, o jovem evitou que se instalasse um estado depressivo mais duradouro com prejuízos no desenvolvimento de sua saúde mental e emocional.

Durante a etapa da análise e da interpretação dos sonhos, o jovem, de forma surpreendente e parecendo um tanto atordoado, recordou-se de um outro sonho estranho que havia tido dois meses antes de dar início a sua terapia comigo e que, ainda, não havia me contado. Considerou o sonho como muito angustiante e muito forte e lembrou que ficou bastante mobilizado com a intensidade das imagens. Pareceu agitado e interessado em narrar de imediato o sonho que o fez acordar muito atordoado. Nesse empenho, passou a descrever o seguinte sonho de angústia: "Estava numa varanda de minha ex-casa e de repente o chão começou a desmoronar, a cair, mas não me machucava. Acordei no momento que achei que ia morrer".

Ao finalizar o relato desse segundo sonho do tipo inicial e premonitório, o jovem, que tinha algum conhecimento da psicologia junguiana, comentou que achava que não tivesse grandes sonhos dos quais se lembraria e definiu seus sonhos como banais. Atribuiu a isso o fato de não dar muita atenção aos próprios sonhos.

Esse segundo sonho apresentou um cenário simbólico de uma ex-casa, que também foi associada à personalidade do sonhador, representando situações de carência e de profundo sofrimento vivenciados no passado e que deveriam ser elaborados no presente. Além disso, portava outras metáforas em seu conteúdo, que se achavam para além da vivência objetiva do sonhador. O sonho exibiu uma cena dramática, perturbadora e assustadora do chão de uma varanda que se desmoronou, onde o sonhador caiu, mas não se machucou. No entanto, as imagens do conteúdo onírico foram tão intensas que fizeram com que o sonhador acordasse abruptamente. Conforme suas palavras: "Acordei apavorado, angustiado e com taquicardia no exato momento, pressentindo a morte". Depois de um ano de atendimento psicológico comigo, de forma surpreendente e dramática, o jovem presenciou a trágica morte de seu pai em uma situação muito semelhante ao cenário que o seu segundo sonho prenunciou. A família havia feito uma festa em comemoração a uma data específica e o pai do paciente estava presente. De forma repentina, o pai caiu acidentalmente de uma varanda muito alta da casa e não resistiu aos graves ferimentos da queda, falecendo.

A análise, após o falecimento do pai, foi crucial. Desolado e muito impactado com as fortes cenas do acidente, vivenciou seu processo de luto, da dor trágica da perda literal de seu pai e da perda simbólica dessa figura central. Partes de vários aspectos de sua personalidade simbolicamente morreram e renasceram, tal como uma fênix, na construção de uma nova identidade.

Com o objetivo de amplificar e aprofundar a compreensão do significado simbólico da morte, observa-se, em diversas culturas, a existência de rituais de iniciação ou de cerimônias especiais de passagens que marcam mudanças de status de um jovem em sua comunidade. Nessas celebrações, diversas provas devem ser enfrentadas com o objetivo de o jovem ser capacitado a enfrentar seus sofrimentos, medos e reconhecer os próprios limites físicos e mentais. Nesse processo de transformação de personalidade, o jovem sofre uma morte simbólica antes de renascer num novo ser e ingressar na tribo como um membro adulto e responsável.

Quando dado o início à análise e à interpretação desse segundo sonho, o jovem consternado reconheceu ser o seu sonho como uma verdadeira iluminação. A intencionalidade e a finalidade desses dois sonhos iniciais na época ambos, analistas-analisando, não tinham como prever o que os símbolos oníricos indicavam em sua profundidade. Posteriormente ao evento trágico, foi verificado que essas representações se manifestaram de forma subjetiva e objetiva. Jung afirma que certos acontecimentos de que o sujeito não toma consciência, por meio de uma intuição ou reflexão, podem aparecer como um segundo pensamento, por exemplo na forma de um sonho. Esse segundo pensamento revela seu aspecto inconsciente por meio de imagens desconhecidas e simbólicas. São tipos de sonhos que nos advertem para certas ocasiões da vida muito antes delas ocorrerem. Esses sonhos não só compensam as deficiências da personalidade do sonhador como ao mesmo tempo podem orientar para os perigos de sua situação de vida atual. Funcionam como verdadeiros oráculos com os quais o sonhador deverá conectar-se com reverência e profundidade por expressarem a totalidade psíquica.

Como verificado, fazia-se necessário que o jovem confrontasse e vivenciasse a complexa relação com seu pai tanto na realidade como de forma simbólica. Assim procedendo, conseguiu restaurar e transformar essa figura da imago paterna nos seus aspectos negativos e positivos. Esse caso não só reflete aspectos da jornada do herói, mas tem elementos do *puer* e rastros de elementos do *trickster*. A travessia do herói representa a capacidade de experimentar e controlar o selvagem e o irracional dentro de si mesmo. E, após vivenciar o luto pelo falecimento de seu pai, desafio redentor do sacrifício heroico, o jovem pôde resgatar suas forças vitais em busca de algo mais consistente em sua vida. Ao reorientar-se em seu desenvolvimento psíquico, libertou-se do medo de externar seus conflitos e suas dores, reconhecendo, desse modo, os sentimentos de amor e de respeito que sentiu por seu pai, sentimentos esses que foram externados em relação a ele ainda em vida. E essa nova atitude lhe proporcionou vivenciar um estado de paz interior, após o trágico falecimento presenciado. A conquista de uma consciência mais qualitativa por meio de seu aprofundamento de contatar seu oráculo interior, com suas imagens oníricas, e com suas emoções, revitalizou o jovem na construção de uma nova fase de maturidade psíquica-emocional e na aquisição da capacidade de resiliência necessária para enfrentamento de novas tarefas que a vida há de lhe impor ao longo do seu processo de individuação.

Em um outro exemplo de sonho inicial, verificou-se que o conteúdo onírico revelou uma provável hipótese de diagnóstico além de um bom prognóstico no processo terapêutico da sonhadora. A analisanda, na época, estava com 73 anos e havia enviuvado após 30 anos de casamento. Decidiu iniciar um processo de análise depois de se perceber confusa, impotente e desorientada. Ao lhe perguntar sobre os seus sonhos, respondeu que recordava de um sonho que muito instigou sua curiosidade e o relatou:

> Sonhei que estava entre pessoas que não conheço e alguém falou que o caixotinho de música estava estragado, e eu falei o seguinte: "deixa ver se eu consigo consertar". Abri uma tampa, mexi dentro e consertei. Alguém falou que havia outras peças para consertar e eu disse: "só sei consertar este".

Qual seria o significado que esse determinado sonho queria comunicar à sonhadora? Quando demos início ao trabalho de decifração desse sonho, a sonhadora disse que faria uma própria interpretação de seu sonho:

> Quero buscar minha realização pessoal e profissional ligada à psicologia, mas, se não acontecer, não tem problemas. Sou uma pessoa que gosta e sabe orientar o outro. Fui professora de metodologia em pesquisa e orientava mestrandos. Para mim, o caixotinho de música que precisa ser consertado refere-se a um lado meu desorientado, que, com a morte de meu marido, me fez fazer várias besteiras. Por exemplo, fiz uma senha de uma nova conta no banco e pedi ao gerente para ele anotar a senha para eu não esquecer. Avaliei, então, que este sonho me indicava a busca de ajuda.

A intenção do sonho ao escolher espontaneamente essas imagens simbólicas são de maior relevância. No sonho, uma das tarefas propostas indica que, para haver conserto do caixotinho, deve-se mexer dentro. Em termos simbólicos, significa a necessidade de um aprofundamento das vivências internas, emocionais, da vida da sonhadora que pareciam estagnadas depois da morte de seu esposo. Ao rememorar sua história pessoal, a analisanda pôde aprofundar e elaborar as várias fases emocionais de sua vida. Declarou que pertencia a uma tradi-

Sonhos – Conexões com seu oráculo anterior

cional família mineira, espírita e que, em sua infância, era uma criança levada, mas muito medrosa:

> Lembro que sentia muito medo das sessões espíritas que eram realizadas em minha casa. Assim, á noite, eu precisava dormir com minha irmã na mesma cama para que ela me protegesse. Mas fui, também, uma criança bem resolvida em casa e foi uma época muito feliz.

Na fase da adolescência, recordou que, dos 16 para os 17 anos, sentia medo de enfrentar as dificuldades da vida, mas foi aí que, conscientemente, segundo ela, resolveu estudar "para poder entrar na vida".

> Para mim, os estudos seriam a forma mais fácil de encontrar meu caminho, meus sonhos. O almejado pela minha família era eu ser professora. Meu desejo, mesmo, era cursar psicologia, mas naquela época, o curso de psicologia ainda não havia sido regulamentado. Decidi optar por pedagogia ao invés de filosofia, pois esse curso propiciava, posteriormente, seguir a psicologia. Com essa minha escolha, meus pais ficaram muito orgulhosos de mim. Hoje percebo que, como a oitava filha, fiz um desvio, por que a maioria dos meus irmãos foram trabalhar e não davam continuidade aos seus estudos.

Na vida adulta, a sonhadora, avaliou que seu casamento foi um aprendizado na convivência com as diferenças com o outro. Teve dois filhos com seu parceiro e, atualmente, é avó de cinco netos. Nessa nova condição de sua vida, como viúva, decidiu fazer um curso de arteterapia, chegando a estagiar numa clínica de psicologia social. Contudo, pôde sentir que não era mais esse tipo de trabalho que desejava fazer. Optou por aprofundar-se nos estudos sobre a psicologia junguiana. Procurou um grupo de estudos junguiano, passando a se interessar por palestras e congressos de psicologia analítica. Após alguns anos de terapia, sentindo que seu caixotinho de música já estava consertado, decidiu, em comum acordo junto a mim, pelo encerramento de seu processo analítico. Afirmou sentir-se disposta e feliz no novo caminho que trilhava além de ter reunido força e confiança para enfrentar as novas etapas de sua vida futura. Muito identificada com as ideias de Jung, recordou a passagem de um texto que para ela era muito significativo, em que Jung afirmou que "na outra vida, você é o que você realizou nesta". Com ajuda do processo terapêutico, voltou a sentir-se saudável, percebendo que o sentimento de confiança em si mesma lhe restituiu e lhe ajudou na busca de suas realizações pessoal, profissional e espiritual. Sentindo-se plena e mais confiante, após enfrentar um momento de desamparo, de solidão e de dificuldades em sua vida, devido ao choque da perda inesperada de seu companheiro, a sonhadora reconheceu que a psicoterapia em muito colaborou para o resgate de um bem-estar de seu estado físico e mental, dando-lhe a sensação de que pôde libertar-se de seus medos e angústias que tanto lhe afligiam. Considerou que nessa nova fase de sua vida, mesmo sozinha, ressurgiu sua força e coragem, sendo agradecida pela proteção de Deus para vivenciar o que o destino lhe apresentou. Nessa transição na busca de uma nova identidade, a analisanda reconciliou-se com seus conflitos internos e com mais firmeza e independência empenhou-se em descobrir os novos caminhos de seu processo de individuação. Esse processo interno de diferenciação psicológica, cuja finalidade é o desenvolvimento da personalidade individual, envolveu uma consciência crescente da própria psicologia individual como um ser distinto e, ao mesmo tempo,

Sonhos – Conexões com seu oráculo anterior

uma conexão com os padrões inerentes coletivos. Ao vivenciar um estado de harmonia, a sonhadora reconheceu que seu caixotinho interno foi consertado e agora podia continuar bem a sua nova vida. Esse novo contexto propiciou à sonhadora criar algo novo em benefício de si própria e da sociedade ao conectar-se com sua totalidade psicológica.

Há outros tipos de sonhos denominados banais ou comuns que apresentam de forma geral conteúdos e símbolos muitas vezes demasiadamente óbvios para o sonhador. Essas imagens subjetivas costumam estar diretamente relacionadas com situações momentâneas da vida do sonhador. Esses tipos de sonhos transmitem em seu teor informações precisas e claras e, por apresentarem uma acentuada carga emocional, muitas vezes fazem com que o sonhador tenha reações imediatas ou ações improvisadas, a fim de solucionar, no curto espaço de tempo, o conflito real em que se encontra.

Vejamos o recorte de um caso clínico que exemplifica esse tipo de sonho banal ou comum, manifestado em um rapaz de 38 anos, que se encontrava em um relacionamento conflituoso e desgastante com sua namorada de 28 anos. O rapaz sentia-se pressionado por sua companheira para formalizar a relação. Entretanto, ele tinha dúvidas se essa escolha era a mais apropriada para ele. Após quatro anos de convívio, a namorada revelou-lhe o desejo de ter filhos e de construir uma família. Ele, por outro lado, além de não ter mais esse desejo, pois já tinha três filhos do primeiro casamento, havia feito o procedimento de vasectomia. Mesmo assim, sua parceira passou a fazer cada vez mais exigências para que ele revertesse esse quadro, ameaçando-o de várias maneiras. Ele argumentava que a vida atual estava difícil para gerar mais uma criança, além disso, afirmava que a situação financeira de sua parceira não contribuía pois ela não trabalhava de forma estável e essa era mais uma questão importante a ser considerada. Após vários términos e voltas devido ao comportamento da namorada, considerada como ciumenta e possessiva, ele foi convocado a conhecer a família dela, que vivia numa pequena cidade do interior. Mesmo desanimado, acompanhou-a e, ao ser apresentado à futura sogra, ele teve uma impressão negativa e desfavorável, percebendo-a como uma pessoa desagradável e prepotente. Ao retornar ao Rio de Janeiro, sua namorada deu-lhe o ultimato de que eles deveriam formalizar a relação o mais breve possível. Mesmo com as frequentes brigas que foram se tornando cada vez mais agressivas entre eles, o sonhador dizia que sentia pena e sem coragem para finalizar a relação um tanto deteriorada. Certa noite, após mais uma discussão de relacionamento ("DR") com muitos insultos mútuos e intimidações, ele teve o seguinte sonho:

> Estava na cidade da minha namorada, em uma loja que vendia apenas chocolates. Como um bom chocólatra, examinava encantado a grande variedade de chocolates e todos tinham um único preço de R$ 0,99. Escolhi um bombom de castanha-do-pará e, ao me dirigir ao caixa para efetuar o pagamento, verifiquei que a dona da loja era a mãe da minha namorada. Ela me dizia que aquele chocolate que eu tinha escolhido custava R$ 90,00. Ao acordar, lembrei-me do sonho e fiquei muito curioso por entender o seu significado. Ao refletir sobre meu próprio sonho, fiz a seguinte interpretação: "a filha vale R$ 0,99 e a mãe quer me vender por R$ 90,00".

Após entrar em contato com seu oráculo interior e contemplar as imagens internas de seu sonho, o sonhador deduziu que a mensagem de seu sonho lhe orientava, de forma clara, a terminar o conturbado relacionamento afetivo. Imediatamente e com muita determinação comunicou a sua parceira sua decisão irrevogável de dar um ponto final no compromisso. Procedendo assim, pôde sentir-se novamente livre e feliz para continuar sua busca em encontrar uma companheira que lhe proporcionasse uma vida amorosa mais saudável e genuína. Esse sonho operou com sua função prospectiva, isto é, sugeriu, de forma antecipatória e simbólica, a solução de um problema real vivenciado pelo paciente. Ao ser impactado pela mensagem explícita do sonho, ele compreendeu e valorizou o que lhe foi comunicado, reuniu forças para tomar a decisão que sentiu ser a mais sensata para ele naquele momento de sua vida.

Observei, ao longo da minha práxis clínica, a frequência de sonhos recorrentes, em que animais oníricos revelam, muitas vezes, que a própria alma do sonhador pode encarnar dimensões variadas e instintivas de estruturas arcaicas da psique. Por exemplo, a manifestação de personificações sob múltiplas formas que correspondem às dimensões dos reinos: animal, vegetal, mineral e transcendente. Entretanto, somente após passar por um processo de metamorfose é que podem adquirir a dimensão humana, ou seja, uma aparência física humana. Uma das formas de a imagem arquetípica da sombra se configurar em sonhos é em seu aspecto animalesco, indicando que o sonhador se encontra aprisionado na esfera dos instintos. Impõe-se ao analista a tarefa de estabelecer conexões entre as imagens oníricas que emergem do inconsciente e a situação real que o sonhador está vivenciando.

Para uma melhor compreensão dos sonhos recorrentes com motivos simbólicos de animais, ilustrarei relatos de sonhos de alguns pacientes: "Sonhei repetidamente que eu era um cão e, atualmente, sou um lobo. Um lobo vermelho vem correndo em disparada e entra dentro de mim no meu tórax e some lá dentro. Não é raivoso!"

O conteúdo desse sonho, sem dúvida, assemelha-se aos motivos mitológicos e, em especial, aos contos de fada. Quando um ser humano é convertido num animal e se autopercebe como um cão, com uma certa frequência, significa que houve uma regressão da libido. Nesse estado primitivo, provavelmente, prevalecerá no sonhador comportamentos e atitudes mais impulsivas e instintivas. No caso particular desse analisando, verifiquei que ao relatar seu sonho, inicialmente, ele se identificou como um cão e, posteriormente, conforme contava o seu sonho, acrescentou a frase: "atualmente, sou um lobo". Essa metamorfose significa que sua libido regrediu mais ainda para camadas mais profundas de sua psique, na medida em que o lobo é um ancestral do cão. Sobretudo, os cães que foram domesticados em suas impulsividades e abandonaram toda a ferocidade e instintividade características dos seus ancestrais, os lobos primitivos.

Como o sonhador se encontrava numa situação de completa alienação da própria dimensão instintiva, cumpre a nós analistas atentarmos cuidadosamente para as características específicas dos animais em questão: cão e lobo, imagens de dois animais que se manifestaram simultaneamente em seus sonhos.

Na Antiguidade, ambos, o cão e o lobo, eram animais sagrados, considerados mediadores entre os dois mundos: inferior e superior. Na mitologia grega, temos o deus do Sol, Apolo, deus dos animais noturnos e fugazes. Apolo tem o poder de metamorfosear-se em múltiplas formas de animais, entre eles, o lobo para derrotar os inimigos. Temos ainda o cão Cérbero, que significa o demônio do poço, é o guardião das portas do Tártaro, no reino de Hades, morada dos mortos. Esse cão monstruoso de várias cabeças e dentes mordazes tem a função de impedir que os vivos adentrem a esse lugar dos ínferos e, sobretudo, de vigiar que alguém, que lá está, retorne ao mundo dos vivos. O próprio deus da morte, o impiedoso Hades, cujo nome significa o Invisível, faz uso de um capacete e de uma capa de pele de lobo que lhe dá o poder de se tornar invisível. Além do mais, no mundo dos mortos, alguns preceitos devem ser rigorosamente respeitados, por exemplo, nenhum alimento pode ser ingerido sob pena de a pessoa não mais de lá sair, assim como o nome do poderoso Hades jamais deverá ser pronunciado sem que provoque a sua cólera e traga energias negativas.

Nos contos e nas crenças de algumas culturas, cão e lobo são animais que estão muito presentes. Constantemente, estão associados às qualidades positivas ou negativas. Em diversos mitos e contos, temos o cão como representante de qualidades positivas, símbolo da fidelidade, de guardião, de guia, da fertilidade, entre outros. Mas estão associados às qualidades negativas como o de relacionar-se com a morte, com a maldade, com a agressividade destrutiva, com a culpa, com a raiva, com a tristeza, entre vários outros aspectos sombrios.

Uma famosa lenda dos índios Cherokee, por exemplo, revela que há, em nosso profundo ser, a existência de dois tipos de lobos: um bom e um mau. Conta a lenda que eles se encontram sempre numa frenética luta e disputa para sobreviver e que ganhará o lobo que será mais alimentado pelo homem. Outra lenda muito disseminada é a do lobisomem, que tem origem europeia e suas variantes na mitologia grega. Foi a partir do século XVI que chegou ao Brasil, por meio dos portugueses, esse personagem que é descrito como sendo um ser misto de animal-homem. O lobisomem tem como traços característicos um corpo forte e muito peludo como o dos lobos e, ao mesmo tempo, dos homens. Diz a lenda que, certo dia, um homem foi mordido por um lobo em noite de lua cheia e transformou-se em lobisomem, assustando as pessoas que temem se tornar vítimas do mesmo feitiço. Em algumas regiões do Brasil, outras versões advertem que se a mãe parir seis filhas mulheres e o sétimo for homem, este será transformado em lobisomem. Já em outras variações, afirma-se que se um menino não for batizado, ele se transformará em lobisomem na fase adulta.

Faz-se necessário que o analista tenha profundo conhecimento das histórias comparadas, como afirma Jung, no sentido de poder amplificar os vários motivos que se manifestam nos sonhos. Todos esses múltiplos estados de ser que são expressos nos mitos, contos e sonhos, referem-se à totalidade psíquica do ser humano. Por exemplo, esse sonho do cão-lobo narrado pelo sonhador, no processo analítico, reflete, como espelho, o próprio mundo interno que se encontrava em profundo estado de sofrimento, encontrando sérias dificuldades em sair do mundo dos ínferos. Estando totalmente imerso em fortes sentimentos negativos, o sonhador se encontrava num estado de regressão, sentindo-se completamente paralisado em sua vida e sem forças na busca de soluções para seus problemas pessoais, profissionais e afetivos que vivenciava.

Ao dar início no processo de análise, o sonhador relatou estar vivenciando uma fase mais melancólica e depressiva, como se não quisesse mexer nas coisas, deixá-las acomodadas. Jogava suas poucas energias no trabalho, pois tinha consciência de que seu casamento estava em decadência e sua vida financeira, um verdadeiro caos. Além do mais, reconhecia que não encontrava forças nem vontade para mudar esse triste cenário de sua vida.

Ao darmos início ao trabalho de análise e interpretação do sonho do cão-lobo, o analisando associou a imagem do cão de seu sonho com a ótima relação que tinha com seu animal de estimação na vida real. Percebi que ele se referia a seu cão com muita afetividade, indicando ser seu fiel companheiro da vida de solidão em que se encontrava. Certo dia, ele estranhou ao perceber que o seu fiel companheiro não sabia uivar, como é típico nesses animais. Decidiu que isso não poderia continuar assim, passou a ficar horas uivando para o cão na tentativa de que ele aprendesse a uivar. Para ele, era fundamental que seu cão soubesse uivar, uma vez que era algo próprio de sua nature-za. Pouco depois, após muito ensinar o seu cão a uivar, foi sur-preendido com o uivado do cão vizinho e, em resposta, ouviu o vigoroso uivar de seu fiel companheiro de solidão. Tamanha surpresa lhe proporcionou grande emoção e satisfação. Certa-mente que nessa fase foi importante investigar a situação de carência e desamparo em que se encontrava o sonhador. Quais seriam os significados que a imagem onírica cão-lobo repre-sentaria na vida do sonhador? Decerto que esses símbolos co-letivos são mais complexos de se abordar por revestirem-se de características arcaicas. A compreensão desses símbolos, que são identificados aos paralelos mitológicos que foram registra-dos na história da humanidade, ganha sentido quando se leva em conta a relação com a psicologia do sonhador.

Na literatura dos contos, cão-lobo expressa a natureza ani-mal e instintiva do ser humano, tratando-se, psicologicamente, daquilo que se encontraria inconsciente, imerso na alma ani-mal e que é negado pelo sonhador.

É muito interessante observar como o crescimento psicológico de um indivíduo pode gerar um grau de *insight*, de transformações das atitudes e comportamentos quando a alma está ferida. No caso desse sonhador, a atitude lúdica de lidar com seu cão na realidade, cumprindo a tarefa de ensiná-lo a uivar, simultaneamente, fez com que ele se conectasse com o cão-lobo interior, com seus instintos mais básicos que estavam desconectados de sua alma. Impressionante, como a conduta lúdica do sonhador de se relacionar e dialogar com seus personagens internos, seus animais cão-lobo no espaço do consultório, significou assimilar seus complexos dissociados. Agindo de forma criativa, ele alimentou e expandiu sua alma, na medida em que se reconectou com seus instintos e emoções.

O ato de uivar do sonhador para com seu cão-lobo foi, metaforicamente, como se ele desse início a um diálogo com seu mundo interior e desconhecido. Ao emergir dessa descida aos ínferos, o sonhador sentiu as forças renovadas de seu Eros e de sua autoestima. Novas ideias criativas emergiram, motivando-o a fazer transformações em vários aspectos de sua personalidade e de metas de sua vida. Ao entrar em contato com sua natureza instintiva mais profunda, ele pôde vivenciar de forma lúdica e simbólica os seus aspectos animalescos canino-lobo. Assim, o sonhador, que tinha um forte complexo paterno negativo, ao entrar em contato com suas emoções mais básicas, sentiu-se muito contente ao perceber que uma nova energia positiva lhe enchia de vigor. Não se permitindo mais colocar-se e/ou ser colocado no papel de vítima ou de forma queixosa consigo mesmo ao sentir-se solitário. Buscou soluções sensatas para seus problemas, decidindo-se pela separação de um relacionamento já fracassado e passou a cuidar com mais consciência de seus gastos e suas economias. Ao empreender uma análise mais profunda do sentido existencial de sua vida, o sonhador passou a lidar com suas angústias, transpondo os obstáculos e os problemas que o petrificavam, renovando a si próprio e as suas condutas na esperança de uma vida mais plena e genuína que lhe fizesse sentido.

Nas sociedades contemporâneas, é muito comum o homem urbano estar desvinculado de sua vida instintiva. Essa perda do contato com os instintos básicos se manifesta como sintoma na maioria das patologias modernas. Importante ressaltar que símbolos animais que se apresentam nos sonhos podem expressar um grau de espiritualidade elevada ou desenvolvida para determinado sonhador, embora na clínica esse nível de transcendência seja muito mais raro de se deparar. No entanto, não resta dúvida de que esses animais oníricos significam, na maioria dos casos clínicos, que a psique do sonhador é susceptível à dissociação devido à fragilidade da consciência que pode facilmente ser fragmentada.

Há ainda uma multiplicidade de simbolismo em que o lobo e o cão correspondem aos aspectos dos princípios materno e paterno, por exemplo nos mitos de criação. Já na alquimia, esse tema está associado com a fase do *calcinatio* do processo alquímico, que promove a limpeza de todas as impurezas por meio do elemento fogo. Nos rituais de iniciação dos povos antigos e em várias culturas e tradições, os símbolos com animais apresentam múltiplas significações.

Uma outra ilustração é o caso de uma mulher que, no seu processo de análise, relatou espontaneamente ter um sonho recorrente com a imagem de uma terrível aranha. Vejamos o relato de seu sonho:

> Sonhava sempre com um animal que era uma horripilante aranha. Acordava assustada e angustiada. Com o tempo, a terrível aranha foi se humanizando, mas sempre com um capuz na cabeça. Não conseguia ver sua cabeça nem seu rosto. Depois ela se transformou numa velha muito feia que matei. Acho que empurrei ela e a matei.

Essa sonhadora estava em seu terceiro casamento e queixava-se de sentir um grande mal-estar constante. Percebia-se como ansiosa, angustiada e com sérios problemas de insônia. Quando passava mal, automedicava-se com antidepressivo e dizia estar com questões pessoais e com problemas relacionados ao trabalho. O primeiro casamento durou 24 anos, teve dois filhos e se enjoou do seu parceiro. Do segundo relacionamento, que durou nove anos, decidiu separar-se por se sentir infeliz e sem tesão. Comentou que após a segunda separação, descobriu um câncer no útero, tendo que passar por um procedimento cirúrgico para retirada de órgãos e, durante o processo de restabelecimento, tomou a decisão de que mudaria a vida da água para o vinho. Logo, conheceu um rapaz que, segundo ela, destampou seu vulcão que estava adormecido. Simultaneamente, sentia um grande vazio e o seu mal-estar persistia. Dizia ela: "Não me sinto bem! Além disso, me percebo como uma adolescente que está de quatro por essa pessoa que mal conheço". A filha lhe advertia para que fosse mais devagar no relacionamento com o rapaz que acabara de conhecer. Afirmava ter sentimentos nefastos de que não podia estar feliz ou ter a sensação de que tudo estava bem em sua vida e que esses tipos de pensamentos negativos só contribuíam para deixá-la mal. Ao longo dos atendimentos, tornaram-se claro os fortes complexos materno e paterno negativos que ela vivenciava. Percebia sua mãe real como uma bruxa má, supercompetitiva, além de alcoólatra. Na infância, dizia lembrar-se de poucas coisas que lhe fizeram feliz. O pai fingia que tudo estava bem e viajava muito, como ele dizia: "a trabalho". Posteriormente, a sonhadora suspeitou e reconheceu que seu pai havia tido outros relacionamentos: "Hoje, tenho certeza de que meu pai tinha várias amantes! Era um mentiroso!" Em determinada etapa de sua vida, tomou a decisão de se afastar de seus pais definitivamente. Após um ano de terapia, quando iniciamos com o processo de análise de seus sonhos, a relação de transferência entre nós tornou-se ambivalente, especialmente, quando ela associou a terrível aranha à sua mãe real. Pouco tempo depois, não suportando lidar com o material que se manifestou espontaneamente do mundo inconsciente, ela escolheu interromper o processo de análise, declarando ser por questões financeiras e por falta de tempo.

O sonho para determinadas pessoas é como tentativa de cura em que o sonhador deverá assimilar os próprios complexos e os conteúdos simbólicos que ainda estão indiferenciados. Percebe-se, em alguns processos de tratamento analítico, que alguns sonhadores que psicologicamente perderam as suas almas não aceitam ou negam o que os sonhos têm a lhes dizer. Há situações em que certos sonhadores tentam esconder-se de si mesmos, não suportando sequer entrar em contato com seus conflitos emocionais, com algo perturbador do seu mais profundo ser e decidem, unilateralmente, abandonar a análise. Segundo Jung, "o maior medo do inconsciente é que esqueçamos o que somos" (Jung, 2014b, p. 36). Nesse sentido, há muitas pessoas que preferem encarnar uma persona (máscara) que lhes traga a ilusão e que lhes assegure quem elas imaginam que são. Sem dúvida que essa decisão de interromper o processo analítico deverá ser acolhida e respeitada pelo analista, por entender que esse indivíduo ainda não está pronto para o ritual de sacrifício que simboliza o confrontar-se com o inconsciente.

Apresentamos outro exemplo sobre o tema de animais, de uma jovem sonhadora que, no decorrer do processo analítico, narrou o seguinte sonho que muito a impressionou:

> Era um homem muito feio e era escuro. Não é que a pele era negra, era como se a luz dele fosse negra. Ele parecia um macaco! Vinha para perto de mim e eu dizia: "Não, não quero!" Mas ele afirmava para mim: "Você quer! Você quer!" Como se eu estivesse me insinuando para ele e eu não tinha coragem de admitir isso. Ele estava certo, era verdade! Ele estava tomando café numa caneca. Acho que era num quarto!

Dois meses após o relato desse sonho, a sonhadora contou-me um novo sonho que havia tido e comentou que a imagem do homem-macaco que se apresentara em seu sonho ainda exercia sobre ela uma forte atração e fascinação. Diante dessa confissão, percebi o quanto essa imagem onírica do homem-macaco havia sido ativada de forma numinosa. Imediatamente, incentivei a sonhadora a desenhar essa personificação. Após observar, por um tempo, os detalhes do desenho, a jovem fez os seguintes comentários:

> Ele é ele! Tá ali bem *ugly*! Ele é feio, mas sendo tão ele, que parece que *não* é feio. Ele é de verdade! Achava tanto que este homem-macaco era meu namorado e não era na verdade. Eu sabia que ele era eu! Embora meu namorado seja moreno que nem ele, mas meu namorado tinha os dentes feios, de vampiro. Mas ele cuidou! Olhando bem agora esta imagem, parece que o homem-macaco está sereno e sabe muito dele. Ele gosta de café quentinho. Ele sabe dele! Ele sabe que é feio, mas não liga, não se importa porque ele é

de verdade. Eu gosto dele, olhando agora a imagem! Antes *não gostava dele no sonho, só que não admitia. Esses dois precisam conversar!*

Ao analisar a figura do homem-macaco, desenhada pela sonhadora, verifiquei que ele estava sentado e, ao mesmo tempo, parecia flutuar. Não existia um chão ou uma espécie de linha base a dar sustentação para o seu se sentar. Ele parecia olhar atenta e fixamente para a frente. Ao lado do homem animal, a sonhadora desenhou uma caneca com café, onde se percebia a fumaça do calor do café. Contudo, do mesmo modo, a caneca dava a impressão de estar solta no ar, pois os braços do homem-macaco encontravam-se sobre suas pernas dobradas. Pouco depois de observar o próprio desenho e um pouco mais descontraída, a sonhadora teceu os seguintes comentários:

> Este sonho do homem-macaco me fez sentir muita vergonha de te contar, pois na medida em que te contava, fui percebendo ser uma imagem muito forte! Mas, agora, não sei se não senti tanta vergonha porque assimilei muitas coisas que desconhecia! Por exemplo, ele, o homem-macaco me conhecia melhor do que eu mesmo me conheço e isso era meio assustador! Senti muita vergonha do meu desejo, do desejo de sentir desejo. Desejo por essa imagem tão feia, porque estamos num quarto escuro e ele está em cima de uma cama. Tinha algo de sexualidade ali! Agora, não é vergonha de admitir o desejo por uma coisa feia. Agora, é só admitir o desejo, o desejar! Porque tinha uma vontade de tomar café, cheirar o café, tinha vários desejos e não era só uma questão de sexualidade. Não era mais a imagem dele, *é o meu desejo que* está tão óbvio para o homem-macaco! E eu tentando esconder. Eu dizia que não, dizia "não quero" para ele. E ele me respondia: "Eu conheço você!" Era óbvio para o homem-macaco saber do meu desejo!

É muito significativo que essa figura onírica tenha se revelado à sonhadora num momento crucial de sua vida, em que se encontrava apaixonada e feliz, prestes a realizar o sonho de casar-se. Entretanto o sonho de contrair matrimônio não se concretizou devido a divergências irreconciliáveis que surgiram entre os noivos. Após toda a organização da festa, da compra das roupas e dos preparativos para a execução do ritual tão aguardado, o noivo desistiu de casar-se argumentando que não tinha certeza e não estava preparado. Em grande sofrimento, a sonhadora vivenciou os sentimentos de abandono, de grande frustração, de impotência e de decepção. Uma estranha sensação de passividade, apatia e nulidade a invadiu de maneira defensiva, fazendo-a desconectar-se completamente de seus conflitos. Dizia não reconhecer nem sentir raiva com o fato ocorrido e passou a vivenciar um estado de paralisação ou petrificação, levando-a a uma superficial autopercepção de si mesma, de sua autoestima, gerando uma sensação de um grande vazio. Para ter consciência dos nossos problemas, das nossas dores, não basta estarmos só atentos, é necessário também estarmos numa conexão interna profunda com o eu e o *self* para, assim, compreendermos, assimilarmos e ressignificarmos os símbolos manifestados pelos sonhos.

O homem-macaco apesar de ser inicialmente associado ao ex-noivo, ao mesmo tempo, foi reconhecido por ela como uma figura intensa com quem se identificava em parte. Sentia que essa forte imagem estava para além de suas associações, pois desconhecia completamente o que esse personagem simbolizava. Nenhuma outra associação foi encontrada para o homem feio e escuro que ela afirmava "não ser ele de pele escura, mas era a luz dele que era escura", e isso ela sentia como assustador.

Verifica-se em diversas culturas que o macaco é simbolicamente representado de forma dual em seus diversos aspectos positivos e negativos. De modo geral, dependendo do contexto em que são representados, podem ser considerados como figuras de divindades (macacos benévolos) ou de demônios (macacos satânicos). Na mitologia egípcia, macacos eram associados aos descendentes mais importantes do panteão das divindades. Por exemplo, Thoth, deus macaco, era quem tinha o poder de manter a ordem e a estabilidade cósmica. Conhecido como deus lunar, ora era representado por um homem com cabeça de íbis, outras vezes por um babuíno que fazia uso de um chapéu com uma luzente lua crescente. Considerado como fonte do conhecimento, criador da escrita e inventor dos hieróglifos, Thoth tinha poderes sobre a magia e as artes. Entre os vários mitos egípcios, destaco a lenda das deusas *leoncéfalas*: Bastet e Sekhmet, que representam os diversos aspectos dissociados e polarizados das emoções e dos afetos no homem. Trata-se, portanto, de modo simbólico, do estado em que está o ego, isto é, dissociado do centro ordenado, o *self*.

O mito egípcio narra que Bastet, quando sujeita a grandes estados de cóleras, metamorfoseava-se em Sekhmet, emitindo fogo pelos olhos e pela boca, devorando e destruindo tudo que estivesse ao seu alcance. Nesse estado de furor horripilante, a deusa Bastet é transformada em leoa, isolando-se de todos os seus familiares e amigos no grande deserto da Núbia. Mas Rá, a divindade suprema, sentindo-se angustiado com tal sofrimento de sua filha Bastet, cuja personalidade é completamente contrária à de Sekmet, decide enviar Thoth, o deus macaco, que com grande sabedoria tenta acalmar e trazer de volta à casa paterna a Princesa Bastet-Sekhmet. Assim, a divindade macaca, Thoth, cumpre a tarefa de ir ao encontro da deusa leoa no deserto e, devidamente, orientado por Rá, que pede para que Thoth se mantenha numa certa distância da leoa. Thoth então, de forma lúdica e afetiva, canta e narra fábulas cuja função principal seria a de reconectar a temível deusa leoa com suas emoções e afetos mais básicos dissociados. Nise da Silveira, em seu livro *Gatos, a emoção de lidar* (1998), citou que von Franz, colaboradora de Jung, ao examinar uma foto do deus macaco e da deusa leoa e o diálogo entre ambos, que foram esculpidos sobre uma rocha calcária, presente no Templo de Dakka, comentou de forma efusiva que estávamos diante da primeira sessão de psicoterapia. Do ponto de vista psicológico, esses mitos exprimem o eterno jogo de antagonismos inerentes à psique humana. Dessa forma, tanto a linguagem mítica como certas atitudes e comportamentos que se manifestam nos sonhos, nos mitos e nas lendas, mantêm-se vivas sob múltiplas formas, especialmente, na contemporaneidade, na vivência de diversos processos analíticos. Não se trata, portanto, de meras especulações teóricas ultrapassadas, verificamos empiricamente que essas recorrências se apresentam de forma viva nas vivências de nossos analisandos em nossas clínicas atuais.

Assim aconteceu com a sonhadora que, ao ter que lidar com a figura do homem-macaco de seu sonho, foi impactada pela linguagem e imagem mítica que a tocou de forma profunda. Essa imagem onírica do homem-macaco apresenta uma multiplicidade de interpretações, podendo representar diversas formas simbólicas de figuras, como Animus e Trickster, divindades poderosas condescendentes e devastadoras, entre outras. Nesse caso, expressa os aspectos negativos dessas figuras acima citadas. Esse sonho revelou à sonhadora a necessidade, em

Sonhos – Conexões com seu oráculo anterior

primeiro lugar, de aceitar a tarefa do desafio de relacionar-se com seu próprio homem-macaco e humanizá-lo para poder mudar a atitude em relação a sua vida afetiva. Jung analisou e interpretou um sonho de sua paciente, em que se apresentou também a imagem primitiva de um homem-macaco. Para ele, é imperioso que a sonhadora se relacione com essa imagem onírica, que aceite o seu próprio homem-macaco, no sentido de humanizá-lo, destacando o que há de positivo nele. Mas, para a execução dessa difícil tarefa, é preciso que a sonhadora deseje acolher plenamente as polaridades desses elementos contrários. Somente desse modo, ela se harmonizará com seus sentimentos e instintos básicos, possibilitando novas formas criativas de se relacionar com mais maturidade e com expectativas menos pueris em relação aos seus pretendentes. Esse trabalho implica o reconhecimento do princípio masculino do homem-animal, esse duplo da natureza psíquica, que se revelou, ao mesmo tempo, com seus atributos humanos e demasiadamente desumanos.

Podemos considerar a imagem do homem-macaco tanto como um complexo pessoal quanto como uma figura arquetípica do animus negativo da sonhadora. Em seu sonho, essa personificação comunicou ao seu ego, de forma imperativa, que sabia quem era ela e o que ela desejava, apresentando-se como uma verdade incontestável, que não poderia ser negada. Sentiu, ao mesmo tempo, vergonha em admitir que eram extremamente verdadeiras as afirmações que o personagem onírico lhe assegurava, pois eram diametralmente contrárias ao que, na verdade, pensava ou agia. No seu mais profundo íntimo, reconhecia que o seu homem-macaco, que emergiu de maneira criativa de seu mais profundo ser, era genuíno e foi um instrumento de mediação que lançou pontes para que novas conexões criativas entre o eixo ego-*self* fossem canalizadas. Em vista disso, a sonhadora, ao elaborar seu processo de luto em relação às suas perdas, seus conflitos e suas vulnerabilidades, possibilitou um aprofundar-se em si própria. Ao restaurar o seu processo psicológico de identidade, de autoestima e de reconexão com seus afetos, ela foi superando os traumas emocionais e visivelmente, com mais maturidade, reconquistou o desejo de encontrar um novo parceiro que a respeitasse e assumisse, com ela, responsabilidades que fizessem sentido em suas vidas.

Examinemos a seguir outros exemplos de sonhos que exibem alguns personagens de contos de fada. Foi o caso de um analisando, que apresentou, no início de seu processo psicoterapêutico, uma forte imaturidade psíquica que prejudicava a si mesmo e causava sofrimento às pessoas ao seu redor. Como queixa principal lamentou-se sobre as dificuldades em manter relacionamentos afetivos de forma estável com suas parceiras. Sentia vontade de estar com alguém que o compreendesse e que juntos construíssem uma família. No entanto, todas as suas relações eram conturbadas e terminavam de uma forma frustrante, fazendo se sentir muitas vezes rejeitado. Narrou o seguinte sonho de infância que se repetia com uma certa frequência:

> Este sonho é de infância e volta e meia se repete. Estava com aproximadamente, 6 a 8 anos quando tive esse sonho. No sonho, aparecia uma mulher nariguda, com aspecto de bruxa e seu rosto era deformado. Ela era assustadora, porém, ela era doce e meiga e vinha acompanhada de seres minúsculos. Um deles tinha um martelo em forma de T. Eu chamava o sonho da mulher nariguda e acordava muito assustado e ansioso.

Percebe-se, claramente, como esse sonho apresentou personagens de histórias parecidos com contos de fada. Os contos são expressões espontâneas da realidade psíquica do sonhador e a imagem da bruxa representa, de forma simbólica, aspectos perigosos do princípio feminino negativo. Essa imagem da feiticeira é conhecida por seus poderes mágicos de encantamentos, sortilégios e de más influências. Um sonho desse tipo não deverá ser interpretado de forma apressada pelo analista, antes de tudo, ele deverá ter a habilidade de estabelecer as relações tanto com a história pessoal do sonhador quanto com os simbolismos das amplificações simbólicas. Qual a finalidade desse sonho de infância que ainda se repetia com frequência na vida adulta do sonhador? O que esses símbolos oníricos queriam comunicar ao sonhador?

No sentido psicológico, o sonhador não havia alcançado uma maturidade psicológica necessária, agindo de forma infantil nos vários aspectos de seus relacionamentos afetivos. A mulher nariguda, com aspecto de bruxa e rosto deformado, é uma figura interior, inconsciente, que representa aspectos negativos do próprio sonhador que necessitam ser elaborados pela consciência. Pode-se afirmar que a bruxa é uma personificação do princípio feminino, da anima negativa da psique do sonhador que tem papel fundamental na psicologia do homem, especialmente, quando são mobilizados seus temperamentos e humores instáveis. A anima, segundo Jung, designa o componente feminino da personalidade do homem. Há milênios a figura da anima vem sendo projetada, inconscientemente, em figuras mitológicas e em contos de fada. E quando um homem projeta sua anima na mulher real com quem está se relacionando, por exemplo a namorada, a amante, a musa ou as parceiras, as consequências são desastrosas, já que tais realidades internas, idealizadas, o afastam da mulher real. E os efeitos dessas projeções passam totalmente desapercebidos pelo sonhador que precisará assimilá-los e integrá-los como sendo os próprios produtos psíquicos. Além disso, precisará desenvolver a capacidade de reconhecimento, de discernir que esses conteúdos são idealizações da própria mente. Somente após essas elaborações psíquicas é que o sonhador poderá sustentar um relacionamento no cotidiano, evitando as repetições de buscas de novos relacionamentos que, com o passar do tempo, se tornarão monótonos, se desgastarão e fracassarão, deixando-o, mais uma vez, com os sentimentos de frustração e de rejeição. Observa-se que, entre outras tarefas importantes, o sonho propôs ao sonhador um aprofundamento na própria identidade, um autoconhecimento para se tornar uma pessoa adulta mais responsável. Ele deverá estar pronto para sacrificar as suas atitudes infantis em prol da realização dos seus objetivos de vida.

O analisando, quando iniciou o processo analítico, estava com 31 anos, percebia seus pais, de origem portuguesa, como supertradicionais e sentia-se rejeitado, inseguro e frustrado e com baixa estima, particularmente, nos seus relacionamentos afetivos e profissional. As personificações que se manifestaram em seus sonhos permaneciam carregadas de afetos, indicando que, ao projetar de forma inconsciente esses conteúdos sombrios, era impedido de cultivar, de forma saudável, suas relações afetivas na vida real. Uma das soluções que o inconsciente revelou ao sonhador para sair desse drama foi forçá-lo ao entendimento e à elaboração desses símbolos oníricos, no sentido de possibilitar o desenvolvimento e o amadurecimento de sua

Sonhos – Conexões com seu oráculo anterior

personalidade, de suas escolhas e capacitando-o para possíveis relacionamentos duradouros.

Um outro fator importante a ser destacado é que o arquétipo da anima está intimamente relacionado com a projeção da imago materna. Daí que, entre outros paralelos, podemos entender que a personificação da figura da bruxa do sonho refere-se à fase matriarcal em seus múltiplos aspectos. Nesse caso, sobressai o aspecto do complexo materno negativo, em que a imagem da bruxa nariguda representa aspectos de símbolos nefastos e de natureza fálica. Esses atributos podem corresponder às qualidades existentes na mãe pessoal, real e poderão estar relacionados às projeções de fantasias angustiantes e infantis que deverão ser conscientizadas, a fim de restituir os aspectos positivos da imagem arquetípica. É relevante observar que tais conteúdos oníricos que necessitam ser integrados à consciência não pertencem somente ao inconsciente pessoal, estão vinculados também às camadas mais profundas do inconsciente coletivo do sonhador.

Apesar de a imagem arquetípica da bruxa apresentar características positivas: doce e meiga, que foram percebidas pelo sonhador, ela corresponde a uma personificação assustadora, muito negativa que provocava inconscientemente um efeito destrutivo de afastá-lo de sua companheira na vida real. Suas parceiras ou namoradas, que inicialmente eram interessantes, ao longo do relacionamento, recebiam suas projeções e tornavam-se malévolas. Em verdade, a bruxa interior projetada em suas parceiras era um aspecto sombrio do próprio sonhador ainda não discriminado. Em consequência, ele as responsabilizava por suas frustrações e por seus instáveis estados de mau humor, fazendo com que atuasse de forma reativa com atitudes sarcásticas e agressivas. O sonhador tinha a tendência de escolher inconscientemente parceiras dominadoras, tornando-se passivo e retraído emocionalmente nos seus relacionamentos. Quando se encontrava nesse estado de espírito, suas argumentações se tornavam pueris, não passando de opiniões irracionais, mescladas de emoções de ciúmes e inseguranças que geravam distorções e exageros nos conflitos que não eram resolvidos pelo casal, repetindo-se o fracasso nos seus relacionamentos.

Quanto aos seres minúsculos presentes no sonho, remetiam aos aspectos inconscientes que necessitavam ser elaborados pela consciência do sonhador. Um desses seres minúsculos tinha um martelo em forma de T, expressão simbólica de um objeto que tem dupla função, de defesa e de agressividade. Perceber a realidade dessas personificações interiores requer, por parte do sonhador, a assimilação, a discriminação e a conscientização das próprias figuras sombrias e das fantasias que, ao serem projetadas no outro, o impediam de realizar alguns projetos de vida almejados. Em essência, a tarefa adequada que o inconsciente impôs ao sonhador foi de que ele se esforçasse na busca de um autoconhecimento, que se libertasse do complexo materno negativo que o impedia de vivenciar um relacionamento amoroso maduro e saudável com sua parceria real. Nesse sentido, o sonhador pueril deveria valorizar seus relacionamentos como algo importante, afinal, conviver com parceiro ou com outro significa que devemos compreender algo desconhecido a respeito de nós mesmos.

Via de regra, as recorrências ou as repetições dos sonhos geralmente nos auxiliam na práxis clínica na busca de compreensão e elaboração de diagnósticos, de múltiplos dramas e complexos específicos da vida existencial do sonhador. Vejamos

Sonhos – Conexões com seu oráculo anterior

alguns exemplos que foram relatados pelos analisandos em minha clínica. Uma paciente, na segunda metade da vida, sonhava repetidamente que: "Estava à beira de um abismo e ia cair ou sabia que ia acontecer alguma coisa. Eu acordava completamente apavorada". Esse tipo de sonho indicou o diagnóstico diferencial de um transtorno ciclotímico, isto é, a recorrência cíclica de transtornos de humor que a fazia cair em estados profundos de tristeza, deixando-a completamente paralisada para efetuar as tarefas cotidianas. A paciente assumia que não gostava de tomar medicamentos e se automedicava quando sentia que estava num estado caótico. Iniciamos um tratamento psicoterapêutico e ao rememorar e vivenciar a sua história pessoal, ela passou a perceber que se parecia com sua mãe que também tinha os mesmos sintomas. Paralelamente, aceitou minha indicação de procurar ajuda de um profissional psiquiatra que passou a medicá-la de forma saudável, possibilitando que as frequentes alterações do humor se dissipassem. Melhorou muito suas condições de sono, voltando a dormir de forma mais disciplinada, já que, antes, a insônia a fazia trocar o dia pela noite. Com esses devidos cuidados, recuperou a motivação para retomar suas atividades sociais e de outras atividades que considerava importantes em sua vida.

Outra ilustração é de uma jovem que percebeu que o tema arquetípico de ondas gigantes se repetia em seu sonho ao longo de sua vida. Relatou-me que acordava apavorada e com taquicardia. Vejamos o conteúdo de seu sonho: "Estava numa praia, sentada com meu pai. Estávamos olhando o horizonte e as ondas, de repente, as ondas começam a aumentar e vinham em nossa direção. Saímos correndo da praia para um muro com várias portas e batemos a porta".

Um outro exemplo narrado expõe um tipo de sonho recorrente de angústia de um jovem rapaz: "Sonho que estou em alguma situação de perigo, mas a voz não sai! Dá aquele desespero e eu não consigo falar, pedir ajuda. Acordo sempre angustiado e suando frio".

Sonhos arquetípicos ou grandes sonhos exigem do analista um conhecimento sobre mitologia e sobre histórias comparadas para uma melhor interpretação dos significados das imagens simbólicas relatadas pelos sonhadores. Esses símbolos arcaicos pouco têm a ver com a história pessoal do sonhador e é por isso que são percebidos como enigmas indecifráveis. Todo cuidado se faz necessário ao iniciarmos o processo de interpretação e análise desses sonhos, sobretudo, por conter símbolos ou imagens oníricas que necessitam de tempo para que seu significado ou sentido possa se manifestar. Recordo-me de um relato muito expressivo de um analisando que narrou um sonho de infância que se repetia constantemente e que, por mais que se esforçasse, não conseguia apreender o significado de suas imagens oníricas. Observei ao longo de meus atendimentos que esses tipos de sonhos arquetípicos ocorrem com muita frequência e que os sonhadores, ao relatá-los, ficam bastante mobilizados e surpreendidos com a forte carga afetiva que as imagens apresentam. Tomemos o relato de uma sonhadora ao rememorar seu sonho recorrente de infância:

> A partir dos meus 6 ou 7 anos, aproximadamente, comecei a ter repetidamente o seguinte pesadelo aterrador. Acordava gritando e chorando e meus pais corriam para me acalmar. Eu sonhava que papai estava sendo queimado num incêndio e eu não conseguia tirá-lo do incêndio, eu tentava tirar papai do fogo, mas não conseguia. Esse

pesadelo foi o único que tive na minha vida toda. Nunca tive outro que tivesse de acordar pedindo socorro. Esse sonho se repetiu e me atormentou até meus 26 anos. Eu comecei a ter esse pesadelo um pouco depois do nascimento de minha irmã mais nova. Ela nasceu quando eu tinha 6 anos e meio. Contava esse sonho para as madres do colégio, para amigos, para minha família sempre muito aflita e atordoada com as cenas do sonho. Em 1978, quando estava com 26 anos, ocorreu uma tragédia com minha irmã mais nova. Ela estava inaugurando sua nova casa e foi fazer um churrasco para a família. Apertou uma garrafa de álcool próxima do fogo e o fogo entrou na garrafa. No desespero, ela jogou a garrafa para o alto e caiu em seu corpo, queimando-a toda. Veio a falecer trinta dias depois. Logo depois, eu parei de ter o pesadelo angustiante com o tema do incêndio e aí pensei: eu sempre sonhei que papai é que morria queimado e quem morreu foi minha irmã. Na época, em que ocorreu essa tragédia, estava grávida do meu segundo filho e não fiz essa ligação do meu sonho com a morte dela. Somente após o nascimento da minha filha é que fui associar o meu pesadelo com a morte de minha irmã. Fiquei chocada quando percebi o mistério, a profundidade do meu pesadelo e nunca mais este sonho se repetiu.

Esses tipos de sonhos recorrentes são fenômenos que merecem muito a nossa apreciação. Se perguntarmos de onde e com qual finalidade esses símbolos oníricos surgiram no sonho de uma criança, a única certeza que temos é que quando essa criança, aos seis anos, se deparou com esse tema de sonho de morte, a ocorrência de tal tragédia ainda pertencia à dimensão futura e que só se realizou quando a jovem estava com 26 anos, grávida de sua primeira filha. Sem dúvidas que esses símbolos têm suas origens nas camadas mais profundas do inconsciente coletivo, contudo, é extremamente misterioso saber o que os motivou, sobretudo quando um sonho como esse, que apresenta um sentido evidente e não oferece um contexto que o explique facilmente. Há casos em que algumas pessoas, como nesse exemplo, sonham com o mesmo motivo de morte ou de outros temas, desde a infância até a idade adulta sem nada compreender. Esses tipos de sonhos antecipam certas situações da vida muito antes delas ocorrerem. E nesses casos só nos resta aguardar até compreendermos seu significado, ou quando se manifesta realmente algum acontecimento no mundo externo, que possibilite a compreensão do significado do conteúdo do sonho.

Outro exemplo do tipo de grande sonho, isto é, de um sonho sincronístico, foi o de uma jovem mulher de 27 anos, casada, com dois filhos, que teve um sonho em que um evento do mundo exterior coincidiu diretamente com a imagem enigmática de seu sonho. O conteúdo do seu sonho, que foi associado ao tema morte, ativou uma intensa carga afetiva que a mobilizou muito, mas que ao mesmo tempo não conseguia entendê-lo por completo, deixando-a inquieta e com sentimento de angústia. Eis o sonho:

> Vi uma criança que parecia ter de 5 a 7 anos. Ela estava envolta numa espécie de *véu* cor-de-rosa, com *várias camadas*. Via claramente que era uma criança, mas não sabia quem era. A criança estava numa posição meditativa que parecia ser de um iogue e o que mais me chamava atenção eram as camadas do *véu* cor de rosa.

A sonhadora relatou que nesse dia acordou com um mal-estar e que só se recordou da forte cena do sonho em que aparecia a criança envolta em camadas de véus cor-de-rosa. Essa cena onírica permaneceu fortemente em sua mente, sem, contudo, compreender o significado daquela imagem enigmática. Para ela, a cor rosa, naquela época, estava associada à morte e isso muito a perturbou. Dois meses após esse sonho, a família estava voltando de férias quando um de seus filhos adoeceu e precisou ser hospitalizado. Após exames, foi constatado que seria necessário passar por uma delicada cirurgia no cérebro e que o diagnóstico poderia ser ou não um carcinoma cerebral. O marido, querendo preservar a esposa, não revelou a gravidade da situação. A criança, que estava com 5 anos, passou pela cirurgia e não resistiu, falecendo 24 horas depois. Completamente abalada com toda a situação que vivenciava, ao ser chamada pelo esposo para ir ao centro cirúrgico intensivo para se despedir do filho que estava morrendo, ela não conseguiu, permanecendo paralisada, em estado de choque, na suíte do hospital. Ao ser informada que seu filho havia morrido, decidiu que não permitiria que nenhuma autópsia ou qualquer procedimento fosse feito. Ao chegar ao Centro de Terapia Intensiva (CTI), logo em seguida à morte de seu filho, para comunicar a sua vontade, viu seu filho já falecido, enrolado em um lençol cor-de-rosa. Imediatamente, a cena de seu sonho, que tivera dois meses antes, da criança envolta em camadas de véus cor-de-rosa veio a sua mente como um raio e foi nesse momento que percebeu, com muita dor, que a ideia trágica da morte de seu filho já estava presente no drama interior do sonho que o destino lhe havia reservado. Diante desse comovente cenário, a sonhadora chorou compulsivamente a perda do amado filho primogênito e logo apreendeu o verdadeiro significado metafórico dos conteúdos inconscientes que o sonho lhe havia antecipado. Como se verifica, análise e interpretação de sonhos têm grande valor nas etapas do processo analítico, pois essa técnica tem como meta que o ego do sonhador assimile e elabore as mensagens simbólicas que o inconsciente quer revelar. Vale a pena ressaltar que os conteúdos oníricos desconhecidos tanto podem revelar temas ou eventos com teor nefastos ou dramáticos, bem como podem anunciar acontecimentos positivos ou auspiciosos que devem ser decifrados pela consciência do sonhador.

Há outros tipos de sonhos denominados de redutivos que têm como característica manifestar conteúdos com aspectos autodepreciativo, destrutivos e de diminuição com objetivo de compensar sentimentos de supervalorização que o sonhador tem de si mesmo ou de outras pessoas. Vejamos o exemplo de um sonho de uma sonhadora de 54 anos, médica, que narrou a seguinte visão onírica cujo tema depreciativo era recorrente durante o seu processo analítico.

> Sonhei que estava exposta ao ridículo. Inventei de dar uma palestra, mas não sabia qual era o tema e não preparei nada. Além disso, estava de short com um zíper que abria e fechava. Pensava: vou ficar depreciada! Chegavam três moças que me ridicularizavam e diziam: "você sempre se metendo a dar palestras: Você entrou na porta errada!" Pensava e dizia para mim mesmo: é isso mesmo.

Essa sonhadora era uma médica que apresentava muitas dificuldades nos seus relacionamentos, especialmente com colegas de profissão. Sentia-se rejeitada, não reconhecida, injustiçada e muito insegura em relação às funções que exercia. Mas, para fugir de seus sofrimentos, ela adotava uma atitude defensiva de extrema rigidez, arrogância e agressividade. Graças à análise de seus sonhos, ela pôde conectar-se com seus aspectos mais sombrios e com suas projeções sem adotar condutas tão reativas. Ao longo do processo psicoterapêutico, ela passou a vivenciar seus dramas internos, externando a intensidade de seus afetos indiscriminados, e o uso desse rico material onírico, possibilitou-nos abrir caminhos entre os conteúdos do inconsciente profundo e o material consciente da sua vivência pessoal. Além disso, o trabalho com os sonhos permitiu que a sonhadora aprofundasse os diversos aspectos psicológicos de sua personalidade e seu importante processo de individuação. Por detrás da consciência, havia projeções, aflições e angústias vividas pela sonhadora, e uma consciência mais unificada contribuiu com o brotar de novos impulsos criativos que foram capazes de transformar a atitude unilateral consciente dela. Foi com ajuda dessa vivência profunda de conectar-se com os seus conteúdos e com suas imagens oníricas que a sonhadora iniciou o seu processo de transformação psicológica e, sobretudo, a busca da consolidação do seu processo na prática ética da alteridade.

Observa-se com regularidade na clínica junguiana contemporânea que das produções inconscientes, via as séries de sonhos, emergem personificações típicas espontâneas denominadas: sombra, animus, anima, grande mãe, imago paterna, herói, velho sábio, criança divina, entre outras, confirmando a tese de Jung de que esses símbolos são inerentes ao inconsciente universal ou coletivo. Trata-se de imagens eternas que não pertencem ao inconsciente pessoal, mas revestem-se de materiais arcaicos que manifestam em seus conteúdos temas míticos ou paralelos mitológicos que foram registrados ao longo do desenvolvimento da história do ser humano. Assim, na clínica junguiana, verifica-se a presença de todos os elementos primordiais, os arquétipos, que serão constelados durante o processo analítico dos pacientes. Para ilustrar, relato alguns sonhos em que essas personificações se revelam, ao longo do processo analítico, de forma recorrente em seus aspectos antagônicos: numinoso e terrível. Por exemplo, em geral, as personificações da sombra se expressam sob formas de figuras do mesmo sexo do sonhador, conforme ilustra esse sonho de um homem de 55 anos, casado, e que se encontrava completamente dissociado de sua espiritualidade. O sonhador narrou:

> Estou numa sala como se fosse de um centro espírita. Sentado bem à frente, mas parecia que não podia estar ali. Então, na hora da prece, uma figura sombria de um homem negro apareceu. Ficou me olhando fixamente, então peço para ele colocar meu nome na lista de presença, mas ele diz que vai ver se me coloca, dando a entender que eu não podia estar participando daquele ritual.

O sonhador, ao narrar esse sonho, disse que acordou com um grande mal-estar e com sentimento de não pertencimento e de humilhação. Comentou que o sonho o fez recordar que sua avó materna manteve, com grandes dificuldades, um centro espírita herdado de sua família. Ele considerava não saber o que era fé e depreciava temas religiosos, julgando que a religiosidade *só servia* para escravizar as pessoas. No entanto, confessou que sentia uma certa melancolia, pois intuía que aquele sonho queria lhe revelar algo inalcançável, apesar dos esforços para compreender o significado. A imagem da proibição para participar daquele ritual, de vivenciar uma comunhão com a divindade, esvaziava sua alma, daí ele estar tão curioso para que iniciássemos o trabalho de análise do tal sonho misterioso. Como se observa nesse caso, a figura onírica do homem sombrio representa a sombra do sonhador, que expôs de forma

Sonhos – Conexões com seu oráculo anterior 321

clara o problema com sua espiritualidade. Ele ainda não podia participar dos rituais sagrados e esse sonho ativou a intuição e sensibilidade do sonhador em relação aos seus conflitos espirituais, que poderiam continuar ignorados ou não compreendidos, o que tornaria a sombra ainda mais hostil, visto que não foi integrada na personalidade do sonhador. Mas, felizmente, o sonhador intuiu que deveria decifrar os enigmas de seus conteúdos oníricos, embora seja importante sublinhar que nem sempre essas tentativas triunfam, na medida em que é necessário um esforço interno, heroico, que ajude o sonhador a executar as difíceis tarefas.

O personagem desconhecido e sombrio que se manifestou no sonho, além de lhe provocar um grande mal-estar, advertiu-lhe que para reconectar-se com sua alma, com o divino, necessitava passar por etapas de aprofundamento e transformações. Sabe-se que, em qualquer processo de individuação, o confrontar com a sombra exige sempre o esforço moral e ético de um indivíduo, pois a conscientização desses aspectos sombrios da personalidade envolve o reconhecimento das projeções, dos ressentimentos e de aspectos ocultos de si mesmo, que podem ser bons e/ou maus. Além disso, o enfrentamento da sombra necessita, em primeiro lugar, que o sonhador admita a existência dela e pondere sobre a intensidade emocional que causa fortes resistências. Após tornar-se ciente desses impulsos inferiores que a natureza egoica luta em aceitar, o confronto com a sombra possibilitará que um conjunto de boas qualidades e de novas potencialidades que nunca foram conscientes possam ser reconhecidas. O sonhador, que apresentava um perfil intelectual altamente diferenciado, sucumbiu diante da clareza de seu sonho e sentiu-se motivado a buscar as raízes da vivência espiritual de sua família, que a princípio parecia tão complexa e misteriosa. Ao se incumbir dessa hermética tarefa, o sonhador iniciou seu processo de expiação para que sua alma fosse resgatada dos ínferos. Somente a partir da vivência indispensável, do processo de metamorfose, como aludiu a mensagem onírica, é que a alma do sonhador poderia entrar em comunhão com o sagrado e com a sua espiritualidade tão dissociada.

Outro exemplo de demonstração da personificação da sombra é o sonho de uma mulher solteira, de 50 anos, extrovertida e muito sociável. Dizia que não teve filhos por opção e queixava-se ao vivenciar a fase de sua menopausa como uma fase de grandes dificuldades. Sentia-se muito irritável com todos e com ela mesma e parecendo assustada e aflita, disse que precisava contar um sonho que lhe parecia bizarro. Narrou o seguinte sonho:

> Sonhei que, enquanto me olhava no espelho, surgia a imagem de uma mulher desconhecida, muito feia, magra, agressiva e com olhar demoníaco. Ela dizia que queria falar comigo! Apavorada, quebrei o espelho para ela desaparecer. Acordei muito impactada e com muito medo.

A sonhadora, mesmo no cenário de seu sonho, ao encarar o espelho e ao ver a própria sombra não suportou conectar-se com seu reverso. Tão impactada com a terrível visão, decidiu quebrar o espelho diante da imagem bizarra e demoníaca. O ponto principal desse sonho foi quando a personificação da sombra a convidou para dialogarem. Entretanto a sonhadora estava tão cindida da consciência de sua sombra, que não suportou fazer qualquer aproximação com as situações constrangedoras e sombrias que vivenciava. Pouco depois, demons-

Sonhos – Conexões com seu oráculo anterior

trando pouco interesse em entender o que estava ocorrendo consigo mesma e ignorando as imagens oníricas, a sonhadora preferiu interromper o processo analítico, alegando falta de tempo. Cada vez que subestimamos o poder e o valor dessas personificações oníricas que se revelam espontaneamente, isso toma grandes proporções na medida em que o sonhador alimentará seus demônios e monstros, tornando-se refém do inconsciente e dissociando-se de quem ele realmente é. O sonho não objetivou expor a sonhadora que se comportasse melhor, mas tentou contrabalançar a unilateralidade da sua consciência, que, ilusoriamente, acreditava que eram os seus colegas os causadores de suas dificuldades e de seu grande mal-estar. Esse sonho exerceu sua função compensatória, nitidamente, em relação ao complexo de inferioridade que apresentava, indicando os aspectos arquetípicos da sombra que deveriam ser confrontados. Do ponto de vista psicológico, sabe-se que nem todos os processos de análise do inconsciente são bem-sucedidos, uma vez que, para que haja mudanças da atitude consciente, é preciso que haja interesse e sacrifícios do sonhador, além de um ego suficientemente forte para lidar com essas poderosas personificações.

A anima é outro exemplo de personificação que emerge livremente nos sonhos dos homens. Ela corresponde ao Eros maternal, ao elemento instintivo dos humores de um homem. É a psicologia inconsciente feminina do homem em relação a si mesmo e refere-se aos vínculos afetivos com as mulheres na vida real. A anima possibilita a busca de significado na vida do próprio sonhador, mesmo quando se apresenta com suas qualidades benévolas ou malévolas, podendo apresentar-se como guardiã, tornando-se uma companheira interior, ou com seus aspectos destrutivos que, se não forem ignorados, os homens não serão envolvidos no seu jogo aniquilador, como foi o caso do exemplo a seguir.

Um jovem rapaz, durante seu processo analítico, recorrentemente, queixava-se de forma angustiante das sérias dificuldades nos seus relacionamentos amorosos. Um dia, parecendo muito ansioso, disse que precisava contar um sonho considerado por ele como muito angustiante:

> Eu vinha caminhando num lugar cheio de montanhas e estava tudo muito escuro. Mas tinha convicção de que seria protegido e que ia conseguir chegar. Havia uma pessoa muito estranha e desconhecida que dizia: "Olha, o perigo está aí! Cuidado que a coisa não está boa, cautela!" Entrei numa rua e a pessoa continuava repetidamente a falar: "Olha lá! Lá vem ela! Corre se não quer morrer!" De repente, aparecia uma figura feminina, de rosto pálido, sem cor e que ao mesmo tempo, se autoiluminava. Resolvi que devia continuar caminhando. Ela vinha descendo o morro e vi que puxava uma criança. Na próxima cena, ela já tinha descido o morro e olhava para mim como se dissesse: "Olha bem o que vou fazer!" Então, ela pegou a criança, afogou e a criança morreu! Acordei muito angustiado com a terrível cena.

Nesse sonho, a figura da anima se manifestou, simultaneamente, como uma personificação desvitalizada, pálida e perigosa, mas também, com o seu poder de fascinação de se autoiluminar. Esses dois aspectos referem-se não só ao complexo pessoal presente na vida do sonhador, como exprime, ao mesmo tempo, o dinamismo da imagem arquetípica que representa a mulher interior, a anima do sonhador. É fundamental a observação e a discriminação desses produtos dos inconscien-

Sonhos – Conexões com seu oráculo anterior

tes pessoal (complexos) e coletivo (arquétipos) pelo analista no seu trabalho clínico, particularmente, na análise dos sonhos, para que possa interpretar os significados que transcendem a consciência e estão para além do inconsciente pessoal.

Naquela ocasião, o sonhador apresentava muitas dificuldades de convivência com sua mãe, irmã e companheiras, que não suportavam as investidas negativas dele e acabavam se afastando de modo agressivo. As influências da anima negativa sobre ele, deixava-o susceptível aos humores melancólicos, à irritabilidade e às ruminações com o mesmo tema: "Não entendo por que isso só acontece comigo! Parece que a mulherada tem medo de mim! Logo eu que sou legal, quero casar e construir minha família. Elas gostam é de homens sacanas, escrotos [...]".

Nesse clima psicológico nefasto, o sonhador tornou-se inseguro cada vez mais nas suas buscas de parceiras, ao ponto de sentir que era um desprazer se aproximar de uma mulher e ter que começar tudo de novo: "Além de se ser chato e desgastante, não tenho mais paciência!" Assim, a vida do sonhador foi se tornando tediosa, sua sexualidade diminuída e solitária, parecendo que nada mais lhe dava prazer, exceto o seu trabalho. Chorava muito ao relatar suas ruminações por sentir-se impotente e quase que frio com a situação. "Parece que estou aceitando essa situação, porque estou cansado de recomeçar o mesmo joguinho".

Só há solução para esse tipo de drama quando o sonhador reconhece a anima como um poderoso fator inconsciente que influencia as suas atitudes, ideias e emoções. Entretanto, a solução para a saída desse sofrimento era complexa, na medida em que uma das metas que o inconsciente lhe exigiu foi de que ele deveria integrar aspectos de sua personalidade inconsciente e que amadurecesse o próprio ser. É relevante ressaltar que, para o cumprimento dessa tarefa de autoconhecimento, resultava, em primeiro lugar, na motivação do sonhador de ter disposição para ultrapassar os obstáculos, de se responsabilizar por suas decisões, de enfrentar os novos desafios, de identificar seus aspectos positivos e negativos para sintonizar-se com a realidade da sua vida. A importante mensagem que o sonho quis comunicar, de forma simbólica, foi que se o sonhador conseguisse vencer a fragilidade interior, refletisse e elaborasse sobre o significado de suas imagens oníricas, haveria possibilidades de que sua anima negativa, tirana e sem compaixão poderia metamorfosear-se, autoiluminar-se e adquirir qualidades benévolas, cumprindo também a sua função de psicopompo iluminante que o conduziria ao seu potencial criativo na realização de uma vida saudável e plena. Essa árdua e complexa tarefa exige uma forte vontade de adentrar os caminhos obscuros, além de um ego forte que se diferencie dos complexos e de outros conteúdos do inconsciente profundo sem se identificar com eles. É só a partir desse processo de transformação que a anima será destituída de sua força de possessão do complexo e será despotencializada, restabelecendo a relação entre o eixo ego e *self*. Foi isso que Jung denominou de conquista da anima como um complexo autônomo.

As personificações do animus se evidenciam com muita frequência nos sonhos de mulheres no *setting* terapêutico, e correspondem aos aspectos masculinos inconscientes na mulher. Está associado ao *logos* paternal, mas com pretensões de verdade absoluta, especialmente quando a mulher se identifica com a figura do animus e essa atitude é responsável pelos repetitivos desentendimentos nos relacionamentos. Esse arquétipo

Sonhos – Conexões com seu oráculo anterior

relaciona-se com aspectos psicológicos e afetivos dos relacionamentos da vida cotidiana de uma mulher. Caso esses aspectos não sejam integrados, a mulher correrá o risco de que sua feminilidade seja inibida, tornando-se vítima do próprio animus. O sonho de uma mulher de 45 anos, que apresentou sérias dificuldades em manter relacionamentos afetivos estáveis, exibe de forma clara como esse importante arquétipo se manifesta. A analisanda, ao narrar seu sonho, comentou que o sentia como muito receptivo e em seguida, contou:

> Eu estava em um lugar de estudos, de desenvolvimento, que tinha muitas pessoas conhecidas e desconhecidas. Em algum momento, dentre as pessoas, encontro um homem desconhecido, novo, mais ou menos de minha idade, como tivesse vindo de um outro mundo. Estou carregando coisas, arrumando coisas e no meio do percurso, encontro com ele. Deixo as coisas e nos abraçamos. É um abraço cheio de confiança, de receptividade e ele me beija. Foi um beijo cinematográfico, como se fosse uma filmagem do todo. Me chamou atenção os meus movimentos, gestos, pois estava ativa e quando ele vem, estou bem receptiva a ele.

Na vida real, a sonhadora idealizava seus parceiros e, um tanto ansiosa, já no início do relacionamento, fase de conhecimento mútuo, comunicava seu desejo de manter uma relação estável e que não estava disponível para brincadeiras. Por mais verdadeira que fosse a sua atitude, esse comportamento gerava mal-estar nos parceiros que ficavam assustados e logo terminavam ou desapareciam sem dar nenhuma satisfação. Desejando muito realizar seu sonho de contrair matrimônio, seduzia os seus parceiros a pedirem formalmente para se casar.

Os resultados dessas imposições tinham efeitos contrários aos seus desejos, pois a maioria dos homens sentia-se pressionado, afastando-se ou desistindo do compromisso assumido, depois de estarem juntos por um tempo. Infelizmente, cada vez que seus parceiros a abandonavam, ela reforçava um padrão do papel de vítima, de forte rejeição afetiva e de carência afetiva pelo outro. Em seu sonho narrado, verificou-se que a imagem de um homem desconhecido e sombrio, que pareceu vir de um outro mundo, simbolizou a figura poderosa do seu animus, que tanto a fascinou, ao ponto dela sentir que se tornou bem receptiva a ele. Mas, essa personificação do inconsciente representa um elemento perigoso, na medida em que ela está identificada com seu animus que a afastará dos relacionamentos humanos, sobretudo, dos contatos com os parceiros em sua vida cotidiana como já vinha ocorrendo. Outras questões sombrias relacionadas às relações amorosas surgiram após esse sonho, por exemplo problemas com seu corpo e sua sexualidade, com poder de exercer influências para além dos aspectos psicológicos de sua feminilidade.

A sonhadora que confessou sentir-se solitária, remoendo sem cessar o medo de ficar sem companhia na vida e de não realizar o sonho de casar-se, porque até então não havia encontrado o verdadeiro amor. No entanto, parecia não discriminar em suas atitudes os seus comportamentos agressivos, de ciúmes, de possessividade e de controle. Assim, seus parceiros pediam algum tempo para pensar e fugiam das pressões e imposições geradas por ela. Qual o sentido profundo desse sonho? O trabalho com sonhos, mostrou-se fundamental para o surgimento do Eros que se encontrava prisioneiro em armaduras sombrias. O processo de análise de seus sonhos, tarefa essencial, contribuiu em muito para a assimilação dos seus complexos e projeções. Ao rememorar a história de sua família, percebeu o quanto estava repetindo as convicções e ideias de seu amado pai, modelo para ela de um homem que já não existia mais nos dias de hoje. Do mesmo modo que o conjunto de características da anima é moldado pela mãe, o animus é influenciado pelo pai. As ideias e convicções incontestáveis da sonhadora estavam contaminadas pela forma de pensar e agir de seu pai, o que a levava, inconscientemente, a uma sensação de nulidade e vazio. Somente com a decisão de considerar e valorizar os seus verdadeiros sentimentos e suas fantasias, é que sonhadora poderia lidar com o aspecto positivo de seu animus que de destruidor atormentador se transformaria numa potência criadora valiosa, evitando assim a estagnação de seu processo de individuação.

Tomemos um outro caso típico de uma jovem mulher em que se apresentou a figura do animus negativo, ao vivenciar, por um longo período de vida, um casamento falido, em que ainda se sentia presa e sem energias para sair da acomodação, especialmente, por questões financeiras. Contou-me que acordou muito eufórica com o sonho que teve na noite anterior, após forte discussão com o marido:

> Sonhei com um homem maravilhoso, quente, que me envolvia e o negócio pegava fogo! Estávamos transando na pia da cozinha. Ele arrancava a minha calcinha com os dentes! A coisa estava quente! Não lembro quem ele era, mas sei que não era meu marido!

Esse sonho apresentou claramente a função compensatória do inconsciente no sentido de contrabalançar a situação conflitiva e sofrida que a sonhadora vivenciava na realidade naquele momento de sua vida. De outro modo, expressou como a sua independência financeira e a liberdade sexual ainda não conquistadas faziam com que ela se tornasse refém não só de seu marido, mas também de seu animus interior. Tal contexto representava uma situação de ameaça e perigo, na medida em que ela se sentia totalmente incapaz de conquistar sua independência financeira, psicológica, além de outros aspectos negligenciados de sua personalidade. Ao se identificar com o animus, a sonhadora projetou seus complexos no marido, culpando-o por toda situação que a fazia sofrer. Tornou-se briguenta e ressentida por sentir-se abandonada pelo mundo. Uma das tarefas que esse sonho lhe propôs foi, em primeiro lugar, dialogar consigo mesma, voltar-se para o seu mundo interior, reconectar-se com seu potencial heroico na busca de novos projetos em direção às transformações necessárias para legitimar seu lugar de esposa e mulher. À medida que continuávamos com a análise mais aprofundada de seus sonhos, a sonhadora foi percebendo que não havia fórmulas mágicas para sair daquela situação tão deprimente. Logo, tornou-se evidente que mesmo atingida em seu amor-próprio, ela deveria fazer esforços no sentido de reconhecer o seu lado sombrio, tentando assimilar e introjetar as suas projeções que, ingenuamente, levava a uma condição autoerótica, supondo que o outro era o causador de seu mal-estar. Confrontar os próprios problemas e tomar a decisão honesta do que lhe parecia mais adequado além de implementar uma nova reorganização de vida foi uma das tarefas anunciada pelo sonho. Mas, para que essa tarefa se cumprisse, demandaria o fortalecimento do ego frágil e o reconhecimento da sonhadora de seus potenciais criativos que se tornariam pontes para novos empreendimentos bem-sucedidos em sua vida.

Uma outra personificação que se manifesta com frequência nos sonhos dos analisandos, é o da grande mãe, com seus atributos terríveis ou benévolos. O sonho de uma jovem, com severas dificuldades de relacionamento com sua mãe, expôs simbolicamente o aspecto terrível desse arquétipo-matriz. Essa vivência onírica ilustrou como o arquétipo do materno negativo se apresentou no sonho:

> Eu sonhei que estava grávida e que estava entrando em trabalho de parto. Não havia hospital para ir, pois estava tudo cheio. Tinha que decidir se seria parto normal ou cesariana. Estava brigando com minha mãe porque não tinha feito pré-natal, como se a culpa fosse dela. Falava para ela: Não fiz nenhuma ultrassonografia, você não me levou para fazer nada! Você não quis que eu fizesse! Você *é uma egoísta!*

No decorrer do seu processo analítico, a sonhadora vivenciou recorrentemente o conflito doloroso de seu desejo de tornar-se ou não mãe. O desejo de sujeitar-se a um ritual de iniciação pode ser entendido, simbolicamente, como necessidade de passar por um processo de aprendizagem, de teste, de desafio, que tem por finalidade conduzir o iniciante à passagem de novas formas de conhecimentos, de segredos, de valores que são fundamentais para a vida. No caso dessa sonhadora que desejava ser mãe apenas de um filho biológico, o gerar desse ser exigia a superação de diversos obstáculos, por exemplo estar numa idade limite pouco recomendada para engravidar, assumir-se como mãe solteira, vontade e motivação para passar pelos procedimentos de fertilização e inseminação, além de questões financeiras, de saúde e de trabalho, pois teria que abdicar do cargo que exercia, que demandava constantes viagens. O processo de gestar um filho é um dos mais antigos e importantes ritos de passagem na vida de uma mulher. Do ponto de vista simbólico, representa o amadurecimento do feminino e do desenvolvimento da função materna. Para a mulher, a gravidez traz um empoderamento e a exclusividade de gerar uma vida em si, além de desempenhar importante papel social, espiritual, entre outros. Conforme a evolução da análise dos símbolos oníricos se aprofundava, a sonhadora em grande sofrimento foi vivenciando seu processo de luto, tornando-se pouco a pouco ciente de sua decisão de não se submeter àquela árdua tarefa de engravidar. Ao refletir sobre as condições complexas que teria que enfrentar para realizar o seu desejo, percebeu que sua aspiração de ser mãe biológica já não fazia sentido naquela altura de sua vida. Compreendeu que o sonho lhe havia anunciado aquilo que ela mesma verbalizou: "Eu serei meu próprio filho! Preciso renovar minha vida, cuidar e cuidar cada vez mais de mim. Viver, viver e viver sem medos de ser!" Na verdade, as metáforas do sonho aludiam que a sonhadora deveria passar por um rito de iniciação de autoconhecimento que lhe proporcionasse um renascimento psicológico para a vida. E foi a partir de suas novas elaborações e, especialmente, das análises e interpretações de seus sonhos, que a sonhadora entrou em contato com potenciais desconhecidos que lhe conduziram à abertura de novas possibilidades para a vida. O motivo da criança nos sonhos pode representar o potencial psíquico do sonhador, é uma antecipação de desenvolvimentos futuros e representa a possibilidade de um processo de transformação da psique do sonhador. No que diz respeito à imago materna negativa no sonho, ela remete ao complexo pessoal da sonhadora com sua mãe real que, de fato, não a acolhia e não participava dos problemas da filha, que se sentia

Sonhos – Conexões com seu oráculo anterior

rejeitada, abandonada e não pertencente à família de origem. A personificação da mãe terrível presente nesse sonho representa a imagem arquetípica da separação entre mãe-filha tão perturbadora presente na psicologia dos contos de fada e dos mitos da grande mãe devoradora.

Uma outra personificação muito presente no *setting* é da figura paterna negativa, constelado na composição do sonho de uma jovem de 21 anos, que vivenciava sérios problemas de relacionamento com seu pai e com seus parceiros. A jovem, sentiu esse sonho como um terrível pesadelo:

> [...] foi tão real e ruim, que me senti mal no próprio sonho. Estava puta no sonho porque estava apaixonada pelo meu namorado, e meu pai se parecia muito com o meu namorado. Para mim, o meu pai não poderia se assemelhar ao meu namorado. Logo, se meu pai estava igual a ele, então eu não poderia estar apaixonada pelo meu namorado e nem pelo pai.

A jovem sentiu enjoo ao recordar do sonho, devido ao forte conteúdo onírico carregado de afetos repulsivos. A imagem paterna projetada no sonho da jovem tanto refere-se ao pai real, indicando um complexo paternal negativo; quanto aos componentes psíquicos coletivos da figura paterna. A relação da sonhadora com o pai real havia sido muito afetada pela imagem do pai castrador e autoritário transmitida pela mãe da sonhadora. No processo de separação litigioso do casal, quando ela estava com sete a oito anos, a jovem se viu responsável pela intermediação das situações conflitivas entre os pais, que não mais queriam se ver nem se falar. Todo o mal-estar vivenciado naquele momento de sua infância fora reconhecido, na fase adulta, como alienação parental. A jovem submissa sentia muito medo do pai, especialmente, quando discordava dele e expunha suas convicções, pois ele se tornava agressivo, anulando seus pensamentos e se distanciava da filha, deixando-a com sentimento de culpa e de rejeição. Infelizmente, a relação pai-filha foi, por muito tempo, entremeada de sofrimentos para ambas as partes. O pai era demonizado e os inúmeros conflitos entre eles refletiram em dificuldades de se relacionar com seus parceiros. A jovem carente e submissa tornou-se permissiva aos abusos dos parceiros em busca de qualquer prazer e, consequentemente, eles fugiam de qualquer tipo de relacionamento mais estável, reforçando um sentimento de abandono e rejeição. Trabalhamos as identificações e as projeções sombrias na figura do pai terrível e castrador. Ao longo do processo analítico, trabalhamos essa imagem incestuosa pai-namorado-filha, foi então que ela passou a entrar em contato com a sua criança ferida e com as suas emoções dissociadas de raiva, de desprezo, de tristeza, de nojo, de repulsa, de rejeição, de abandono, entre outras, que foram necessárias para a elaboração do seu trauma. A restauração da imagem do pai devorador só será possível a partir do trabalho de projeção dos conteúdos sombrios, que possibilitará a emergência do pai bom, das qualidades positivas existentes, em que o perdoar contribuirá para a construção de uma nova relação cordial, como dois adultos que se respeitam em suas diferenças. Esse sonho que apresentou conteúdos incestuosos foi decisivo para que a sonhadora iniciasse o ritual do seu processo de diferenciação psicológica, cuja finalidade é o desenvolvimento da própria personalidade individual, como ser distinto, sua autoestima tão relevante em sua individuação.

O arquétipo do herói está presente com muita regularidade em diversos tipos de sonhos. Durante o processo psicoterapêu-

Sonhos – Conexões com seu oráculo anterior

tico de uma jovem senhora, esse personagem se apresentou em seu sonho mobilizando-a de uma forma muito positiva. Comentou que sentia esse sonho como algo que transmitia uma luta pelos direitos da comunidade e pela vida. Era como alguma coisa nova, um renascer e um aprendizado profundo para a vida. Em seguida contou-me o sonho:

> Vi um homem negro e várias pessoas negras, como se fosse uma comunidade. Assistia a um nascimento de uma criança, como se fosse um guerreiro que tinha a ver com a pesca. Seria um garoto jovem, todo magrinho, com uma maquiagem branca que falava: "Não me deixaram aprender a pescar, mas vou para a luta de uma outra forma". O povo era como se fosse uma tribo que depositava, na luta desse jovem, toda a esperança, como se ele fosse um guerreiro.

Na época, a sonhadora realmente se mostrou muito interessada em querer compreender o significado do seu sonho, pois intuía que a mensagem continha algo importante a lhe revelar. Quando analisamos esse tipo de sonho, considerado como arquetípico, é prudente não se ter pressa em interpretá-lo, mas observar os importantes símbolos individuais e universais que estão presentes em sua estrutura. O conteúdo desse sonho contém elementos coletivos com características que são próprias da mitologia dos heróis. Por exemplo, a recorrência do motivo do nascimento de uma criança que traz em si, uma força sobre-humana em contraste com sua aparência física, "todo magrinho". E são características peculiares que vão contribuir para que o herói alcance e realize determinadas metas em sua jornada. O significado psicológico desse tipo de sonho corresponde tanto aos aspectos da vida do sonhador quanto às situações características de uma determinada comunidade ou sociedade. No caso dessa sonhadora, a mensagem onírica revelou que ela deveria, primeiramente, alicerçar, afirmar a sua personalidade além de ter que desenvolver a sua consciência do ego para reconhecer as suas potencialidades e as suas vulnerabilidades no processo de autorrealização. A mensagem do sonho referia-se ao coletivo, no sentido de que a comunidade deveria engendrar a própria identidade coletiva. A figura da criança guerreira do sonho, simbolicamente, alude ao *self* inconsciente do sonhador e, nesse sentido, é fundamental que esses conteúdos desconhecidos sejam assimilados pela consciência. Mas a interpretação de sonhos arquetípicos só será possível se o analista tiver conhecimentos em mitologia e em histórias comparadas para habilmente ajudar o sonhador a encontrar seus significados. Caso contrário, esses símbolos parecerão enigmas indecifráveis, que logo serão descartados sem que sejam apreendidos os seus verdadeiros significados. As metáforas manifestadas nesse sonho equivalem às diversas etapas do processo de desenvolvimento e amadurecimento psíquico que estão conectadas aos ciclos da vida, isto é, desde o período do nascimento até a morte. Nessas diversas fases da vida, o indivíduo deverá vivenciar os variados estágios de desenvolvimento de sua personalidade e expandir cada vez mais a consciência do ego. As diversas etapas de transformação do herói, psicologicamente, representam que a sonhadora deveria entrar em outras searas, lutar para sair da fase de estagnação em que se encontrava aprisionada, lidar com seus conflitos impeditivos, superar os obstáculos, além de se esforçar para zelar pelo autocrescimento e pelas metas e aspirações sociais.

O material simbólico manifestado nesse sonho tem correspondência com o mito de Hércules, herói da mitologia grega dotado de força e coragem extraordinárias. A narrativa dos *Doze trabalhos de Hércules* ilustra muito bem o tema do sacrifício ou da morte do herói, como sendo etapas fundamentais para o restabelecimento da saúde e da transformação da *hybris* desvairada. A conexão entre o eixo ego-*self* e a manifestação desses conteúdos oníricos não ocorreram por acaso, mas com finalidade e, nesse caso, indicam que a sonhadora deverá confrontar e executar as diversas tarefas que a vida lhe impôs, com motivação e maturidade para que possa renascer psicologicamente e ressignificar a sua vida.

Outros símbolos que se apresentam nos sonhos de uma análise individual são os com motivos dos oráculos, que predizem ou dão conselhos aos sonhadores que, geralmente, por serem muito racionais, reprimem os conteúdos irracionais da psique considerados como fenômenos supersticiosos ou mágicos. São sonhos extraordinários que têm a importante função de compensar a vida exterior e que manifestam períodos decisivos do desenvolvimento espiritual do sonhador. Vejamos quatro sonhos relevantes descritos por sonhadores que os consideraram como marcante, espiritual, bizarro e excepcional. A riqueza dos símbolos constelados provocou nos sonhadores a sensação de que esse material não poderia ser ignorado e a curiosidade de querer apreender o significado desses produtos do inconsciente tornou-se quase que uma obstinação. É muito comum que esses sonhadores céticos, que privilegiavam o intelecto, sentirem a necessidade de pensar sobre o sonho manifestado, pensar em tudo que ele diz. De alguma forma, esses tipos de sonhadores sentem-se perturbados e desafiados a assimilar

338 Coleção Reflexões Junguianas

o que o oráculo lhes propõe, mas tendem a racionalizar esses conteúdos oníricos, como ocorre com os indivíduos do tipo pensador. A orientação de Jung é que o analista se abstenha de uma primeira interpretação e que ofereça alguma sugestão de leitura que contenha analogias ao sonho manifestado. Esses tipos de leitura partem do princípio de que existe um conhecimento interior que prescreve atitudes ou sinais a serem adotados em determinadas etapas da vida. Esses sistemas de consulta aos oráculos não devem ser considerados como contrassenso, mas são coincidências significativas que se ligam a determinados acontecimentos da vida real. A essa nova concepção complexa e vanguardista, Jung dedicou um ensaio denominado "Sincronicidade: um princípio de relação causal". Vejamos os sonhos narrados.

Uma senhora de meia-idade relatou este sonho que considerou como espiritual: "Estava em um lugar que parecia ser um centro espírita e a mãe de santo pediu para eu fazer um trabalho com uma erva batida com sal grosso. Disse que eu deveria fazer, pois tinha que trabalhar espiritualmente".

Um jovem rapaz, após vivenciar um estado de luto por perdas importantes de familiares, narrou o seguinte sonho, que ele considerava como um ritual de proteção:

> Estava em uma gira num centro de umbanda. Estava no atabaque de um homem de vestes brancas, com cabelos cacheados e com outras pessoas como se fosse num galpão. Estava batendo exatamente como o homem batia e cantava um ponto que ele me ensinava. Era um ponto de saudações que dizia: Eu vi uma estrela correr, brilhar, mas os anjos, todos os anjos saúdam saravá. Tambor, você fica aí, chegou a hora vais caminhar, abraço ao meu pai oxalá; chegou a hora que vamos caminhar.

Uma senhora de meia-idade, muito impressionada com as imagens tão fortes que a deixou confusa e mobilizada, acordou de madrugada com forte impulso para anotar o sonho, intuindo que não poderia ser esquecido. Reiterava que as imagens do sonho não saiam de sua cabeça. Relatou-o:

> Sonhei que, para ficar boa da minha dor de cabeça, tinha que ir para um puteiro ou para algum tipo de um ambiente de puteiro. Lá, havia umas pessoas desconhecidas na minha frente, na fila, que recebiam orientações de uma mulher que ficava numa mesinha. Quando chegou a minha vez, ela disse que eu tinha que colocar um cristal de quartzo rosa dentro da minha vagina. Ela me entregava o cristal e eu percebia que ele tinha partes muito pontiagudas e pensava: "Vai doer". Na hora de entrar num outro recinto, eu dizia que não dava mais tempo, porque tinha de ir para um evento que seria as bodas de 50 anos de meus pais.

Uma jovem que questionava as injustiças do mundo sentiu este sonho como bizarro. Contou:

> No sonho pensava nas injustiças do mundo e estava andando com um grupo de pessoas, como se estivéssemos atravessando a cidade. Via muita miséria, pobreza e comentava: "O que faz uma pessoa nascer numa situação dessa?" Questionava o cenário horrível que estava vendo. Ai, tinha uma figura de um homem, como se fosse um guia espiritual, um guru que falou algo que me impressionou muito e que me perguntou: "O que você está fazendo? Você tem alternativas para um mundo melhor?" (Risos). Aí eu percebia que eu também não estava fazendo nada para contribuir e isso foi uma parte confusa para mim!

Percebe-se que nesses tipos de sonhos que são relativamente raros, há uma espécie de aviso, de mensagem dos oráculos que, embora se expressem numa linguagem enigmática, parecem muito tocar a alma dos sonhadores, que necessitarão confrontar e resolver seus problemas para dar continuidade as suas jornadas. Observa-se que depois de um certo tempo de análise, há a possibilidade de operar o processo de metamorfose psíquica, mas nem todos os casos clínicos têm curso bem-sucedido; pelo contrário, cada caso difere um do outro, e o tratamento requer que o analista atente para idade, sexo, tipologia psicológica, entre outros parâmetros individuais do sonhador que serão de grande ajuda no trato com seus analisandos.

7 Temas arquetípicos dos sonhos na pandemia

Há coisas que ainda não são verdadeiras,
que talvez não tenham o direito de ser verdadeiras,
mas que o poderão ser amanhã (Jung).

No fim de 2019 e, especialmente, no Brasil, no início do ano de 2020, o mundo foi surpreendido com a explosão da pandemia devastadora do covid-19. Embora alguns países tenham sido atingidos com mais intensidade do que outros, observou-se que todo o planeta foi impactado por esse vírus destrutivo. Inferiu-se que o vírus teve sua origem na cidade de Wuhan, na China, e em pouco tempo atingiu os seis grandes continentes.

No Brasil, o primeiro caso de contaminação registrado foi em 17 de março de 2020 e, logo em seguida, o aumento de casos por contaminação se propagou de forma exponencial nas primeiras semanas, causando muitas mortes. A proliferação do vírus continua sendo um dos maiores desafios da humanidade para lidar com a doença infecciosa, que tomou proporções avassaladoras. O desconhecimento inicial da doença e de seus sintomas, as desinformações e os registros ambíguos sobre o elevado número de mortes, entre outros, causaram muita confusão, alarde e um estado de comoção devido às inúmeras perdas de entes queridos na população global. Historicamente, sabemos que epidemias, endemias e pandemias se repetem ao longo dos séculos, mas, nos últimos anos, estamos assistindo a um crescente número de surtos de vírus, o que torna a situação ainda mais complexa e preocupante como assinalou a Organização Mundial da Saúde (OMS).

Ao longo da história, uma das primeiras pandemias registradas ocorreu por volta de 541 d.C., tendo origem no Egito, estendendo-se por toda a região bizantina, e foi denominada peste de Justiniano. Essa peste bubônica foi transmitida ao homem por meio de pulgas em ratos contaminados. A doença causou a morte de aproximadamente 500 mil a 1 milhão de pessoas somente na cidade de Constantinopla. Em pouco tempo, a disseminação se deu por toda região da Turquia, da Pérsia (atual Irã), da Síria e para além das fronteiras da Europa. Estimou-se que essa pandemia se estendeu por mais de 200 anos.

Outras pandemias que foram documentadas e tornaram-se famosas por dizimarem uma grande parte da humanidade foram a peste negra, que ocorreu ao longo do século XIV em toda a Europa no período de 1348 e 1350, mas esteve presente até o ano de 1720; a gripe russa ou asiática no século XIX, no período de 1889 a 1890; e a gripe espanhola, considerada a mãe das pandemias e que ocorreu no período de 1918 a 1920. As semelhanças do comportamento humano e de prevenção da doença por meio do isolamento ou quarentena foram recorrentes, conforme os textos bíblicos do Antigo Testamento, em que foi aconselhado à população precaver-se com total isolamento social para que os surtos de hanseníase que acometeram aquele povo da Antiguidade não se espalhassem ainda mais.

Da mesma forma na contemporaneidade, verificou-se que a recomendação de prevenção do vírus covid-19 ficou centralizada no isolamento social e no uso de equipamentos de proteção individual (EPIs), como: luvas, máscaras, capacetes, aventais, botas, além dos cuidados com a higienização do corpo e dos objetos para a diminuição da proliferação da doença. Diante dos impactos do caos social, econômico, psicológico, entre outros, na humanidade, a via dos sonhos, mais uma vez, apresentou-se como uma das múltiplas possibilidades de ajudar-nos a decifrar os enigmas sobre o drama dos mistérios da psique. Ao penetrar nas camadas mais profundas da alma, deparamo-nos com a linguagem pictórica, simbólica, dos sonhos que manifestaram essa trágica vivência do mal-estar da civilização, revelando as múltiplas formas nefastas de vida, de pedantismos, de arrogâncias e de irresponsabilidades da humanidade ao longo do processo de seu desenvolvimento. Os símbolos oníricos apontaram para os aspectos positivos e significativos, expressando sentimentos de esperança e de renascimento. Algumas mensagens oníricas até mesmo indicaram caminhos e soluções em seus conteúdos espontâneos, para que o ser humano as assimilassem e as elaborassem. Se os significados profundos dessas mensagens dos sonhos não forem subestimados, mas sim integrados pela humanidade, poderia se restabelecer o processo de conexão harmônico entre a unidade natureza-homem e, assim, alcançaríamos dimensões saudáveis de transformações e de transcendência no processo de individuação coletiva.

Um evento histórico desse tipo, como são as pandemias, clama por uma profunda reflexão e contemplação do ser humano em seus diversos aspectos *oppositorum*: de luz e de sombra, posto que representam tentativas de compensação, de conscientização individual e coletiva do homem para mediar os opostos que antes lhes pareciam irreconciliáveis.

A psicologia dos sonhos desenvolvida por Jung forneceu grandes subsídios para que diversos pesquisadores, posteriormente, investigassem outros importantes aspectos do sonhar. Os chamados sonhos cósmicos denominados por Jung são manifestações desconhecidas de imagens universais, que não são de natureza individual, e sim, coletiva, isto é, que apresentam um significado geral. Nesse contexto, o sonhador desempenha um papel coletivo e a narrativa simbólica de seu sonho está para além da sua história pessoal. Esses sonhos apresentam em seus conteúdos simbólicos questões pertinentes às situações coletivas. Por exemplo, entre os primitivos, era comum os homens se reunirem para ouvir o contar de sonhos significativos, pois sentiam que esses revelavam aspectos transcendentes da religião, dos valores, dos costumes e das tradições da sociedade e que poderiam revelar novas ideias edificantes. Múltiplas formas criativas de analisar e interpretar os símbolos oníricos, ao longo dos tempos, continuam sendo desenvolvidas por diversos estudiosos, dando ênfase, particularmente, aos aspectos socioculturais do sonhar. Assim, os investigadores das funções oníricas como Bion, Meltzer, Fiori, Resnik, entre outros, conceberam novos métodos científicos de expansão de múltiplos significados e sentidos das imagens oníricas.

No ano de 1982, Gordon Lawrence criou uma técnica denominada de *dream-telling* (o sonho social), que faz uso da associação livre para ampliar o significado e o conteúdo de um sonho compartilhado dentro de um novo *setting* composto por um grupo de pessoas e cuja sessão tem duração de aproximadamente uma hora. Essa técnica muito valorizada atualmente foi utilizada nos seus primórdios num contexto organizacional na Inglaterra. A partir dos anos 1980, novos estudiosos surgiram ampliando suas pesquisas em busca do desenvolvimento de uma metodologia científica do sonhar social. Novos adeptos, em diversos países, utilizam cada vez mais o método do sonhar social, são grupos multidisciplinares das universidades, dos hospitais e de diversos psicanalistas que fazem uso dessa técnica em *workshops* ou em organização de matrizes sociais. A proposta dessa matriz grupal parte do princípio de que o ato de contar um sonho é um acontecimento social, em que se estabelece um espaço intersubjetivo de grande importância entre o contador de sonhos e os ouvintes. Nesse novo trabalho de compartilhar coletivamente os conteúdos do sonhar social, o sonho deixa de pertencer ao sonhador e passa a pertencer ao grupo que usa as associações do grupo para amplificar e identificar o conhecimento cultural manifestado no sonho. Para esses pesquisadores, a ideia do sonhar social manifesta em seus relatos conteúdos de situações culturais que estão para além de uma perspectiva individual e que devem ser analisados num contexto sociopolítico, institucional e espiritual, pautados pelas características de um meio social. Portanto, os conteúdos desses sonhos não serão considerados sob o ponto de vista individual/intrapsíquica, mas a partir do seu caráter social. A metodologia desenvolvida por Lawrence do sonhar social tem como finalidade promover novas formas de *insights*, de pensamentos e de reflexões do grupo matriz em relação à vivência do não saber, do desconhecido e dos múltiplos significados na dimensão sociocultural, característica na constituição de uma sociedade. Embora esses tipos de sonhos sociais sejam diferentes dos sonhos considerados como terapêuticos, pois ambos apresentam metodologias próprias, podem ser complementares e com a combinação desses dois modelos.

Ilustraremos alguns temas arquetípicos e imagens significativas de diversos sonhos que foram enviados para meu projeto de pesquisa dos sonhos, que se manifestaram ao longo do período da pandemia covid-19. No decorrer do ano de 2020, uma colega, pesquisadora e produtora em artes audiovisuais, residente na Europa, em conjunto com sua equipe decidiu, após cinco meses de quarentena, coletar sonhos de pessoas domiciliadas em países diversos para uma pesquisa, fazendo uma interseção entre os campos da psicologia clínica, da tecnologia-ficção e da filosofia, dos processos artísticos e da especulação científica. O grupo, por meio de uma plataforma on-line, coletou aproximadamente 570 sonhos, formando um acervo com narrativas de diversos temas oníricos que se mostraram recorrentes (Pandemic Dreams Archive, [202-]). Ao tomar conhecimento de que eu estava desenvolvendo o projeto de publicação deste livro sobre os sonhos, ela, generosamente, enviou-me a coletânea que consta na bibliografia. Como objeto de investigação, vejamos alguns temas significativos de sonhos recorrentes que se manifestaram em sonhadores de 35 países no período da pandemia de covid-19.

Tema da descida – Katábasis

1 – Sonhei que estava numa grande e alta montanha cercada por uma imensa floresta. De repente, tinha que descer por uma espécie de dois fios de nylon, muito fortes de uma altura e, no início da descida, parecia estar preocupada se o fio suportaria meu peso. Mas logo percebia que não havia perigo e

me sentia muito segura na descida. Alguém, no alto da montanha, segura os fios. Desço para a base da montanha, para uma camada muito mais profunda, onde vejo uma espécie de rio, pântano, com seres vivos bizarros. Tipos de seres diferentes, parecendo bichos de ficção. Um gato preto e branco, com cauda que parece de pavão, aparece e abre a cauda de cores laranja, amarelo e vermelho, como se fosse um leque. As cores são de uma beleza encantadora. Percebo que no meio do seu rosto, entre os olhos, as mesmas cores se repetem. Ele parece muito agressivo e os outros seres também, como se estivessem defendendo o espaço, o meio ambiente deles. Observo com uma certa distância e não me aproximo deles, como se eu sentisse que era necessário respeitar aquele lugar. De repente, aparece outro cenário, estou num pedalinho voador que voa em círculos, cada vez mais alto, sobre o mar. Contemplo do alto a montanha que desci com as grandes árvores balançando pelo vento e observo como aquela natureza é bela e me deixa feliz. A ideia no sonho é que temos que respeitar a natureza e preservá-la. Vivencio uma forte conexão com a natureza e me sinto plena (Rio de Janeiro – Brasil).

2 – Era uma festa subterrânea. Ninguém sabia onde estava. Cada vez entrava mais gente, mas ninguém saía. O espaço ia ficando cada vez mais claustrofóbico. Eu estava com uma amiga. Um monte de coisas aconteceu, mas isso eu não lembro. A maioria das pessoas da festa era negra, pobre, agressiva, caótica. Lembro que no fim, eu pegava o celular nas mãos. A festa estava prestes a terminar. Sem que eu entendesse como, o celular era retirado da minha mão. Na verdade, eu não pude ver quem o pegou (Anglet – França).

3 – Essa noite andei por escadarias estragadas, degraus falsos, subidas e descidas íngremes com uma caixa de papelão nas mãos. Algo que eu precisava devolver a alguém. Não sei o que tinha dentro, mas a caixa era grande e leve. Eu tentava chegar à única agência dos correios aberta, que ficava dentro de uma piscina vazia. Me enganava algumas vezes no caminho, o espaço em volta era marrom. Só dava para saber que esse alguém, que não sei quem, era a quem eu precisava devolver essa coisa grande e leve e estava longe, no espaço e no tempo (Montpellier – França).

Tema da viagem de barcos ou do barqueiro Caronte (Chárõn)

1 – Essa noite eu sonhei que estava num tipo de barcaça ou barca grande funerária. Estávamos eu e meu marido. A barcaça tinha uma espécie de cobertura plástica cinza-escura e tinha um furo na frente. Num dado momento, resolvo sair pela parte de trás da barca e, quando saí, tive a preocupação de ver se não tinha puxado o lençol mais do que eu devia da frente da barca. Quando chego na frente, sinto que meu marido estava se mexendo dentro da barca e passo a mão nele, como faço quando ele tem pesadelo, e digo: "estou aqui". Depois saio da barca e me encontro num apartamento ou casa da família com meu irmão e estamos falando da nossa experiência de ter conseguido sair da mesma barca. O meu marido continuou na barca. O mais incrível foi na manhã seguinte, ao fazer minha caminhada, encontrei meu irmão que estava no sonho comigo. A barcaça parecia ser uma barca egípcia (Brasília – Brasil).

2 – Estávamos em um barco em uma cidade estrangeira inundada, ela saltava de repente, ninguém ligava, "escândalo"

Sonhos – Conexões com seu oráculo anterior 349

diriam alguns, eu saltava atrás, ela afundava. Quando eu a tirava para fora ela me dizia que já não queria mais aquela vida passada, iria atrás de outra coisa. Ela desaparecia, eu, no meio da água, nadava em meio aqueles vários andares de prédios debaixo d'água, buscando uma margem. Alguém me gritava que era perigoso, que eu deveria voltar, mas já não havia mais barco, mais nada. Vou parar em uma terra "resgatada" como serviçal de uma mulher que se gabava de salvar muitos escravos. Meu primeiro trabalho foi de coveiro, cavava um buraco debaixo de uma espécie de altar de alguma religião. Não sabia quem era o morto (Berlim – Alemanha).

3 – Sonhei que estava andando numa praia linda e subi a duna de areia, quando olhei em direção ao mar, tinha um barco enorme afundando, as pessoas não tinham reação e eu fiquei apavorada (Porto Alegre – Brasil).

4 – Sonhei que estava no Titanic e escapei em um dos botes de salva-vidas (São Paulo – Brasil).

Tema do vírus e da pandemia

1 – Estava na Universidade de São Paulo, onde havia um vírus que se espalhava pelo chão, bastando as pessoas pisarem, mesmo de tênis, para se contaminar. Os contaminados eram grotescamente deformados, como no quadro dos relógios de Salvador Dalí. No ponto de ônibus, as pessoas lavavam as mãos com dinheiro (São Paulo – Brasil).

2 – No meu sonho eu me encontro longe de todos os outros. Eu tenho essas regras a seguir, a mais rigorosa é que eu não posso tocar em qualquer objeto ao meu redor. Ninguém mais no meu sonho tem que seguir essas regras e, quando as

pessoas se aproximam demais de mim, eles se afastam (Amsterdam – Países Baixos).

3 – Estávamos todos em casa apáticos, com semblante triste, até que um dos moradores diz que está doente e com muitos sintomas do coronavírus. As outras duas pessoas não fazem nada além de dizer que precisamos nos isolar. E cada um segue em seu quarto durante dias (São Paulo – Brasil).

4 – Hoje fui forçado a engolir um cartão de memória danificado pelo vírus (Paris – França).

5 – Tinha um grande grupo de amigos, estávamos isolados numa floresta e divididos em grupos. Parte do grupo deveria cumprir a missão dentro de casa e a outra parte na área externa. A área externa era como uma floresta, e estava de madrugada, o céu muito estrelado. Parece que um meteoro se aproximou e ele podia refletir a gravidade do vírus no céu, alguns enxergaram, outros não, esse grupo estava na missão de combater esse meteoro, e entender o vírus por meio da comunicação com o céu. O grupo de dentro da casa estava lutando com seres bizarros. [...] O local era lindo e mágico, todos tinham superpoderes (São Paulo – Brasil).

6 – Começa na água, em um rio, numa luta entre permanecer à tona ou afundar, enquanto os raios do sol impactam mais o ser do que o corpo. Nesse nível multinível, na fronteira onírica da realidade real, enquanto o vírus persegue incansavelmente trabalhadores nessa experiência recorrente de sonhos de querer escapar de algo que você não pode escapar, vozes de hemisférios cerebrais dissonantes se unem para criar um túnel no espaço-tempo me levando a uma cúpula dourada invisível na estepe silenciosa e vazia da humanidade. Tudo ao redor co-

Sonhos – Conexões com seu oráculo anterior 351

meça a girar na quietude, e a distorção se torna lúcida e implacável. Desisto, caio e vejo como tudo floresce (Austrália).

7 – Alguém entra em nossa casa e abre um saco enorme cheio de pequenas bolas de plástico – como as crianças que abrem essa rachadura com um pequeno brinquedo dentro. As bolas vão para todos os lugares. Se você pisar em um, o vírus é liberado (London – Reino Unido).

8 – Havia a pandemia de coronavírus e todos estavam em quarentena, paredes gigantes de vidro separavam países, até províncias ou estados. O vírus ainda não estava na minha região, mas um animal entra e afeta todos nós com ele. Para controlar a população doente, a polícia assumiu o controle da cidade e prendeu todos para isolá-los. O problema era que, se você fosse para lá, provavelmente teria muitas chances de pegar o vírus. Eu me escondo no rio para escapar da polícia, mas meu namorado se machucou. Ele me disse para continuar sozinha e me salvar. Eu tive que aprender a sobreviver sozinha (Montreal – Canadá).

9 – Estou andando sozinho pela Cidade do México, não há ninguém, ninguém vive, todos morreram da pandemia (Cidade do México – México).

10 – Um monte de gente estava tentando me fazer participar de um evento social. Eu estava dando a desculpa de que não poderia ir por causa da pandemia. Eles revelaram que na verdade eram todos robôs. Não restou ninguém vivo, nenhuma pandemia, apenas robôs [...] e eu (Cork – Irlanda).

11 – Eu estava no Reino Unido e houve um toque de recolher por causa da pandemia. Havia tensão nas ruas, como não deveríamos sair, havia algumas pessoas no ponto de ônibus. Eu estava com minha tia e parecia que estávamos numa cidade romana à beira-mar. Mas, quando estávamos de volta ao Reino

Unido, entramos em uma pequena cafeteria que mais parecia um *pub*, era um lugar amigável para cães e eles também serviam comida. Havia obras de arte infantis penduradas nas paredes, compiladas em pequenos cadernos (Romênia).

12 – O novo coronavírus pode ser transmitido por peidos. Eu estava preocupado em sair e também preocupado que eu estava peidando (Halifax – Canadá).

13 – Eu andava pelas avenidas de Porto Alegre, as ruas estavam cheias, eu caminhava como quem desfila, linda, querendo ser olhada e desejada, de salto alto sete preto, uma saia nova longa linda. Eu precisava ir a um banco depositar dois cheques de cliente. Um dos cheques já fazia um mês que estava comigo. Pois fazia muito tempo que eu não saia para rua. Era período de covid-19, as pessoas em sua maioria andavam sem máscaras, eu também estava sem máscara. Quero entrar em um dos bancos para depositar, estava com muito medo, ninguém respeitava o distanciamento. Entrei em um dos bancos, um gerente parecia febril, suava muito. Não havia álcool em lugar nenhum, as pessoas não estavam preocupadas com nada daquilo. Eu trocava de banco para ver onde o risco era menor, todos estavam cheios. Minha conta estava no negativo, eu precisava daquele dinheiro na conta. Nenhum lugar parecia seguro e eu não consegui fazer o depósito (Garoupa – Brasil).

14 – Tinha um pangolim passando vírus para geral e agora estava atrás de mim. Já não aguentava mais correr (Ásia).

15 – Estava a assinar um contrato de trabalho e uma das cláusulas informava que as minhas tarefas somente poderiam ser desempenhadas usando a parte de baixo do corpo, evitando totalmente o uso dos braços para não haver contágio do covid-19. Acordei com os braços adormecidos (Lisboa – Portugal).

Sonhos – Conexões com seu oráculo anterior

Tema da morte e de perdas

1 – Meu pai morto e uma tia velha. Meu irmão está morto ou doente demais. Minha família morta veio falar comigo (Botevgrad – Bulgária).

2 – Eu andava pelas ruas da Lapa, no Rio de Janeiro, havia muita gente em todos os bares e ruas, uma alegria jamais vista tomava as pessoas, ao mesmo tempo que morriam. Era uma delícia. Tosses e gargalhadas se misturavam, pessoas se abraçavam e caíam rindo e morrendo. Havia um bem-estar e uma aceitação incrível da morte, da boa morte, prazerosa, como um orgasmo fatal. Fazia calor e eu ia bebendo dos copos das pessoas que não mais viviam, parecia que minha morte se aproximava quanto mais alegre e à vontade eu ficava (Barcelona – Espanha).

3 – Sonhei que estava com minha irmã ou esposa, não tenho certeza, e sabia que tinha morrido e me via no caixão e sabia que estava na hora de fechá-lo. Aí, eu, do lado de fora, falava para checarem mesmo se eu estava morto, pois eu achava que não e até ria um pouco (Salvador – Brasil).

4 – Hoje sonhei que estava novamente na aldeia indígena de Takuapiry (*I used to work with indigenous peoples for 40 years* – Eu trabalhei com indígenas durante 40 anos) e a minha irmã menor estava lá e me olhava com a delicadeza e o cuidado de sempre, e sorria muito para mim. Ela tinha perdido o marido e estava com seus quatros filhos. Ela passava a mão no meu rosto e falava em guarani: "tekoteve ne haarõ, você deve esperar, ter paciência. Tem muitos de nós com você nesse período de teko mba'asy – epidemia" (São Paulo – Brasil).

5 – Eu sonhei que estava na casa de minha mãe e meu pai havia morrido! Agora, ela estava sozinha. [...] Sonhei que con-

versava com minha tia do outro lado da rua. Ela não podia se aproximar, mas tinha vindo para minha festa de aniversário (São Paulo – Brasil).

6 – A água, a água que corre, que abastece casas ricas em um bairro de Brasília, em comunidades pobres, em países africanos, a água do poço de caixa d'água, a água do rio. Os amigos que foram perdidos, amigos com os quais a gente rompeu. Flores partidas, flores perdidas (Montpellier – França).

7 – Sonhei que um monte de gente estava tentando me fazer participar de um evento social. Eu estava inventando a desculpa de que não poderia ir por causa da pandemia. Eles revelaram que eram todos robôs. Não há ninguém vivo, nenhuma pandemia, apenas robôs [...] e eu (Irlanda).

8 – Eu tive um sonho ontem à noite. Eu vi dois dos meus alunos (eu sou um instrutor de língua búlgara para estrangeiros), eles são um casal, em um hospital, na unidade de emergência. A senhora estava num carrinho médico, cheia de sangue, e percebi que ela teve um aborto. O marido parecia terrivelmente assustado. Comecei a chorar por eles, foi muito doloroso para mim (Sófia – Bulgária).

Tema do cumprimento de tarefas ou missões

1 – Eu estava na Terra recebendo minha próxima missão, era em outra dimensão. Eu virava luz e atravessava o universo até chegar nessa outra dimensão. Os seres tinham as cabeças meio achatadas, era meio oval para os lados. As pessoas não precisavam falar para se comunicar. A missão era levar sensualidade para lá. Esses *aliens* eram sexualizados, reproduziam-se e tal, mas sensualidade zero, por isso precisavam dos terráqueos. Minha missão era entender os seres e o cotidiano desse mundo, e

voltar para a Terra para escolher e preparar esses tais terráqueos que levariam a sensualidade para esse outro mundo nessa outra dimensão. Pensei logo no Kleper, um amigo querido, ele seria perfeito, falei com ele e ele topou (Montpellier – França).

2 – Hoje eu sonhei com um grande grupo de amigos, estávamos isolados numa floresta e divididos em grupos, parte do grupo deveria cumprir a missão dentro da casa e a outra parte na área externa. A área externa era como uma floresta e estava de madrugada, o céu muito estrelado. Parece que um meteoro se aproximava, e ele podia refletir a gravidade do vírus no céu, alguns enxergavam, outros não. Esse grupo estava na missão de combater esse meteoro e entender o vírus por meio da comunicação com o céu. O grupo de dentro da casa estava lutando com seres malignos que existiam em forma de pessoas e em forma de seres bizarros. [...] O local era lindo e mágico, todos tinham superpoderes (São Paulo – Brasil).

Tema sobre a experiência extracorporal

1 – Saí do corpo. Foi incrível. Na casa da nossa tia. Deu uma batida de carro. Os carros estavam quebrados. Encontrei toda a família nesse outro lugar. Dormi, sai do corpo e andei passeando por entre eles. Vi a sobrinha, vi as crianças, os grupos e os cachorrinhos. Falei com meu irmão, ele era bem mais novo. O outro irmão e a mãe estavam lá também; foi incrível tudo o que aconteceu, eu fiquei um pouco com medo de voltar para o corpo, na hora de voltar senti medo de que não conseguisse. Mas é inexperiência minha – tive que forçar a barra, mas voltei tranquilamente. Eu estava feliz, saudando todo mundo, não tinha muita certeza se estava no corpo do sonhar ou no corpo real. Estava com meu casaco roxo. O pai não estava, estavam as

criança todas e muita gente que eu não conhecia. O pessoal estava fazendo comida, todo mundo junto (Brasil).

2 – Um namorado que eu não tenho se atirava ao mar pela janela e, sem pensar, me joguei também. Como tenho medo de altura, me despersonalizo, deixei meu corpo enquanto assistia por milésimo de segundos a como me jogava na cachoeira, deixei meu corpo por medo de sentir o impacto no fundo da água, alguma rocha, um solo ou apenas a pura dureza quebrando contra o meu corpo. Um milésimo antes de tocar a superfície, voltei para mim e o golpe foi suavemente abafado apenas fresco e aguado, não havia nada para quebrar meu cérebro. E então corri, não nadei porque ao cair, a água se recolheu quase por completo e corri e corri para encontrar meu namorado e não o vi, mas vi uma família e lhes disse desesperada, "a água se recolheu, não façam *camping* aqui [...] uma onda virá". E a onda veio, rápida e feroz, e eu a vi se aproximar e não corri porque não deu e nem deixei meu corpo porque não deu tempo para enviar esse sinal ao meu inconsciente, então estava totalmente na onda e, apesar do medo, não foi duro, nem me matei, nem morri, nem mesmo nadei, fiquei acordada, só frio por causa da brutal água doce e o sol brilhou (Berlim – Alemanha).

Tema dos animais

1 – Sonhei ontem que meu marido tinha uma cobra enorme enrolada em volta dele. A cobra era amigável e calma e parecia apenas desfrutar e precisar desse contato humano (Ko Lanta, Krabi – Tailândia).

2 – Sinto algo incômodo no meu pescoço, então coloco a mão na minha nuca para verificar o que é: encontro um enor-

me besouro. Ele cai do meu pescoço direto ao chão, morto. Novamente sinto o mesmo incômodo e há agora outro besouro na minha nuca. Como o anterior, ele logo desfalece ao chão. Assim, milhares de besouros enormes e mortos começam a cair do céu ao chão. Seus corpos mortos e cascudos enchem a rua de modo que já não é mais possível ver o asfalto e se torna difícil caminhar (São Paulo – Brasil).

3 – Eu vi um pássaro lindo no meio de árvores e plantas. Levantei-me para vê-lo melhor e eu estava numa praia. Na minha vista estava o pássaro com cor escura furta-cor, brilhava uma luz colorida. Notei, ao lado, alguns flamingos na praia e árvores de ipê-amarelo muito floridas. Eu peguei o celular para tirar uma foto e, quando enquadrei o pássaro, havia pessoas na frente. Enquadrei uma cena de um grupo grande de pessoas sentadas em cadeiras de praia em roda, divertindo-se entre os ipês. Eu comecei a me aproximar e lembrei que não deveria haver grupos assim na praia por causa da quarentena. E me liguei que eu também não deveria estar na praia. Eu estava no Rio de Janeiro e tentei lembrar os índices da corona no Rio de Janeiro, mas não consegui. Encontrei uma amiga de São Paulo e comentei com ela sobre haver tantas pessoas na rua. Eu estava com uma garrafa de plástico na mão e não lembrava de onde veio, mas poderia estar contaminada. Joguei a garrafa fora e fui imediatamente lavar as mãos. O problema maior era fechar a torneira após lavar as mãos (São Paulo – Brasil).

4 – Estava na faculdade e um bando de macacos armados entrou atirando (Votuporanga – Brasil).

5 – Uma cobra entrou no quarto em que eu e minha família estávamos. Então, meu pai a matou com um pau (Curitiba-Brasil).

Temas persecutórios

1 – Estou caminhando por uma estrada que bifurca em todos os sentidos. Sou seguida por um homem estranho e ameaçador. Agora a estrada se torna um desfiladeiro estreito e está escurecendo. Eu tenho um livro em minhas mãos e é muito importante que eu o entregue. O estranho continua me seguindo e agora a noite caiu e está tão escuro que não consigo ver nada. Chego a uma festa (Itapecerica da Serra – Brasil).

2 – Eu caminhava por uma rua e uma mulher começou a me acompanhar e fazer perguntas. Conforme caminhava ao meu lado, sua fisionomia mudava. Ela se configurava em diferentes corpos e idades. Talvez ela não soubesse que eu havia visto essa transformação. Fiquei com medo e tentei fugir, mas ela aparecia com uma feição diferente, tentando se aproximar. Então, ela surgiu em formato de um animal e tentou me agarrar. Eu a joguei no chão e ela se despedaçou. Seus pedaços formaram outros seres, se multiplicaram. Percebi que ela não era real e isso não me assustou mais. Acordei impactada com o sonho e tentando entender o que isso significava naquele momento que estávamos vivendo (Bauru – Brasil).

3 – Fui até o quarto dos meus pais. Eu estava indo ao mercado com meu pai, ele queria comprar alguma coisa, havia gente ruim atrás de mim, eles queriam me pegar, eu corri para o meu pai e acordei (Xangai – China).

Tema de banhos

1 – Eu estava tomando banho, feliz da vida, quando fui desligar a torneira para sair. A torneira estava muito dura e não se movia, até que puxei com todas minhas forças e o cano que-

Sonhos – Conexões com seu oráculo anterior

brou. Começou a sair uma gosma bizarra de dentro do cano (Paris – França).

2 – Eu estava em um bar lotado, onde todos os estandes eram banheiras de hidromassagem. Meu marido e eu tomamos banho numa banheira de hidromassagem e em algumas banheiras estavam dois escritores do *The Atlantic*, James Hamblin e Ed Young. Eu queria abordá-los, mas não o fiz (Coburg – Austrália).

Tema dos limites – fronteiras

1 – No fim de uma reunião em um apartamento com um grupo de pessoas que eu não conhecia, peguei um carro de um serviço de compartilhamento de carros (ajudado por um amigo meu) para voltar à minha cidade. No meio do caminho, decidi parar e fazer o resto da viagem a pé. Onde estacionei havia um lindo riacho, com pequenos postes formando uma travessia. Então, duas mulheres, duas turistas, se aproximam de mim para olhar o riacho, como eu, e pensei: "Elas não devem ficar perto de mim, devem permanecer a distância!" E então pensei que não podia fazer a viagem que estava planejando por causa das medidas de restrição ao movimento. Fiquei triste, então voltei para o carro (Turim – Itália).

2 – Eu estava na Grécia, tinha comprado uma garrafa de uzo. Mas ela quebrou. Daí peguei um carro para ir até a fronteira, mas o carro também quebrou. Depois peguei outro carro, parei para comprar algo, mas roubaram o carro. Eu não conseguia sair da Grécia para voltar para o Brasil (São Paulo – Brasil).

3 – Tinha uma fronteira invisível entre a cozinha e a sala. Meu sobrinho de 9 anos tentava passar, mas era impedido por umas vozes confusas e sobrepostas que iam anunciando no-

vos números e uns gráficos coloridos que iam sobrepondo a imagem. A porta estava aberta e ele olhava o resto da família que estava na sala. Não tinha nada de concreto que impedisse a passagem, só uma lei que vinha das vozes e gráficos. Ele de um lado e o resto da família do outro discutiam sobre burlar ou não a lei. Ele achava que sim, que se passasse rápido ninguém ia ver, mas os outros estavam apavorados e pediam comida e álcool gel pela porta sem se aproximar muito (Caxias do Sul – Brasil).

Tema da cura e de renascimento

1 – Tinha acabado. Um tratamento eficaz foi encontrado. Não que muitas pessoas tivessem morrido, porque as medidas de separação social tinham sido mantidas. É uma sensação tão boa. Então eu acordei (São Paulo – Brasil).

2 – Uma das formas de eliminar o vírus era fazer a posição invertida do yoga e isso era muito mais eficaz que álcool gel. O sonho inteiro passei fazendo a posição invertida! (Lisboa – Portugal).

3 – Está tudo acabado, a população reduzida, a vida cotidiana está de volta. Respirando ar fresco, estamos felizes em sobreviver. A perda de amigos e familiares é dolorosa, difícil dizer como conseguimos sobreviver. Funerais nos mantiveram ocupados e agora começamos a voltar ao trabalho. O céu fica amarelo, a cidade parece poderosa, embora você sinta a cor preta em todos os lugares. Um pássaro vem dizer olá. Um cavalo me pede para montar nele. As árvores estão acolhendo todos e a vida é celebrada. Inspirar e expirar é tão maravilhoso (Berlim – Alemanha).

Sonhos – Conexões com seu oráculo anterior

4 – Eu estava em dúvida sobre alguma coisa e saí andando. Quando percebi, estava numa espécie de caverna que era o ventre da Terra e havia muitos operários trabalhando lá. Lá dentro, pareciam as obras de Gaudí, com muita luz, formas retorcidas e cores. Fiquei feliz porque entendi que estava no caminho certo (Campo Grande – Brasil).

Tema do tempo e espaço e do caos

1 – Acordei no sonho debaixo da Via Dutra, no túnel Aman, os três túneis se transformavam em leitos de hospital e em uma cadeira de hospital estava meu pai tomando soro, havia mais outros pacientes ao redor, ao lado dele havia vários relógios de pulso de prata, um dourado e um preto. Peguei os relógios para olhar um por um e o que mais me chamou atenção foi o preto por não marcar hora nenhuma e que tinha vários símbolos e umas pedras que pareciam diamantes. Do nada meu pai falou para eu guardar esse relógio porque precisávamos dele para ofertar a alma lá na praça. Tomei um susto e joguei o relógio longe (Resende – Brasil).

2 – Sonhei com relógios velhos e sem ponteiros que nos deixavam com a sensação de estarmos perdidos no tempo (Nápoles – Itália).

3 – Minha filhinha de 3 anos acordou cansada e faminta, levei-a para comer e peguei-a no colo enquanto tentava me tranquilizar pensando que ela poderia realmente estar com sono, peguei ela no colo com seu corpo já meio mole e tentava descobrir que horas eram. Nenhum relógio informava as horas certas, e eu já estava cansada e começando a acreditar que de fato já era noite e hora de dormir (Ubatuba – Brasil).

4 – Eu estava conversando com pessoas aleatórias, deitado em uma cama. Um casal aparece e me convida para me juntar a eles. Olho para eles, sorrio e declaro pacificamente que não é necessário porque há uma lacuna entre o tempo e o espaço. Depois de um tempo e vários convites, decidi sair da cama e passear. No caminho de volta para casa, ouço à distância por meio de algum tipo de alto-falante: "há uma lacuna entre tempo e espaço" (Rosário – Argentina).

5 – Eu estou na cidade, no centro, andando no meio da rua com alguns amigos, estava escuro, ainda é cedo. Nós estamos saindo, então de repente muitos prédios estão pegando fogo, a fumaça está ficando mais forte, todo mundo corre, exceto eu, minhas pernas não funcionam e eu simplesmente não posso me mover, não há nada que eu possa fazer, eu estou preso no caos (Porto Alegre – Brasil).

6 – Eu morava em um hotel. Um enorme hotel labirinto, decorado de forma clássica. Estava tentando chegar ao meu quarto e sabia o andar e o número. No entanto, por mais que eu tentasse, nunca conseguia encontrá-lo. Peguei o elevador para meu andar, mas por algum motivo isso me levaria ao andar errado. Perguntei a um membro da equipe como chegar lá e segui por uma porta e uma escada, mas ainda não consegui chegar ao meu quarto. Fui surpreendido por um sentimento de desconforto e ansiedade (Rio de Janeiro – Brasil).

Temas da depressão, solidão e da quarentena

1 – Sofri um acidente tão grave que não aguentava mais caminhar do jeito que caminhava. Esse acidente também me impediu de trabalhar a partir de então, o que significava que eu só podia

Sonhos – Conexões com seu oráculo anterior

andar duas vezes por semana, em vez de todos os dias (para não cansar os pés e as pernas). O que mais me exauriu e me deprimiu ao ter esse sonho foi a ideia de que eu realmente não sabia que tipo de lesão eu tinha – não sabia exatamente o que havia acontecido comigo; eu só sabia que era perigoso andar, levantar e viver normalmente a partir de então (Lisboa – Portugal).

2 – Sonhei que saía para caminhar. Ainda estávamos em quarentena e, portanto, eu tive que ser cuidadosa. Encontrei uma paixão de infância na rua e ele me fez uma massagem nas costas (Porto Alegre – Brasil).

Tema de espíritos e fantasmas

1 – Eu estava no Vaticano e o próprio papa me exorcizava, mas no meio do processo, ele descobriu que eu não era obcecado por espíritos torturados, mas eu estava em conexão real com alienígenas e então ele começou a discutir com eles um plano para salvar os seres humanos e eles decidiram que todos deveriam ser hermafroditas (São Bernardo do Campo – Brasil).

2 – Estou com minha mãe. Ela nota, na sala, um espírito e diz para ele se afastar de nós. Eu não o vejo. Subitamente me dá uma forte tontura e eu desmaio nos braços dela. Quando retorno, minha mãe diz que eu havia incorporado o espírito de um homem fascista. Eu não lembro de nada, mas sei que, a partir daquele momento, nós deveríamos matar, pelo menos, três homens fascistas (São Paulo – Brasil).

3 – Eu era um assassino, matei fantasmas. Eu era o líder de uma equipe de captura de fantasmas. Quando chegamos à nossa próxima tarefa, caçamos fantasmas maliciosos (Deng – China).

4 – Dois espíritos sérios chegaram à minha vida. Eu estava tentando fazer chá e ovos e eles chegaram, sinistros, maus (Irlanda – Dublin).

5 – Eu tinha alguns dias para montar um musical infantil, amanhã os alunos chegariam e o roteiro teria que estar pronto. Decido passar a noite na sala de ensaio da escola para trabalhar. Era um prédio no meio do campo, não havia nada construído ao seu redor. Você podia ouvir o vento batendo nas janelas. De repente, duas meninas me dizem que os zumbis estão chegando. Um deles me assegura que todas as portas estão fechadas e não poderão entrar, mas ouço um barulho: um garoto pede que o deixemos entrar, um zumbi o segue. Quando tento abrir a porta, a maçaneta quebra e a porta permanece aberta. O suposto zumbi chega. Superbonito e elegante. Arranjado com um lenço no pescoço. Eu grito para ele, "por favor, não entre" e ele me responde, com um sotaque italiano: "como preferir, mas depois eu vou te morder" e ele sorri para mim (Barcelona – Espanha).

Tema de rituais

1 – Eu estava em quarentena separado da minha família, eu podia ver como tudo ao meu redor estava desmoronando e de repente portas que estavam abertas fechavam e prédios altos estavam caindo. Eu estava lá dentro e meu amigo Maia bateu na minha porta para me avisar que toda a comunidade Maia/amigos estava se reunindo na ilha. Eles estavam se preparando para fazer uma cerimônia para proteger (ou ascender juntos) durante esses tempos turbulentos (Squamish – Canadá).

2 – O Ministro da Saúde morria. Eu fazia uma viagem de barco pelo Rio Amazonas. Estávamos todos de branco, lembrava muito a roupa de proteção de profissionais de saúde e havia algumas caixas envolvidas por plásticos. Eram produtos hospitalares. Fizemos uma parada para ir ao banheiro, acabei ficando lá, enquanto todos seguiram a viagem. Esse lugar onde paramos era como um píer. Era Santa Catarina (estado brasileiro). Não gostei de ficar sozinha. Preparava-me para abrir meu consultório de psicologia. Uma colega (a quem não admiro muito) ia abrir o dela ao lado. Antes de entrar, eu precisava passar uma coisa nos pés, como um ritual de purificação, limpeza. [...] Isso que passava nos pés era, na verdade, uma tinta de uma planta, como utilizam os indígenas no Brasil. Passava em todos os pés e nos tornozelos (Brasília – Brasil).

3 – Sonhei que estava em uma reunião de ritual para comungar a ayahuasca. Encontrei pessoas queridas e desconhecidas também. Havia abraços entre os presentes, harmonia, um local semelhante a uma sala de aula, porém com o chão de terra e um ambiente arborizado, com muitas plantas (Rondonópolis – Brasil).

4 – Como num ritual, me vi deitada e sem ação. Diante de mim uma mulher dava risadas enquanto esfregava um rato na parte interna das minhas coxas, como se passasse um creme. Os pelos do rato morto caíam sob minha pele enquanto ela despelava o bicho sobre mim. Eu não conseguia reagir a nada, havia outras pessoas em forma de sombras, não muitas. Quando não havia mais pelos no bicho, a mulher saía com ele despelado na mão. Eu ficava sozinha, passando as mãos na perna para tirar os pelos, como se estivesse limpando grãos de areia da praia. A seco. Enjoada, mas sem desespero, quase sem reação (São Paulo – Brasil).

Tema dos deuses e seres extraterrestres

1 – Eu estava numa base de lançamento de naves para outra dimensão. A nave partia e voltava todos os dias com dois caras, e eu os estava entrevistando. Os dois partindo, a nave sumindo no céu e eu feliz por presenciar aquilo a ponto de verbalizar isso (Belém – Brasil).

2 – Eu estava na cozinha da casa em que cresci. Eu estava arrumando o armário com os potes de plástico quando me veio o pensamento que os deuses eram de fato astronautas. Todos os potes de vidro começaram a balançar, e o teto começou a se fechar sobre minha cabeça, fui engolido pela cozinha e acordei com uma sensação claustrofóbica (Paris – França).

3 – No princípio a contaminação gerava pequenos seres extraterrestres do tamanho praticamente de insetos que poderiam nos picar e nos infectar. Depois começaram a ter seres alienígenas que cresciam em casulos enormes. Quando o casulo abriu, primeiro saiu uma luz branca, depois a coisa saiu e acabou se transformando em uma menina que já tinha aparecido antes no sonho e que tinha sido pega pelo alienígena. Ela saiu andando e entrou em um lugar onde havia outras pessoas, um aglomerado de pessoas. Durante todo o sonho era noite e eu me sentia bastante acuado e sempre tentando fugir (Florianópolis – Brasil).

Tema da criança

1 – Eu estava andando por uma rua muito movimentada e de repente um garotinho, com cerca de 6 anos e de olhos muito grandes, começou a me seguir. Ele não disse nada, mas era óbvio que ele queria estar comigo. Então eu decidi levá-lo para dormir na casa onde eu estava hospedada. Era noite

Sonhos – Conexões com seu oráculo anterior

e, quando cheguei à casa, ele estava no telhado, avisei-o para tomar cuidado, porque o prédio era muito alto e, se ele caísse, ele poderia morrer. Meus amigos me perguntaram o que eu faria com a criança e eu apenas disse que queria adotá-la. Eles sugeriram que eu o mandasse para uma casa. Pensei sobre isso, talvez pensasse que seria melhor lá do que nas ruas, mas não tinha certeza. Se ele tivesse me escolhido, talvez fosse um sinal de que eu deveria mantê-lo e adotá-lo como meu, porque acho que é fácil para eu acolher, cuidar e amar. Eu o acompanhei até ele dormir e o que aconteceu depois? Não sei (México).

2 – Um grupo de crianças assassinas perseguiam uma outra criança por uma cidade, especificamente, na rodovia em que se encontrava. Chegavam em carros grandes, tipo jipes enormes, e corriam atrás dela com uma faca afiada, gritando e metendo terror. Todas as casas à beira da estrada praticavam algum tipo de ritual satânico. Vez ou outra, as pessoas iam sendo atacadas também. A criança perseguida ora era eu mesma, ora não (Maceió – Brasil).

3 – Era deserto. Uma criança pequena de 3 anos tinha poderes telepáticos e parapsicológicos. Agora estava no meu quarto. A Lívia estava dançando, mas não podia ser ela, porque ela não estava no país. Ela dançava sorrindo. Ela não identificou a criança, mas veio com três palhaços que iam levar a criança embora (São Paulo – Brasil).

4 – Eu amamentava muitas crianças pequenas ao mesmo tempo, de várias idades. Estávamos todos felizes com toda aquela ocitocina no ar e com uma sensação de proteção selvagem (Rolante – Brasil).

5 – Havia um garoto com um caderno aberto nas mãos, as páginas voaram, sacudindo no ar, transformando-se em notas musicais (Montpellier-França).

368   Coleção Reflexões Junguianas

6 – Nós trabalhávamos em algum lugar no deserto, a gente dava aula pra crianças e reclamava porque a gente queria jogar bola, mas o vento do deserto atrapalhava. Eu era meio desbocada durante as aulas, e no carro ela me disse que deveria estar mais atenta às idades, que deveria adequar a fala. Passamos por um posto de gasolina meio abandonado, percorremos dunas no deserto. Nossa maior preocupação era o vento (Sydney – Austrália).

Tema de tsunami – ondas gigantes

1 – Eu tinha 23 anos no sonho, as cidades eram mais bonitas e os prédios eram mais altos. Eu era um policial, mas não sabia em que cidade eu estava. Eu ia almoçar com meus parceiros policiais, de repente o tempo piorou e um tsunami veio. Eu estava em um hotel com 100 andares, tentamos chegar ao topo, estávamos tentando correr o mais rápido que podíamos. Nos sentimos muito cansados, e ainda estávamos no 50º andar. Eu tinha poderes especiais, eu poderia me tornar água e eu poderia controlar o gelo. Fiz uma parede com gelo e pude controlar as coisas, pude controlar a parede. Eu podia voar, então levei meu parceiro comigo até o topo do prédio, então eu estava nadando no tsunami. Vimos a cidade debaixo do mar, era linda. Muito tempo se passou, a grande onda se foi e poderíamos dirigir pela cidade. Estávamos em uma corrida de carros, dirigimos por um longo tempo na cidade e depois subimos as montanhas. Meu amigo ganhou a corrida e decidimos viver nas montanhas. Caímos em um buraco e descobrimos que era a casa de um monstro. Era feio, parecia um dragão, corria atrás de nós e tínhamos o poder de voar, mas o monstro também. Tornou-se outra competição, meu amigo foi mordido pelo dragão-mons-

Sonhos – Conexões com seu oráculo anterior   369

tro. Levei meu amigo até o topo da montanha, tentando chegar em casa, e o monstro ainda estava nos seguindo. Então eu tive uma ideia, eu levei o monstro para o mar e transformei o mar em gelo para manter o monstro lá. Meu amigo e eu voltamos para casa nas montanhas e entendi por que há muito tempo o tsunami apareceu, foi porque o monstro acordou, estava no mar, então o mar invadiu a cidade (Hangzhou – China).

2 – Eu estava deitada numa praia, tempo encoberto, com minha gata. Havia outras pessoas, também com animais (cães e gatos). Começam a surgir ondas gigantes em câmera lenta. Muito grande, gigantes, mas muito mesmo, lentamente. A primeira vez que me atinge, fico preocupada e ao mesmo tempo intrigada porque não me afeta. Eu e todos conseguimos estranhamente respirar debaixo d'água. A primeira onda passa, mas outras surgem, também pela lateral. Levanto-me e pego a minha gata para fugir, mas hesito se devo ficar ou fugir porque posso não conseguir fugir a tempo e talvez ali eu consiga sobreviver, visto que a onda anterior não me afetou. Sentimento de medo, dúvida e indecisão (Lisboa – Portugal).

3 – Cheguei a uma praia com vários navios de cruzeiros alinhados na costa. Assim que eu me deito em minha toalha, uma enorme onda de maré vem sobre a costa. Meus amigos estão montando-a em pranchas de surf board, mas sou puxado para vê-los nadar, quando a onda, recua e cai de novo, acordei (New Orleans – Estados Unidos).

4 – Praia, beira do mar, crianças brincando de deslizar na beira do mar com uma prancha. Quando a água retorna, jogam a prancha e correm pulando em cima e deslizam. Várias pessoas e eu assistindo. De repente, vem uma onda enorme bem na beira d'água e sobe do nada e todos se assustam e dá para ver

alguns peixes grandes, golfinhos e pinguins subindo na onda e também um boi ou uma vaca que também subia na onda. Veio uma onda, outra e na terceira, pensei: "agora vai levar tudo embora". Uma amiga foi em direção à onda e mergulhou furando a onda. Pensei nessa possibilidade (Rio de Janeiro – Brasil).

5 – Eu estava em algum lugar do Japão, em uma praia. Os chineses começaram a atacar e, durante a guerra, a minha amiga de faculdade estava preocupada com o trabalho da professora. Aí eu fiz um trato: eu cuido da sobrevivência e você faz o trabalho da faculdade. Eu arranjei um esconderijo num barco, até passar as maiores ondas, depois eu sequestrei um tanque de guerra e conseguimos chegar até a casa do meu irmão. Apresentamos on-line o trabalho e eu não sabia nada, aí eu tive que improvisar. Acordei antes de saber se passei ou não (Sydney – Austrália).

6 – Estou com pessoas da família na praia e de repente vejo se aproximando uma imensa onda. Grito para todos: "Saiam todos! Olhem a grande onda se aproximando". Vejo pessoas gritando que não vai dar tempo. Uma grande confusão se instala e vejo pessoas desesperadas correndo com crianças e outras que não conseguiram sair e estão mortas, afogadas no meio de muitos objetos (Rio de Janeiro – Brasil).

A título de curiosidade, outros temas típicos recorrentes surgiram e foram registrados como: doenças, abortos, vazio, impactos ambientais, desastres naturais, terremotos, enchentes, secas, queimadas, explosões, destruições ambientais, poluição ambiental, invasão de animais nos centros urbanos, pulverização da fé, fome, guerras, terrorismo, esperança, vacinas, solidariedade, família, desenvolvimento da espiritualidade, anjos, astronautas, *aliens*, ETs e muitos outros.

Conclusão

No decorrer da leitura deste livro, verificou-se que o sonho é considerado um fenômeno natural e universal em todas as culturas e épocas. Desde a Antiguidade Clássica, as múltiplas concepções acerca dos sonhos que foram disseminadas moldaram a práxis da cultura onírica nas mais diversas civilizações.

Na Grécia Antiga, por exemplo, verificamos que o sonhador estava totalmente em sintonia com os seus mundos interior e exterior. Nessa profunda conexão com o próprio oráculo interior, observavam de forma intuitiva os sonhos e as visões concebidas como divinatórias, que orientavam suas vidas em sua totalidade. Da mesma forma, a literatura bíblica registra a atitude de reverência dos profetas ou dos escolhidos de Deus, que também permaneciam em plena comunhão com os sonhos enviados por Deus por meio de seus emissários: os anjos, arcanjos, querubins e serafins, além de outros intercessores divinos que prediziam os fatos da vida cotidiana dessas civilizações.

Nas sociedades modernas, coube à extraordinária capacidade intelectual de Jung de resgatar a história do desenvolvimento dos sonhos em diversas culturas, enfatizando não só o valor, como também reconhecendo a sabedoria contida nos sonhos. Deixou-nos um valioso legado de suas ideias inovadoras a respeito da psicologia e da simbologia onírica, proporcionando-

-nos uma nova abordagem acerca desses fenômenos. Jung analisou profundamente os próprios sonhos e de seus pacientes em sua clínica particular, interpretou mais de 80 mil sonhos, descobrindo no conjunto de sequências extraordinárias, mudanças, repetições, figuras, imagens, paisagens e situações que ora emergem e desaparecem e ora retornam, parecendo obedecer a determinada configuração, a qual Jung denominou de processo de individuação. Propôs a importante tarefa de continuarmos com as pesquisas oníricas e de nos mantermos intimamente em contato com o nosso oráculo interior de onde emergem as imagens simbólicas com fortes cargas afetivas. Destacou que, no exercício de memorização desses conteúdos simbólicos, será necessário adotarmos uma atitude de reverência, agir sem preconceitos e atentarmos aos significados dessas manifestações psíquicas. Somente dessa maneira poderemos compreender, integrar e elaborar as imagens arcaicas que emergem das estruturas mais básicas da psique. Quando adquirirmos a atitude de questionar qual o papel e o valor dos sonhos no nosso mundo cotidiano, estaremos em busca de um aprofundamento do nosso autoconhecimento, na medida em que essa investigação, consequentemente, expandirá o campo de nossa consciência na percepção da importância dos significados que emergem dessa fonte criativa e autônoma que é o inconsciente. Provavelmente, esse será um dos grandes desafios do homem contemporâneo, ou seja, voltar-se para si mesmo, investigar e entender essa complexa tarefa, de forma singular, do seu processo de individuação.

Verificamos que, com frequência, os sonhos se assemelham a uma sabedoria intuitiva que orientam ou podem guiar o sonhador em certas situações de sua vida. Daí a necessidade essencial do sonhador em valorizar e exercitar essa atitude de conectar-se com o oráculo interior. Tal procedimento, além de ajudar o sonhador na importante tarefa de memorizar os conteúdos simbólicos de seus sonhos, contribuirá para o entendimento do processo de análise, interpretação e elaboração dessas imagens coletivas no tempo adequado do *kairós*, que diverge do tempo cronológico.

Percebe-se que os sonhos nada têm de supérfluos e não devem permanecer despercebidos, pois atuam como autorrepresentações espontâneas e simbólicas da situação do inconsciente. Muitas vezes, eles podem revelar uma gama de acontecimentos, pressagiando ou advertindo sobre certos fatos muito antes deles ocorrerem. Contudo não devem ser considerados como milagres nem como formas estáticas de previsões. Em verdade, tudo aquilo que nossa consciência deixa de perceber, quase sempre, é captado pelo inconsciente, que envia por meio dos sonhos mensagens ou informações que devem ser elaboradas pelo sonhador.

Observamos que as funções que os sonhos desempenham são vitais e indispensáveis para o equilíbrio mental e fisiológico. Os distúrbios psicológicos e psicopatológicos estão intimamente relacionados com a dissociação entre consciente e inconsciente. Na minha atual experiência clínica, é comum observarmos que alguns sonhadores têm sonhos com motivos típicos semelhantes, tais quais: ondas gigantes que vêm ao encontro; paralisias que impedem a reação de correr; gritos ou falas sem som; fugas; lugares labirínticos; voos livres; subidas e descidas em montanhas ou quedas em abismos ou precipícios. Além de temas com os quatro elementos: fogo, terra, água e ar; dentes caindo; traições; tiros, assaltos e mortes, com pessoas falecidas; monstros e símbolos religiosos transcendentes, como anjos e demônios; heróis e feiticeiros; animais reais e imaginários; viagens cósmicas e reais; além de inúmeros pesadelos com motivos recorrentes, que provocam fortes sentimentos de angústia, aterrorizando e perturbando por demais o sono do sonhador, como manifestação de atenção ou sinal de que este deverá analisar e elaborar os significados manifestados.

Na contemporaneidade, observa-se que as pessoas cada vez mais estão num estado de dissociação com o seu ser mais profundo que é a totalidade psíquica: consciente e inconsciente. As novas tecnologias virtuais nos impulsionam demasiadamente para imagens que nos trazem inúmeras informações das necessidades do mundo externo, distanciando-nos de nossas potencialidades internas, por exemplo, a conexão consigo mesmo, com seu oráculo interior.

Jung em seu processo de autoexperimentação, que denominou de "Confronto com o inconsciente" e que resultou no fabuloso *O livro vermelho*, escreveu na primeira parte – "Liber primus" –, que por volta de seus 40 anos vivenciou um estado de felicidade ao reconhecer que havia conquistado tudo que ambicionara em sua vida: fama, poder, riqueza e saber. Percebeu que seu desejo de aumentar seus bens materiais já não fazia mais sentido em sua vida. Mesmo realizado do ponto de vista material, profissional e em outros aspectos, contraditoriamente, sentiu um forte vazio, sendo tomado por um grande sentimento de pavor. A visão do dilúvio que o surpreendeu num passado longínquo, em uma viagem de trem, novamente retornou de forma vigorosa, mobilizando-o fortemente. Na visão de 1913, manifestaram-se imagens dramáticas, com fortes cargas afetivas, de um gigantesco dilúvio que encobria grande parte da terra e que Jung, naquela época, *não conseguiu interpretá-la*s. Nessa devastação sobrevinha imensas ondas de cor amarela, além de destroços e de milhares de corpos que flutuavam por toda a superfície. Um potente sentimento de mal-estar tomou conta de si, mas logo Jung reconheceu o quanto, nesse atual período de sua vida, havia se distanciado de sua alma e de seu ser mais profundo. Nesse estado de angústia, sentiu a aproximação de uma voz interior, uma espécie de espírito das profundezas que tomou posse de si. Essa força numinosa o mobilizou de tal forma, que sentiu a necessidade de restabelecer uma conexão consigo mesmo, mergulhando em suas profundezas e resgatando, dessa forma, o elo com seu oráculo interior. Foi essa força vital que o impulsionou a escrever de forma poética um belo texto que marca o reencontro com a sua alma. Finalizo com a ilustração desse emocionante diálogo, que demonstra como Jung, ao perceber que havia se distanciado de sua essência, de sua alma, procurou imediatamente resgatar essa totalidade psíquica, tal como os homens da Antiguidade Clássica, que vivenciavam essa unidade natureza-transcendência, natureza-espírito como uma mônada, ou seja, como uma verdadeira totalidade. Vejamos o registro deste magnífico diálogo entre Jung e sua alma:

> Minha alma, onde estás? Tu me escutas? Eu falo e clamo a ti – estás aqui? Eu voltei, estou novamente aqui – eu sacudi de meus pés o pó de todos os países e vim a ti, estou contigo, após muitos anos de longa peregrinação voltei novamente a ti. Devo contar-te tudo o que vi, vivenciei, absorvi em mim? Ou não queres ouvir nada de todo aquele turbilhão da vida e do mundo? Mas uma coisa precisas saber: uma coisa eu aprendi: que a gente deve viver esta vida.

Esta vida é o caminho, o caminho de há muito procurado para o inconcebível, que nós chamamos divino. Não existe outro caminho, todos os outros caminhos são trilhas enganosas. Eu encontrei o caminho certo, ele me conduziu a ti, à minha alma. Eu volto retemperado e purificado. Tu ainda me conheces? Quanto tempo durou a separação! Tudo ficou diferente! E como te encontrei? Maravilhosa foi minha viagem. Com que palavras devo descrever-te? Por que trilhas emaranhadas uma boa estrela me conduziu a ti? Dá-me tua mão, minha quase esquecida alma. Que calor de alegria te rever, minha alma muito tempo renegada! A vida conduziu-me a ti. Vamos agradecer à vida o fato de eu ter vivido todas as horas felizes e tristes, toda alegria e todo o sofrimento. Minha alma, contigo deve continuar minha viagem. Contigo quero caminhar e subir para minha solidão (Jung, 2010, p. 232).

Referências

Alvarenga, M.Z. (1998). *Psicologia analítica e mitologia grega: estudos*. Notas de aula. Não paginado.

Bair, D. (2006). *Jung: uma biografia*. Globo.

Bíblia Sagrada. (2007). Vozes.

Boechat, P.P. (2005). *Terapia familiar: mitos, símbolos e arquétipos*. Wak.

Boechat, W. (2014). *O livro vermelho de C.G. Jung. Jornada para profundidades desconhecidas*. Vozes.

Brelich, A. "O papel dos sonhos no universo religioso dos gregos." In: Callois, R., & Grunebaum, R.V. (1978). *O sonho e as sociedades humanas*. Francisco Alves.

Campbell, J., & Moyers, B. (1993). *O poder do mito*. Palas Athena.

Dorst, B. (2015). *C.G. Jung: espiritualidade e transcendência*. Vozes.

Dune, C. (2012). *Carl Jung: curador ferido de almas*. Alaúde.

Ésquilo. (1999a). *Prometeu acorrentado: Uma tragédia grega*. Jorge Zahar.

Ésquilo. (1999b). *Oréstia: Agamêmnon, Coéforas, Eumênides*. Jorge Zahar.

Evans, R.I. (1964). *Entrevistas com Carl G. Jung e as reações de Ernest Jones* (12. ed.). Eldorado.

Franz, M.L.V. (1975). *C.G. Jung: seu mito em nossa época*. Círculo do Livro.

Franz, M.L.V. (1991). *Dreams*. Shambala.

Freud, S. (1972). *Interpretação de sonhos* (Obras completas, Vol. IV, Parte I). Imago. (Trabalho original publicado em 1900).

Freud, S. (1974). *A história do movimento psicanalítico* (Obras completas, Vol. XIV). Imago.

Freud, S. (1996). *Estudos sobre a histeria* (Obras completas, Vol. II). Imago.

Hesíodo. (2013). *Teogonia*. Hedra.

Homero. (2001). *Odisseia* (5. ed.). Ediouro.

Jones, E. (1970), *Vida e obra de Sigmund Freud*. Zahar.

Jung, C.G. (1975a). *Memórias, sonhos, reflexões* (11. ed.). Nova Fronteira.

Jung, C.G. (1975b). *O homem e a descoberta de sua alma*. Tavares Martins.

Jung, C.G. (1990). *Obra Completa*. Vozes.

Jung, C.G. (1995) *Símbolos da transformação* (Obra Completa, 3. ed., Vol. 5). Vozes.

Jung, C.G. (1996). *A Natureza da psique* (Obra Completa, 2. ed., Vol. 8/2). Vozes.

Jung, C.G. (1997). *O Homem e seus símbolos* (8. ed.). Nova Fronteira.

Jung, C. G. (1998). *A vida simbólica* (Obra Completa, Vol. 18/1). Vozes.

Jung, C.G. (2001). *Cartas 1906 – 1945*. Vozes.

Jung, C.G. (2010). *O livro vermelho – Liber Novus* (4. ed.). Vozes.

Jung, C.G. (2011). *Seminários sobre sonhos de crianças*. Vozes.

Jung, C.G. (2013). *Psicogênese das doenças mentais* (Obra Completa, 6. ed., Vol. 3). Vozes. (Trabalho original publicado em 1907).

Jung, C.G. (2014a). *Seminários sobre psicologia analítica*. Vozes. (Trabalho original publicado em 1925)

Jung, C.G. (2014b). *Seminários sobre análise de sonhos*. Vozes.

Jung, C.G. (2020). *Os livros negros*. Vozes. (Trabalho original publicado em 1913).

McGuire, W. (1993). *A correspondência completa de S. Freud e C.G. Jung* (2. ed.). Imago.

Meier, C. A. (1999). *Sonho e ritual de cura*. Paulus.

Neumann, E. (1995). *História da origem da consciência* (10. ed.). Cultrix.

Pandemic Dreams Archive. (2020). *Archive Dream*. Disponível em: https://archivedream.wordpress.com/2020/03/26/dream-26-2/

Silveira, N. da. (1981). *Imagens do inconsciente* (4. ed.). Alhambra.

Silveira, N. da. (1984). *Jung: vida e obra* (9. ed.). Paz e Terra.

Silveira, N. da. (1998). *Gatos, a emoção de lidar*. Léo Christiano.

Shamdasani, S. (2005). *Jung e a construção da psicologia moderna: o sonho de uma ciência*. Ideias e Letras.

Shamdasani, S. (2014). *C.G. Jung. Uma biografia em livros*. Vozes.

Vernant, J.-P. (2001). *Entre o mito e política* (8. ed.). Edusp.

Assessoria: Dr. Walter Boechat

Veja todos os livros da coleção em

livrariavozes.com.br/colecoes/reflexoes-junguianas

ou pelo Qr Code

Conecte-se conosco:

- **f** facebook.com/editoravozes
- ⓘ @editoravozes
- 𝕏 @editora_vozes
- ▶ youtube.com/editoravozes
- ⓦ +55 24 2233-9033

www.vozes.com.br

Conheça nossas lojas:

www.livrariavozes.com.br

Belo Horizonte – Brasília – Campinas – Cuiabá – Curitiba
Fortaleza – Juiz de Fora – Petrópolis – Recife – São Paulo

EDITORA VOZES LTDA.
Rua Frei Luís, 100 – Centro – Cep 25689-900 – Petrópolis, RJ
Tel.: (24) 2233-9000 – E-mail: vendas@vozes.com.br